JN154615

バリント入門 | その理論と実践

Michael Balint Object Relations Pure and Applied

ハロルド・スチュワート 著
Harold Stewart

細澤 仁、筒井亮太—監訳

金剛出版

ㄍㄨˊ ㄉㄞˋ
ㄙㄨㄛˇ ㄌㄨㄛˊ ㄇㄣˊ

序　文

　マイケル・バリントは、一群の創造力豊かな分析家たちの一人に数えられてきた。彼は、英国精神分析協会という舞台で仕事をしつつ、いわゆる精神分析における英国対象関係論学派を発展・前進させた。バリントは、メラニー・クラインやドナルド・ウィニコット、ロナルド・フェアベン、そしてウィルフレッド・ビオンとともに、主体にとってきわめて重要なのは主体がもつ対象と関わるニーズであるという理論を発展させた。この理論は、主体にニーズがあるのは本能の緊張を低減させるためであるとする本能論とは対照をなしている。右に挙げた先駆者たちは、それぞれ、最早期の乳児期以来、このようなニーズがどのように発展していくのか、そしてその性質はどのようなものなのかということについて、独自の見解と理論をもっている。本書では、バリントが著述を通して示した見解と理論を吟味するものである。精神分析を実践するうえで、理論と技法が密接に結びついている以上、技法の本質と発展をめぐるバリントの見解は、本研究の必要不可欠な部分となる。

　本書は評伝ではない。ただし、バリントの人生についての簡単な略歴を付している。本書は、本来、純粋精神分析と応用精神分析の両分野にまたがるバリントの仕事を研究することを目的としている。応用精神分析に関するバリントの仕事は、とりわけ一般開業医との共同作業は、自然と、世界的な名声を博している。このことを示すために、三つの章がこの問題に当てられている。そのうちの二つの章は、ロバート・ゴスリング博士が執筆

している。彼は、精神分析家であるが、タヴィストック・クリニックの前所長でもあり、また、バリントの一般開業医グループが発展するなかで、バリントと協働した初期の同僚でもあった。残る一章は、アンドリュー・エルダー博士が執筆している。彼は、一般開業医であるが、バリント協会の会員であるとともに、現在もバリント・グループの一員である。

私は、マイケル・バリントへの敬意と謝意の証として、本書を上梓した。バリントは、私の分析上の祖父であり、最初の訓練ケースのスーパーヴァイザーであったが、なにより、私を着実に精神分析の道へと導いてくれた。バリントの見解について、誤り、遺漏、不正確な説明があるとしたら、その一切の責任は私にある。

編者であるエリザベス・スピリウスに対しては、その助力と励ましに感謝したい。ヘレン・アボットは有能な秘書であり、私の仕事を手伝ってくれた。あわせて感謝したい。

ハロルド・スチュワート

略　歴

マイケル・バリント[1]は、一八九六年一二月三日にブダペストで生まれた。姓はベルグスマン、中流階級に属するユダヤ人家系出身であった。一般開業医[2]である父親は、ブダペストは大きなユダヤ人地域であるヨーゼフシュタットで開業していた。この地で、彼は人格形成期を過ごした。長ずるに及び、よりハンガリー系の名前らしいバリントに改名し[3]、ユニタリアニズム信仰 Unitarian faith [4] へと改心もした（これらの事実の多くは、アンドレ・ハイナルの著書『技法をめぐる論争』に依拠している）バリントには、エミーという妹がいた。エミーは、数学を研究しており、将来に分析家となる二名と学校が同じであった。その二名とはマーガレット・マーラー[5]とアリス・セーケイ＝コヴァーチのことであり、アリスは将来バリントの妻となる人であった[6]。

　バリントは、医学部に入学したが、その後まもなく、一九一四年に第一次世界大戦が勃発し、徴用され、兵役に就いた。ロシアとイタリアで従軍したが、その際、手にひどい怪我を負い、鉤爪状の変形を被った。その傷は、兵役から逃れるため自らつけたものなのか、あるいはその生来の好奇心が勝り、無鉄砲にも手榴弾を分解しようとした結果のどちらなのだろうか。いずれにしても、バリントは除隊となり、医学研究を再開し一九一八年に医師の資格を得た。当時、彼は生物学と生化学に特別な関心を抱いていた。学生時代、彼は『夢解釈』[7]と『日常生活の精神病理学にむけて』を読み、両書に対して両価的な批判の目を向けていた。しかし、一九一七年、

『性理論のための三篇』と『トーテムとタブー』に打ちのめされ、精神分析の方向に進むことにした。両書は、二つの論題を扱っていた。つまり、性機能の発達と人間関係の発達のことであり、将来にわたってバリントの仕事の焦点であり続けた。資格を取得してすぐに、彼はアリスと結婚した。二人の関係性は、ともに生き、ともに働くというもので、至極調和的であった。

一九一八年に第一次世界大戦が終わり、その後、ハンガリーにベラ・クーンの共産主義共和国 [8] が樹立した。バリントのような進歩主義の若者たちは熱狂的にこれを支持した。一九一九年にはクーン政権が崩壊し、バリントの未来は不確かなものとなった。その結果、彼はブダペストを離れベルリンに移住することとなった。かの地で、バリントは、精神分析治療をおこなっているベルリン精神分析インスティテュートと、心身症の症例の治療をおこなっているベルリン・シャリテ病院で働くことになった。そのおかげで、彼は、精神分析で心身症を治療した最初期の一人となったのだ。一九二二年にハンス・ザックス [9] の分析を受け始めたが、二年後、バリントは、ザックスのアプローチがあまりにも教育的であると見切りをつけ、ザックスとの分析を終了した。（かつてバリントが私に話してくれたことがある。バリントはいつでもザックスの電話番号を思い出すことができるのだが、その際、同時に相当嫌な気持ちも出てくる、とのことである。というのも、ザックスは、セッション中でも、番号が鳴り始めると、電話に応対することがよくあったようだ。）

それで、一九二四年にバリントはブダペストに戻り、アリスと同じく、シャンドール・フェレンツィに分析を受けることにした。この分析も二年続いたが、今度は、フェレンツィが八カ月間滞在予定のニューヨーク旅行に立ったとき、終了となった [10]。この期間で、バリントは自身が分析家となるべきだと感じた。このことを例証する事実としては、バリントの刊行物の主題が細菌学や生化学に関するものから精神分析へと移行したことが挙げられる。ついで、バリントはハンガリー精神分析協会の会員となり、一九三〇年にはブダペストの精神分析外

来クリニックの設立に尽力した。一九三一年から一九三五年のあいだ、ブダペスト精神分析インスティテュートの副所長となり、一九三五年から一九三九年には同所長となった。

一九三二年、ハンガリー政府は人種差別主義、ヒトラー支持の様相を呈し始めた。そして、バリントは、この事態が醸した当時の仕事の雰囲気を興味深く説明している。

　一九三〇年代……ハンガリーの政治情勢は、日に日に緊迫していった。私の考えを確かめてみるように便宜を図ってくれるような研究所などまったくありそうになかった。それで、私は、開業における心理療法の可能性を研究するセミナーを開催し、そこに若干名の一般開業医を募集することにした。私には、同僚たちが何を求めているのかという点について明確な考えがあったわけではなかったのだが（たとえば、私は、一連の講義でセミナーを開始したのだが、いまではそれが無益であるとわかっている）、生き生きとした関心が持続し、二つ目のグループまでも立ち上げることとなったのだ。しかしながら、政治情勢は悪化の一途をたどった。私たちは、会合の全参加者を警察に届け出るように命令を受けた。その結果、私服警官がいちいち会合に参加し、全発言を記録したのだが、その量はおびただしいものとなった。これらの記録の内容や、誰が読むのかということについては、一切知らされなかった。せめてわかっていることといえば、会合の後、刑事が、メンバーの誰かに対して、彼自身、その妻、あるいは子どもについて相談をすることが何度かあったということぐらいのものだ。これはひどく愉快なことではあった。しかし、このような状況下では、まともな議論が展開するわけもなく、この医師グループは結局のところ解散となった。　　　　　　　　　　　（一九七〇：四五八ページ）

類似の訓練法の多くに採用されることになる、未来の「バリント・グループ」の萌芽をここに認めることだ

ろう。

　一九三八年のオーストリア併合のとき、フロイトとその家族がイングランドにやってきた。その後すぐ、アーネスト・ジョーンズ[11]とジョン・リックマン[12]の助けを得て、マイケルとアリス、そしてその息子ジョンがマンチェスターにたどり着いた。一九三九年、かの地にバリント一家は居を定めた。その後間もなく悲劇が起こった。一九三九年八月に、アリスが大動脈瘤破裂で急死したのだ[13]。享年四〇歳であった。アリスとマイケルには、長年、大動脈瘤の破裂の危険性が忍び寄ってくることがわかってはいた。

　バリントはマンチェスターに留まり続け、英国医師免許を取得した。それにより、英国で開業することが可能になった。引き続き、バリントは『早期乳児期における個人差』という修士論文で大学院の心理学修士号を得た。当論文は、乳児の吸啜リズムを研究したものである。バリントはマンチェスター北王立病院の顧問精神科医、および北東ランカシャー児童相談クリニックと州区プレストン児童相談クリニックという二カ所の児童相談クリニックの所長に任命された（一九四四〜一九四五）。一九四五年にはバリントはロンドンに転居し、一九四五年から一九四七年までチズルハースト児童相談クリニックの所長となった。

　一九四五年、ロンドンに転居した直後、バリントは二人目の妻エドナ・オークショットと結婚した。しかし、一九四七年には別居となり、一九五二年に離婚した。一九五三年、バリントは三番目の妻、イーニド・アイヒホルツ、旧姓アルブ、と結婚した。イーニドとの結婚は、バリントにとって、アリスとの結婚と同じように調和的なものであった。

　一九四五年に、両親がいたましい状況で亡くなったという報せが、バリントのもとに届いた。両親は、ハンガリーのナチスの手によって逮捕される寸前に、ガス室という避けられない運命に直面しないですむように、致死量のモルヒネ注射により自殺を遂げたのだった。アリスの妹、オルガ・ドルマンディ[14]にあてた一九四五年一

月一五日付の手紙には、次のように記されている。

　私が長いこと自分の父親を無視してきたのは本当のことです。私たちはうまくいったためしがありません。仲が良いとはとうてい言えない間柄でした。でも、私の知性、私の論理的思考、私の仕事の能力は父親から受け継いだものなのです[15]。私は母親を大変愛していました。彼女は、人生とはなにかということをよく理解していました。物事がうまく運ぶことはありませんでしたが、それでも彼女は希望をもち続けました。

（バナグ、一九八：一二二ページ）

　一九四七年、バリントは英国民となり、一九四八年にはタヴィストック・クリニックのスタッフとなった。戦前のブダペストにその起源をもつ仕事を継続していったこともあって、バリントは、このクリニックを拠点にして、応用精神分析の分野で世界的な名声を博する業績の大部分を具体化させていった。クリニックは、タヴィストック人間関係研究所と合併し、戦後に再編成されていき、多くの分析家や訓練生をそこのスタッフとして登用していった。彼らの主たる業務は、国民健康保険で患者に心理療法のサービスを提供すること以外にも、対人関係、家族という文脈におけるその起源と発達、さまざまな集団や組織内におけるその性質を研究することがあった。

　一九四八年、家族福祉協会のソーシャルワーカーのグループが、タヴィストック研究所のスタッフと協同して家族問題局 Family Discussion Bureau [16] を創立した。家族問題局の目的は、夫婦の問題で援助を求める人たちや、夫婦問題を扱う技法の発展を研究する専門職従事者たちに便宜を図ることであった。ソーシャルワーカー・グループのリーダーは、イニッド・アイヒホルツ夫人、のちのマイケル・バリントの妻であり、家族問題局の共同創立者はマイケル・バリントであった。二人は、協力して「症例検討セミナー」を発展させた。当セミナーは、種々

の分野で心理学的基礎訓練の手段となった。家族問題局は成長・発展し、ついに、一九六八年には、現在の夫婦研究所 Institute of Marital Studies となった。

一九五〇年には、バリントは一般開業医向けに「研究兼訓練」セミナーを設立した。一般開業医たちは、自分たちが日常臨床のなかで出くわす情緒的問題をよりよく理解したいと望んでいた。もちろん、当セミナーの起源もブダペストの一般開業医向けのセミナーであった。この仕事は、さまざまなあり方で、英国のみならず、世界中で一般開業の様相に変化をもたらした。一九五二年、バリントは、家族計画協会 Family Planning Association [17] と協力し、精神性的障害の治療についても同様のセミナーを開始した。当セミナーは、のちに精神性的研究所 Institute of Psychosexual Studies [18] となった。一九五五年には、バリントは短期焦点心理療法を発展させるために、タヴィストック・クリニックとキャッセル病院出身の分析家たちとともに短期焦点心理療法ワークショップを立ち上げた。

一九六一年、バリントは六五歳の定年を迎え、タヴィストック・クリニックの退職を余儀なくされた。しかし、すぐにユニバーシティ・カレッジ病院のスタッフに加わり、そこで医学生向けの症例検討グループを始めた。一般開業医セミナーと医学生セミナー、いわゆる「バリント・グループ」は、バリントの死まで続いた。それに先立ち、一九六九年に、バリント・グループの一般開業医たちは、この仕事の議論や向上を目的としたバリント協会 [19] を発足させた。

一九五八年以降、毎年、マイケルは客員教授として、イーニドは准教授として、オハイオのシンシナティを訪ねた。そこで二人は、とりわけパウル・オーンスタイン [20] の協力のもと、自分たちの仕事や教育を継続しておこなった。バリントは、英国心理学協会の医療部会の会長でもあった。英国精神分析協会の内部では、彼は独立（中間）派の訓練分析家で、一九五一年から一九五三年のあいだ科学部門書記に、そしてのちに、一九六八年から

一九七〇年一二月三一日の彼の死まで会長に選出された。会長任期の期間、バリントは隔年開催の総会を始めた欧州精神分析連合の英語圏大会である。在任期間中、彼は重篤な心筋梗塞によりたおれた。いったんは持ち直したように見えたのだが、退院後まもなく、虚脱状態に陥り、死亡した。享年七四歳であった。それ以降、バリントの仕事は、イーニド・バリントが引き継いだ。その彼女も、最近、一九九四年七月三〇日に亡くなった。

　マイケル・バリントは、親切で、寛大で、分別があり、権威主義に反対していた。同時に、挑発的で、高慢で、横柄で、権威主義的なところもあった。彼を愛する人もいたし、憎む人もいただろう。しかし、彼を無視することは難しかった。バリントは、力強い議論とともに、独立した思考をたいそう重んじた。彼自身の用語を用いるならば、バリントは自分のなかに「ファイロバット」的部分をたくさんもっていた。精神分析が発展し続けるためには、このような人々は必要不可欠なのである。

---

† 訳注

[1] ハンガリー語では、日本と同じく姓名が逆なので、バリント・ミーハイと表記される。

[2] 一般開業医 general practitioner; GP とは、家庭医 home doctor あるいはかかりつけ医 primary physician とも呼ばれる。英国では、最初に相談や診療にあたる存在である。「総合診療科」としての専門性をもった医師であり、歯科を除くすべての診療に対応する。薬物療法などの初期対応はもちろん、往診などもおこない、英国医療の基礎を担っている存在である。

[3] 一五四年のアーネスト・ジョーンズに宛てた手紙のなかでバリントはこの改名に触れている。ヨーゼフ二世（在位一七六五〜一七九〇）の専制君主統治のもと、ハンガリーは著しいドイツ化を蒙った。しかし十九世紀の終わりに際して、君主制への反動として大多数のユダヤ人たちはよりハンガリーの色の濃いものへと改名していった。ベーグスマンからバリントという改名に対して、父親であるベーグスマン氏は強く反対した。

[4] ユニタリアンズともいう。キリス

ト教では、伝統的に三位一体（父と子と聖霊）という教理が採択されてきた。しかし、ユニタリアニズムではこの教理は否定され、神の唯一性が強調される。イエス・キリストを宗教上の指導者としては認めるものの、そこに神としての超越性は否定されている。

[5]Margaret Scheonberger Mahler（一八九七〜一九八五）。ハンガリー生まれの小児科医であり児童精神医学者。ウィーンでは、アンナ・フロイトとの学問交流をもっていたが、第二次世界大戦の折、アメリカへ亡命した。早期の母子関係を研究し、分離─個体化の理論を体系化したことで、児童精神医学の分野でウィーンに分析を頼んだが断られ、著名になった。最初は分析界の長老パウル・フェダーンに分析の教えを受けた。その後フェレンツィに教えを受けた。彼から女性の分析家に個人分析を勧められ、マーラーはヘレーネ・ドイチに分析を受けた。この分析過程は、マーラーに相当の苦しみと利益をもたらしたようだ。

[6]この二人はクラスメイトであった。

マーラーが分析家を志向するときに最初に相談をしたのは、ほかでもないアリスであった。アリスの母親ヴィルマ・コヴァーチはフェレンツィと親交をもつ訓練分析家であり、マーラーの手助けをした。

[7]その著書がすでに日本に訳出されている場合、原則として邦題を記している。

[8]バリントの師であるフェレンツィがブダペスト大学で世界初の精神分析学教室の教授に任命されるのは、このベラ・クーン Béla Kun（一八八六〜一九三九）政権中のことであった。

[9]Hanns Sachs（一八八一〜一九四七）。ウィーン生まれの法律家であり精神分析家。フロイトの水曜会の最古参メンバーで、精神分析の黎明期から関わってきた人物である。精神分析を擁護するための集団「秘密委員会」のメンバーでもある。夢の研究で知られ、バリントのほかに、エーリッヒ・フロムやカレン・ホーナイ、ルドルフ・レーヴェンシュタインらを分析した。

[10]フェレンツィにとっては、フロイトやユングと訪問したとき以来、二度目の

英国ウェールズ出身の精神分析を英語圏に広めることに貢献した。また、ベルリンでは冷遇されていたメラニー・クラインを英国に招聘したことでも知られている。ジョーンズは、フェレンツィの個人分析を受けたが、フェレンツィをひどく嫌っていた。その弟子であるバリントに対しても、心穏やかではない部分があったのだろう。バリント一家は、ジョーンズのお膝元であるロンドンではなく、マンチェスターに亡命させられることになった。

[11]Ernest Jones（一八七九〜一九五八）。精神分析を英語圏に広めることに貢献した。フロイトから認められて伝記を執筆した。

[12]John Rickman（一八九一〜一九五一）。熱心なキリストクエーカー教徒で、ドーキング出身の精神分析医。ケンブリッジ大学で医学研究をしていた際に、PTSD研究の嚆矢で医療人類学の創始者ウィリアム・リヴァースに精神分析を紹介された。リックマンは、フロイトに連絡し、

アメリカ行きで、講演依頼によって実現した。公職を追われたフェレンツィにとっては、永住の可能性もある旅であった。

接触をもった。後には、フェレンツィラインからも分析を受け、英国精神分析の世界で頭角を現すようになった。ビオンの分析をおこなったことでも知られる。

[13] その死の数日前には、バリント夫妻は散歩に出かけ、友人を訪ねていた。アリスは胃腸症状のためそこで気を失い、一時的に持ち直したが、次の日の朝に帰らぬ人となった。

[14] Olga Dormandi（一九〇〇〜一九七一）。フェレンツィの肖像画（『臨床日記』[二〇〇〇、みすず書房］の表紙を飾っている）を描いた、精神分析の戯画家として有名。

[15] バリントは父親と長らく不仲であった。日く、バリントの父親は大変優れた一般開業医であったが、科学的な分野に欠けるところがあった。また、医療の限

人であった。後年バリントが一般開業医とおこなうことになる一連の活動は、そうした父親の抱いていた失意と無関係のことではなかっただろう。

[16] さまざまに呼称は変遷しているが、二〇〇五年以降は、タヴィストック関係研究所としてスタートしている。家族福祉協会（現在はファミリー・アクション）とタヴィストック・クリニックが協同して立ち上げた機関で、イニードを含めアリント・リックマンとリー・ピンカスの三人の女性が中心となった。

[17] 一九三〇年代に、複数の育児・避妊関係の団体が協同して発足した組織。呼称は変遷したが、現在も、育児や避妊、性教育などの啓蒙活動や支援を展開している。

[18] 現在の精神性的医療研究所。バリントとイニード・メインが発足させた組織が母

体であり、一九七四年に現在の体制になった。精神性医学と、心身医学の性障害への応用であり、短期療法の提供や精神分析的洞察の利用を研究している。

[19] バリント・グループの目的は、参加した医師を精神分析家へ改宗させることではなく『実地医家の心理療法』に示されているように、一般開業医がその実践のなかから自身の情緒的な側面を深く内省でき、それらの思考を臨床実践に発動できるようにすることである。現在は二〇を超える国や地域に拡大し、バリントの思考が共有、深化され続けている。

[20] Paul Hermann Ornstein（一九二四〜二〇一七）。ハンガリー出身の精神分析医。ナチスの迫害によってアメリカに亡命後、妻のアナ・オーンスタインとともに、ハインッ・コフートの提唱した自己心理学の発展に貢献した。

イントロダクション

　マイケル・バリントは、第二世代の精神分析家に属し、最も鋭敏で革新的なメンバーの一人であった。彼は、精神分析のブダペスト学派の成果といってもよい存在であり、同学派の設立者シャンドール・フェレンツィに精神分析を受けた。私とバリントの初めての出会いは、一九五〇年代のタヴィストック・クリニックにおいてであった。当時、クリニックはベーレイ通りのボーモント通りのW1に拠点を構えており、私は心理療法の訓練についてのアドバイスを求めてバリントのもとを訪ねた。当時のバリントは、ハンガリーなまりがつよい、飾り気がなく率直な態度をとるがっちりとした中肉中背の中年男性であった。のちに彼は私の最初の精神分析訓練ケースのスーパーヴァイザーになったが、私はこの率直さを、誤りを認めることのできる度量とともに、高く評価するようになった。けれども、ときに、とりわけセミナーで、彼をむしろ強圧的な人物であると評する人もいた。とはいえ私はバリントとともに過ごして、このような特徴を体験したことはまったくなかった。しかしながら私たちは多く、人々が自力で考えられるよう援助するために、物事を当たり前のこととして見過ごさず、あらゆることを問題とし、疑問を呈するバリントの能力を認めていた。彼は、この点においてフェレンツィにもフロイトにも似ていた。フェレンツィは、バリントの生きた時代の精神分析技法や実験の大家であり、大胆不敵な理論家であった。フェレンツィは、バリントが、フロイトとともに分析家の模範とした人物であった。その人生を通してバリ

ントは、フェレンツィに対して解消されていない陽性転移と恩義があることを認めていた。バリントは、自らの師の歩みを追いながら、自分の研究の主要な方向性を人間関係と個人の性機能の発達に向けていった。ただしフロイトやフェレンツィとは異なり、バリントのアプローチは、そこまで思弁的ではなく、分析状況や、精神分析技法が患者と分析家双方に及ぼす影響についての臨床観察に由来する部分が多いと言える。

対象関係 object relationships [1]、性愛、そして精神分析技法の三分野で、バリントは、おおよそ四〇年間にわたり、自身の見解と概念を発展させた。本書第一部の目的は、刊行された業績に残された発展のあらましを解説することにある。彼は理路整然とした思索家ではなかった。彼は、自身の考えを長年かけて徐々に発展させた。自身の考えが不完全なままで、ほかの主要な理論体系に綿密に統合されることがなくても、彼はさほど気にしなかった。そのような統合に最も近づいたのが、バリント最後の著作『治療論からみた退行：基底欠損の精神分析』（一九六八）であった。目下本書の第一部は、純粋精神分析分野でのバリントの仕事にあてられている。第二部では、応用精神分析の分野での仕事を取り上げているが、その重要性は前者にまったく劣るものではない。このイントロダクションでは、もっぱら臨床精神分析におけるバリントの理論と考えを概説するに留め、続く各章で、それらをより仔細に検討するつもりである。

理論と技法に対して、バリントが果たした最も重要な貢献は、**退行**という概念の内に、とりわけ精神分析において退行を治療的媒介として用いることに、あるといえる。退行という概念、すなわち、こころのなかでより早期の原始的な機能へ回帰するという概念、を初めて提示したのはフロイトである。フロイトは、局所的退行、時間的退行、そして形式的退行という概念 [2] を導入した。その後、フェレンツィは、退行のもつ治療的媒介としての潜在能力のため、この概念を発展させた。フェレンツィが退行の技法 [3] を用いた結果、フロイトはその技法の使用に反対するようになった。メラニー・クラインは、退行は単

な防衛にすぎず、それ自体価値あるものではないという信念をもっていた。そのことを考慮すると、クラインとフロイトは意見が一致していた。しかしながら、英国精神分析協会会員として、この問題に取り組み、理論と技法を最も発展・洗練させた人物が、ドナルド・ウィニコットと並んでバリントであったのだ。

　退行の問題、つまり、より原始的なものへの回帰という問題は、乳児期以降の対象関係の発達をめぐる理論、すなわち、自己と環境との関係、とりわけその環境のなかの一次的対象との関係の発達をめぐる理論と密接に関係している。バリントは「生物発生基本原則と心理とは平行性がある」（一九三〇）という二作目の精神分析論文で、初めて退行について言及した。その論文では、退行概念は臨床的な意味ではなく、生物学的な文脈で論じられている。生物学的な文脈は、医療と精神分析に従事する前にまず生物学の訓練を受ける分析家にふさわしく、適切なものであった。興味深いことはあるが、本論文のなかに、バリント独自の概念の筆頭である新規蒔き直し new beginning という概念も登場している。ここでは、患者が分析のなかで清新な愛し方を新たに学ぶ機会として言及されており、それに伴うのは、以前はそれしか利用できなかった病理的な反復パターンを捨て去ることである。この概念は、フロイトのワーキングスルー[4]の概念やクラインの喪と償いに関する見解といくぶん似通っている。バリントはクラインの概念を一度きりが用いている。しかしながら、この生物学的論文において、新規蒔き直しという概念は、構造と機能が古いものから新しいものへ漸進的に発達するという生物学的な意味合いで用いられただけだった。

　退行と新規蒔き直しという相互に関連する概念をめぐるバリントの思考は、次作の「性格分析と新規蒔き直し」（一九三二）においてさらなる発展をみせた。その論文で、バリントは、退行した患者との作業において自らの臨床体験を記述している。さらに意義深いことに、退行をめぐる思考を発展させ、退行患者との臨床作業で遭遇する困難と問題をもいくらか記載している。ここに、この分野におけるバリントの主要な貢献、すなわち、**良性退**

行benign regressionと**悪性退行** malignant regressionという二種類の退行の区別が発展する種子がある。この区別が最初に記述されたのは、最後の著作『治療論からみた退行』（一九六八）においてであった。この二種類の退行を区別することは臨床的にとても重要である。というのも、「良性」と「悪性」という用語が指し示すように、一方は治療的に有益であり、他方は精神分析（もちろん、ほかのあらゆる心理療法でも同様に）の継続に破壊的な作用を及ぼし、危機をもたらす可能性があるためである。

一九三二年の論文と『治療論からみた退行』のあいだにも、退行についての言及が散見されるのだが、三番目の著作『スリルと退行』（一九五九a）のなかで、この問題に関する主要な議論がもう一つ展開されている。バリントはある理論的側面から退行を捉えているのだが、それは、退行が個人のこころの発達に影響を及ぼす早期の対象関係と関係があるという側面である。彼は、これら早期の発達状態について独自の見解を早くからもっていた。彼はフロイトの一次ナルシシズムの概念に同意せず、**ナルシシズムとは常に二次的現象である**とし、ナルシシズムとは常に二次ナルシシズムにほかならないと力説した。この見解が最初に提示されたのは、「リビドーの前性器的編成の理論に対する批判的覚書」（一九三五b）という論文であり、「自我の早期発達状態、一次対象愛」（一九三七b）においてさらなる展開をみせ、そして『治療論からみた退行』（一九六八）において結実した。バリントは、フェレンツィが考えたように、乳児が母親とのあいだに結ぶ対象関係が一次的であり、その対象関係は基本的に生物学的・心理学的な所与であって、まさにこころの最も深く、早期で、原始的な層に横たわっていると考えていた。ウィニコットは常にフロイトの視点を受け入れてきた。一方クラインは、一次ナルシシズムを否定するバリントにすぐさま追従した。当初、バリントは、フェレンツィに従い、「批判的覚書」（一九三五b）のなかで、この一次的段階を**受身的対象愛** passive object-loveと記述している。乳児にとって受身的対象愛の目的は、母親に無条件に愛されることであり、その生物学的基盤は母子間の本能的相互依存にある。しかしながら、「一次

対象愛」(一九三七b)をめぐる論文で、この状態は必ずしも受動的ではなく、能動的な特徴を多分にもっているとの認識をあらため、バリントは「受身的対象愛」から「一次対象愛primary object-love」に用語を変更した。『スリルと退行』(一九五九a)のなかで、この一次愛という原始的な状態は、主体と対象の調和的渾然一体harmonious mix-upの状態と記述されている。対象、すなわち他者による不可避の欲求不満や対象との分離が影響を及ぼし、この調和のとれた世界は破壊され、確たる個別の対象が立ち現れる。バリントの定式化では、乳児はこのような外傷的な出来事に反応するなかで、自らの対象関係においてバリントの用語であるオクノフィリアocnophiliaやフィロバティズムphilobatismの方向に進んで発達を遂げることになる。「オクノフィア」という用語にバリントが付与した意味は、対象と対象のあいだの空間が脅威や敵意として体験される一方、対象は友好的で安全なものとして体験されるということであった。フィロバティズムの場合、対象は脅威的であり敵意に満ちていると体験され、対象間の空間は安全で友好的なものとして体験される。これらの構造は、オクノフィルとフィロバットという二つの性格類型の基礎となっている。オクノフィルocnophileとフィロバットphilobatの特徴と病理は『スリルと退行』(一九五九a)で広範囲にわたって叙述されている。しかしながら、このような耳障りで難解な単語を選択したばかりに、定着しにくくなり、バリントは自分の首を絞める結果となった。よって、諸対象と対象同士のあいだにある空間をめぐる実用的な概念もまた、忘れ去られ、精神分析家が物事を考えるうえで使用されなくなるという事態につながった。

　その後の発展のなかで、バリントは『治療論からみた退行』(一九六八)において、一次対象愛とオクノフィリア-フィロバティズムのあいだに中間段階を追加している。それが**基底欠損**basic fault[5]段階である。本概念が最初に導入されたのは、「医師、患者、病い」(一九五七b)という論文においてであった。この題名は一般開業医と仕事に関する著作にも用いられた。この基底欠損という概念が本格的に発展したのは、それをタイト

ルとした著作においてであった。基底欠損は、こころの構造的欠損として概念化されており、地質学的な意味合いでの断層fault であって、道徳的な意味合いの責任fault ではない。この欠損は、乳児の生物心理的なニーズと、一次対象が提供する物質的・心理的な世話care や愛情とのあいだに、早期に相当な乖離があったという事態に由来する。このような早期の乖離体験やそれと関連する幻想が強烈な場合、オクノフィリアーフィロバティズムの状態が生起するのである。その後の派生物とともに、このような体験や幻想に向かって退行が生じる。また、情緒的成長や発達は、このような状態からの新規蒔き直しの方向へと再始動するだろう。ウィニコット（一九五二）は侵襲や偽りの自己組織の発達に関する理論のなかでその概念を用いている。興味深いことだが、ビオン（一九六二）も「考えることに関する理論」のなかで、乳児にアルファ機能を供給する役割をもつ包容対象containing object が欠乏している事態について定式化している。

自身の初期の論文「リビドーの前性器的編成の理論に対する批判的覚書」（一九三五b）に戻り、バリントは、あらゆる性愛的努力の目標は、一次対象愛に見出されるような、対象と調和のとれた状態、すなわち、対象との合一感情の達成にあると示唆している。この状態が乱されることは避けられないのだが、そのとき、その自我状態に回帰することができる非病理的な回り路が二つあると彼は示唆している。第一の経路はナルシシズムを経由するものである。つまり、私が愛されないならば、私は自分を愛さなければならない、という具合である。そして、第二の経路は能動的対象愛を経由するものである。すなわち、私は、見返りとして愛され満たされるために、自分のパートナーを愛し満たさなければならない、という具合である。これらは、オクノフィリアとフィロバティズムという早期病理状態と比べると、対象関係が発達する正常経路を構成している。これの状態はすべて、愛することとリビドーの変転に関係している。「愛と憎しみについて」（一九五一）という論文を発表するまで、バリ

トは、憎しみの理論を提唱していない。彼の意見は、憎しみは常に二次的で反応性の性質を有しており、個体に備わる基本的な一次欲動ではない。バリントの理論では、憎しみは一次対象愛の最後の残滓であり、一次対象愛を否認するものであり、一次対象愛への防衛でもある。憎しみと破壊性は本質的に二次的なものであると提唱している点で、バリントはフロイト、クライン、ウィニコットと意見を異にする。しかしながら、フェアベアンはこの見解においてバリントと意見の一致をみている。

　原始的な対象関係に関する理論のなかで、バリントは、おむね二者関係の理解に関心を注いでいる。二者関係は、一次愛にある一対の母子に始まり、基底欠損、オクノフィリアとフィロバティズムという二つの性格類型に至る。『治療論からみた退行』で、バリントは、対象関係の問題をめぐるこころの新理論を導入した。それは、**こころの三領域** three areas of the mind と呼ばれている。これら三領域は、一者関係、二者関係、三者関係という観点から概念化されている。一者関係は**創造領域** area of creation として、二者関係は**基底欠損領域** area of the basic fault として、そして三者関係は**エディプス葛藤領域** area of the Oedipus conflict として記述されている。創造領域は、芸術的・科学的な活動や、洞察と理解、そして身体疾患や精神疾患に罹患し、その状態から自然治癒が生じる初期段階と関連している。この領域は、創造として外在化されるまでは、組織化された対象でもなければ全体対象でもない、**前対象** pre-object と関連している。基底欠損領域には、力動的な力 dynamic force [6]として、こころのなかでの構造が欠如しているといえる。一方、エディプス葛藤領域は、三角関係という特徴をもち、この水準で作動している力動的な力はこころの葛藤である。これらの領域は、それぞれ観察された独自の特徴や性質の観点から記述されている。これら三領域の分化は、そのような特徴や性質に基礎を置いているのである。

　精神分析理論への貢献に加えて、バリントは技法に関してもいくつかの貢献をなした。彼は、最も早く**逆転移**現象について議論した著述家の一人であった。「感情転移について」（一九三三d）のなかで、彼は逆転移を分析家

自身の患者に対する転移と考えている。六年後に書かれた「転移と逆転移」（一九三九a）のなかでは、逆転移は、分析家のパーソナリティが露呈する分析状況におけるあらゆる事象を含むようになった。「精神分析における治療目標と技法の変遷」（一九四九）のなかで、彼は、逆転移を取り上げ、いまや、分析家の患者に対する分析的振る舞いや職業的態度の総体を指すようになる。この論文ではとりわけバリントの信念が強調されている。つまり、精神分析が探究する最重要分野の一つが、**分析状況における分析家の振る舞い、およびこの状況を創造し維持する**ことに対するその寄与、であるという信念である。バリントはその状況の相互に関連する三つの側面をこのことに含めている。第一は、特定の分析家が用いる分析言語、すなわち、分析家が解釈を構成するために用いる一連の専門用語、概念、モデル、準拠枠があるという側面である。第二の側面に、彼は、喚起された情動の緊張と関連する分析家の振る舞いと、この緊張を至適な水準で維持するために必要とされる**必須の欲求不満と満足を考慮**することを含めている。第三の側面に、彼は、患者が自分自身を最適に表現し明示することができるように、**適切な雰囲気を創り出すことを含めている。**

最後の二つの特徴、つまり必須の欲求不満と満足を考慮すること、および適切な雰囲気を創り出すことは、『治療論からみた退行』においてきわめて詳細に説明されている。本書のなかで、治療的退行に伴う諸問題が記述されている。というのも、退行状態において、これら二つの特徴は特別に重要な様相を呈するからなのである。主要な問題は、分析における退行や退行的振る舞いが、転移状況の直接性、すなわち、いま・ここに対する防衛として概念化されるのか、あるいは、単なる防衛ではなく深く退行した患者が自身の外傷体験にまつわるこころの状態を分析家に伝えるうえでの重要な手段とみなすのか、である。言い換えれば、それは現実なのか幻想なのか、はたまた、その派生物の一部なのかどうか、ということになる。退行が防衛であるとみなされれば、分析家のとるべき技法的な手段は、転移におけるその防衛的性質を解釈することとなる。しかしながら、退行が行きつく先

の重要性を探求するために生じる退行ならば、患者が退行状態から現れてはじめて、解釈という作業が必要となろう。これこそがバリントの立場である。彼は、このような役割を果たす分析家の態度と振る舞いは、単に解釈を供給するだけではなく、退行が生じることを許容すべく適切な雰囲気を創り出すようなものとなると考えている。バリントは、このような態度を押しつけがましくない分析家 unobtrusive analyst と表現している。そのような分析家は、技法に関しては融通無碍でありながら、分析家としての専門家的姿勢については揺るぎがないのである。押しつけがましくない分析家や創り出される適切な雰囲気という見解は、明らかに、一次愛、調和的対象関係、それに伴う一体感などの概念と関連している。

　バリントの精神分析理論への最後の貢献は、新たな**外傷論**である。バリントは「外傷と対象関係」（一九六九）という論文のなかで、外傷が三層構造をもっていると記述した。その論文は、子ども時代の外傷形成因 traumato-genesis についてのフェレンツィの見解を基礎としている。第一相は、子どもと大人のあいだの信頼と愛情に満ちた相である。続く第二相は、大人は子どもに対して、脅かしたり、興奮させたり、苦痛を与えたりするなどのことをおこなう。その結果、子どもは重篤な過剰刺激を被る。その後、とりわけ第三相が外傷を引き起こすことになる。この相では、大人は、子どもの訴えや抗議に対して冷淡に応答するのである。

　応用精神分析の分野に話を移せば、バリントの主要な貢献は一般開業分野にあった。一九五〇年代初頭、バリントは、一般開業の実践で患者と作業する経過のなかで現れてくる問題と、これらの問題を医師が取り扱えるような方法を吟味するために、これらの問題に関心を抱く一般開業医を集めてディスカッション・グループを立ち上げた。彼は、グループのメンバーにとってカリスマ的な存在であった。これは疑いの余地なく、その率直さと研究の性質、また作業状況のなかでメンバーの困難と問題に共感する能力、さらに一般開業の体験を捉えるような概念を定式化できる能力によるところが大きかった。ある程度だが、このことは、彼の父親がブダペストの一

一般開業医であり、このことがマイケルにその仕事に関する初期体験を与えたに違いないという事実によるところが大きい。そして、フェレンツィがそのハンガリーの一般開業医の仕事に関心を示していたという事実によるところもあった。これらのディスカッション・グループは、最終的には、バリント・グループと呼ばれ、一九六九年に関係者の医師たちがバリントの仕事を議論し存続させるために、バリント協会を設立した。この仕事に関する主要な報告が、バリントの国際的に有名な著作『実地医家の心理療法』（一九五七a）である。本書のなかで、バリントは、用法用量の決定が求められる**重要な治療薬としての医師** doctor as the important drug、患者の**最初の訴え** initial complaining の重要性、そして**医師の使徒的機能** apostolic function of the doctor [7] という考えを導入した。バリントの基本となる前提は、医師が患者との直接的な関係のなかで感じた情緒はすべて病気の兆候とみなす必要があるというものであった。これらの概念と分析の文脈で用いられる概念との関連性は、密接かつ相互に連関しており、とりわけ、医師が一般開業の場で診察する患者に対して抱く逆転移のなかに生じる情緒的反応を独特なやり方で利用しようとすることに端的に表れている。

一般開業医だけではなく、バリントは、ほかの文脈でも、この種のディスカッション・グループを用いた。とりわけ、国民健康保険での短期焦点心理療法の技法の使用と適用の研究をおこなっている精神分析の同僚、および、現在の精神性医学研究所の前身である家族計画協会で働く医師と看護師に対してもこのグループを用いた。

これらの応用分野および精神分析の後期の仕事の多くが、バリントの妻イーニドとのパートナーシップのもとにおこなわれた。イーニド自身もまた、独自性をもつ著明な理論家であった。また、彼女は、一九七〇年の夫の死後も夫の応用分野の仕事を特に一般開業医とともに推し進めていった。共著として『医療における精神療法の技法：精神分析をどう生かすか』（一九六一）、『医師についての研究』（一九六六a）そして、『焦点心理療法』（一九七二）が挙げられる。そのうちの何冊かは、ほかの同僚も共著者として名前を連ねている。そして、これら

の著作のなかで、一般開業医との作業や短期心理療法の方法というテーマが継続して取り扱われている。

このイントロダクションに引き続き、バリントの仕事をさらに詳細に検討していくことにしよう。

† 訳注

[1]「対象関係」の原語はobject relationであることはたしかだが、ウィニコットやバリントは、object relationshipという言葉を用いることが多い。本書では特に区別せず「対象関係」という訳語をあてた。

[2] フロイトによれば、根本的には同一なものであるが、退行は三種類に区別される。心的装置の内部での逆行を意味するのが局所的退行である。たとえばフロイトは、覚醒時の神経組織を辿っていた連絡の経路が、睡眠時になると道を引き返すと指摘している。また、以前の心的な構造や構成が再び出現するのが時間的退行である。リビドーの固着と退行の理論は、この時間的退行に関わる。さらに、通常の表現や交流様式が、原始的な様相を帯びるようになる現象を形式的退行と

呼ぶ。

[3] フェレンツィは、禁欲原則を強め自由連想を促進するために積極技法を開発した。また、できるだけ患者のニーズに沿うという弛緩技法も提唱した。後者の技法は特に退行促進的過ぎると批判された。

[4] 原語はworking throughである。もともとは「徹底操作」と訳されてきたが、近年はカタカナ表記が主流になりつつある。意味合いとしては「（被分析者ないし患者が）やり通すこと」が近い。本訳書では文脈に応じて訳し分ける場合もある。

[5] この「基底欠損」という訳語は中井久夫による。バリントの理論で最重要概念であるため、訳語の選定にあたっていくつかの議論がある。たとえば山中

康裕は、faultを欠損という用語ではなく地質学での用法に寄せて「基底断層」という訳語を提案している。また、岡野憲一郎は、faultを「不具合」という意味合いで捉え、「根本的な過ち」と訳してはどうかとしている。両者ともに、faultを欠損と訳しては、あまりにもシステマティックであるという点で共通している。

[6] 精神分析には、物理学における力学の考え方を借りてこころの動きを捉える視点がある。力動論的観点である。この視点からすれば、こころの力にはベクトルや作用・反作用があり、その衝突を葛藤として概念化できる。ここでは、基底欠損領域が葛藤するだけの力動を看取できるエディプス水準と対比され、葛藤以前の心的領域であることを論じている。

[7] バリントの考えでは、患者は最初か

ら「医師」を求めているとは限らない。対
話のなかで自分の「医師」に理解される。
医師は薬を処方するために求められるべ
きではなく、中井久夫の表現を借りれば、
医師は患者に「希望」を処方するべきで
ある。診断を正確にするためにも、患者
の全人的理解のためにも、患者の最初の

訴えに虚心坦懐に耳を傾けることは相当
に重要なのである。患者・治療者・病い
という三項の相互作用を考えるのが「バ
リントの三角形」である。病いというも
のは、患者だけではなく、医師によって
も作られるというのがバリントの指摘で
ある。医師が患者を「改宗」させること

ができるかのような万能的な思い込みを
していると、患者の全人的な理解が遅れ、
取り返しのつかないことになる。このよ
うな医師に想定される機能が使徒的機能
である。

プリント入門　目次

第Ⅱ部 応用精神分析 *Applied Psychoanalysis*

147 — 第七章　応用精神分析

155 — 第八章　一般開業医の訓練要綱｜ロバート・ガズリング

175 — 第九章　一般開業医の訓練と精神分析｜ロバート・ガズリング

191 — 第十章　変化の瞬間｜アンドリュー・エルダー

225 — 解題｜筒井亮太
243 — あとがき｜細澤仁
巻末 — マイケル・バリント：著作目録
巻末 — 文献
巻末 — 事項索引
巻末 — 人名索引

第Ⅰ部 | 精神分析 *Psychoanalysis*

第一章　『一次愛と精神分析技法』（一九五二）

　本書には、一九三〇年から一九五二年にかけて、精神分析の理論や実践に対するバリントの貢献を代表する諸論文が収録されている。私はそのなかでも、彼の思考全般にわたる趣旨に最も関係が深いと思われる論文をいくつか検討してみたい。バリントは序文で、自分の仕事の概観を簡潔に示している。

　私はフロイトの『夢解釈』と『日常生活の精神病理学にむけて』とは高度にアンビヴァレントな批判的態度をとっていたけれども、二二歳のある日『性理論のための三篇』と『トーテムとタブー』とによって断固かつ決定的に精神分析の虜になってしまった。この二書に代表される研究の二つの方向、即ち個人の性機能の発達と人間関係の発展とは、とる形はさまざまであっても、以来、私の関心の中心の座を占めてきた。医学の世界から来て、精密科学への偏愛があって、それによる強い偏向をもっている私であるために、この二つの問題に対する私の接近法は主として──絶対にそれだけというのではないが──臨床観察をとおすという方法である。これは、分析状況の圧力下によって患者のなかに起こる過程の発展と変化との研究である。ということは精神分析家の技法とそれに対する患者の反応を研究するということである。本書は、一九三〇年

から一九五二年のあいだに執筆した論文を集めたものであり、主題は人間のセクシャリティと対象関係と精神分析技法の三つであるが、この三つは密接に絡み合っている。　　（一九五二a：五ページ／邦訳：ⅴページ）

この後刊行された著作のすべてが、これら三つの論題を研究し、探究するという課題を担い続けていた、といっても過言ではない。

バリントの最初期の精神分析論文である「倒錯かヒステリー症状か？」は、一九二五年に著されている [1]。ただしこの論文は、本書にではなく、次著『人間の快感と行動における問題』（一九五六）に収録されている。この論文では同性愛の問題を取り上げており、患者の呈する症状を倒錯と見るべきか、あるいは本質的にヒステリー的なものと見るべきかという点について、臨床的観点から簡潔に説明している。とりわけ、執筆当時、通用していた精神分析の知識が限定的で、不十分であったことを強調しておくが、バリントはすでにそこに疑問を抱いており、探究しようとする精神をもっている。彼はフロイトのように、当時の精神分析的理解の限界や、その限界を拡張するために徹底した調査や研究を続けていく必要性を絶えず意識していた。

一九三〇年に発表された「生物発生基本原則と性心理とには平行性がある」はバリントの二作目の論文であり、本書の冒頭に収録されている。彼は、種の生物学的発達という点から、精神性的なものの発達を議論している。フェレンツィは特に、精神性的発達と、最も単純で原始的な状態からさまざまな形態をもつ動物の生態へと至る生物学的発達との関係に関心をもっていた。フェレンツィは、精神分析の思考や思索に唯一無二の貢献をもたらした自著『タラッサ：性器理論の試み』（一九三八）[2] のなかで、こうした考えを発展させた。バリントは、自分の分析家であり指導者であるフェレンツィへの陽性転移感情をしばしば公言しており、その論文の記述にも、フェレンツィの思考がはっきりと刻まれているのがわかる。エルンスト・ヘッケル [3] が定式化した生物発生の

基本原則で、次のように仮定されている。卵子が最初に受精することから始まる個体の発達は、人類の進化上の発達、すなわち系統発生を繰り返す。バリントはこの考えを自分なりに改築し、「ヒトの受精卵は系統発生を全部知っていて、その個体発生においてこれを繰り返すのである」（一九五二a：二二ページ／邦訳：四ページ）と述べている。バリントはこの主題を身体のみならず、こころの発達をも含めたものとして発展させている。こころの発達もまた、その種における発生を繰り返しているのである。そして、彼は、自分の考えをさらに推し進めるために、フロイトやアブラハムが記述した精神性的発達段階を援用する。バリントは自らの考えを生物学のような精密さをもって発展させている。それはまさに、最初に生物学者としての専門的訓練を受けた精神分析家に相応しいものであった。

この論文には興味深い特徴がある。それはバリントが、生物学的観点から二つの概念を導入しているということである。のちに彼は、その二つの概念を心理学的観点から発展させている。その概念とは、退行と新規蒔き直しである。バリントは、生殖作用のプロセスのなかで、合体した細胞はそれ以前よりも本質的に原始的な状態へ至ると指摘している。そして「その生体が進化の前段階に退行し、長く捨てて顧みなかった生命形態に回帰して、その地点から新規に生活を開始しようとしている」（一九五二a：三七ページ／邦訳：二八ページ）「この新規蒔き直しは生命界において非常に重要な役割を演じている。受精卵の一つ一つの発生がそれぞれ一個の新規蒔き直しである」（同上）と提言している。早期でより原始的ななにかに退行するという考えが、次の段階で、さらなる発達のための新規蒔き直しが起こることを想定している。この退行の概念は、バリントの理論や技法への貢献のなかでも主要なものとなっていく。実際、一九三二年に発表された次の論文は「性格分析と新規蒔き直し」と題され、そのなかでこれらの主題は詳細に論じられている。

バリントは、患者がもはや症状除去に飽き足らず、症状消失以降も治療の継続を希望しているという観察から

論を開始している。彼は患者のなかに「しばしばそのことに無意識的であるが、不安なしに愛する能力を得たい、完全に相手の意のままになるのではないかという不安を捨てたいという願望」（一九五二a：一五九ページ／邦訳：一八九ページ）があると考えている。さらに、なかには新しいタイプの像を示す患者がおり、その人たちは、症状にではなく、人生のどんなものからも快感を得ることができないという怯えてしまうのである。そうした患者は、興奮を恐れ、満足をもたらしてくれるはずの快感にさえ怯えてしまうのである。分析作業をおこなえば、必然的に子ども時代の状況に戻ることになるのだが、その状況に、次の二通りの大人のどちらかがついて回ることになる。一つは、子どもの興奮を喚起する大人である。もう一つは、子どもを冷淡に、そしてスパルタ的厳しさをもって扱うことで、暖かさややさしさを求めるその子どもの正常なニーズが放出可能なリビドー量をはるかに上回り、その結果不安を喚起してしまうような状況を作る大人である。次いでバリントは第三の状況を付記している。それは、フェレンツィが独創的な論文「大人と子どもの間の言葉の混乱」（一九三三）のなかで記述した状況である。そこでは、子どもは、大人によって性的に興奮させられ続けるのだが、それをありのままに表現しようものならば、大人から拒絶され、同時に厳しい道徳的叱責を被ってしまうのである。このことをふまえたバリントの結論は次のものである。このように人を信用することができない患者の治療目標は、「治療をとおして乳幼児期の最初期にできたのと同じように愛の享受に不安なく無邪気に没頭できるようにならなければならない」（一九五二a：一六二ページ／邦訳：一九二ページ）ことである。彼はそのために必要な技法プロセスを検討し、新しい技法概念を導入している。「想起すること、反復すること、ワークスルーすること」（一九一四）において、フロイトは、分析作業の目標とは患者が想起できるようになることであり、このためには多少の反復あるいは行動化が必要であると記述した。フロイトは、患者は抑圧された素材の貯蔵庫からあらゆるものを再生すると示唆した。そして、それはすでに性格全般に浸透しており、制止や不利益になるような心的態

度で病理的な性格特性は構成されているのである。バリントは、患者があるがままにしか振る舞うことができないのであれば、表に現れているのは、病理的な特性のみならず性格特性全体である、と付け加えている。さまざまに形を変えて現れてくるこうした特性を分析するなかで、それらが次のような不安に向けられていることが明らかになる。その不安とは「ゆだねるという耐えられない興奮に対してである。その不安が意識化されるのにともなって、乳幼児期の状況が必ず浮かび上がってくる。それは必ず子ども信頼が悪用された状況である」（一九五二a：一六三ページ／邦訳：一九四ページ）。

　あいにく、この状況が現れても、それだけで変化が生じることはめったにない。バリントは、患者が援助を受けており、自分はもはや子どもではなく、分析家は〔乳幼児期の状況に関わっていた〕もともとの大人のようには振る舞うことはないと認識している事実にもかかわらず、興奮量、緊張の度合いを実際に決定しているのが患者自身であるために、変化が生じないと考えている。したがって、バリントは、患者が耐えうる興奮や緊張の量を、経済論的観点から考えていた。そして、分析家の仕事は、患者が適度な緊張に達することを助けることになる。最適な緊張に達することで、感情の噴出が起こり、それまで意識にのぼることのなかった記憶の断片が表面に浮上するのである。バリントは、技法の修正の詳細を記述していない。彼自身は「臨床例を詳細に示さない限り技法について議論してもはじまらない」（一九五二a：一六四ページ／邦訳：一九五ページ）と述べている。残念なことに、バリントは、著作のなかで自身の概念を例証する臨床例をほとんど提示していない。そのため、読者がその立場を十分に理解する機会が少なくなっているのである。

　そして、バリントは、感情の噴出や忘れられた記憶の回復にともない、その結果として**新規蒔き直し**が起こると記述している。彼はこの用語について次のように語っている。「患者の行動の変化、より正確に言えばリビドー経済の変化である。……患者はもう一度無心に、無条件に、ちょうど幼児だけができるような愛し方で愛するこ

とができるようにならねばならない。このような条件の脱落を私は新規蒔き直しと名づけている」（一九五二a：
一六五ページ／邦訳：一九六ページ）。バリントは、分析家の指を握ろうとする患者の一例を提示している。また、
別の女性患者は日ごとに、自分が子どもとして登場する一連の夢をもち込んだ。夢が続くなかで、患者は成長し
てゆき、ただ愛するだけの子どもであった。その愛し方のさまざまな形が、彼女の発達全体の繰り返しであった。

しかし、この後、次のように展開する。

　まったく飽きることを知らない求め〔が出現する。すなわち〕あの新規薪き直しの乳幼児的な愛の行為を幾
度も幾度も繰り返したいというのである。この欲求はおおむね短期間で消え、長く残ることは稀であるけれ
ども、その後になって、不安が消え、患者は不安に結びついていた願望がなんであるかを認識し、その願望
を現実のなかで実現するか、それとも最終的に断念するかのいずれかをおこなう力をもてるようになる。

（一九五二a：一六六ページ／邦訳：一九六─一九七ページ）

　この新規蒔き直しはさまざまな形で繰り返される。バリントによれば、これはフロイトが「徹底操作working
through」と記述したプロセスと同一のものである。

　こうしたさまざまなプロセスの説明は、のちにバリントが著述することになる治療的退行という論題の先駆け
となっている。このテーマは『治療論からみた退行』のなかで徹底的に論じられる。先ほど引用した記述のなか
に、三六年後に良性退行と呼ばれることになるプロセスの萌芽がある。また、「まったく飽きることを知らない求
め」という短い言及のなかで、彼は別種の退行、すなわち悪性退行の存在をほのめかしている。

　バリントは性格という観念を簡潔に検討し、それを「愛と憎しみの対象に対する人間の挙動を規定している……

一言にしていえば、愛と憎しみとの可能性のさまざまな程度の限界づけである……それは愛と享受の能力の限界づけでもある」（一九三二a：一六九ページ／邦訳：二〇〇ページ）と示唆している。一九三二年の本論文の執筆当時、分析家が患者の性格を変えようと試みるべきか否かが論議的となっていた。そしてバリントは、このような技法や性格についての議論で、性格分析は必要不可欠であるという見解を述べている。この見解は、後年、治療や訓練において、例外なく受け入れられるようになっている。

一九三四年の「精神分析治療の最終目標」という論文は次の二つの部分に基づいている。一つは、それまでの新規蒔き直しをめぐる論文のなかで展開された主張や見解であり、もう一つは、次のリビドーの前性器期的編成をめぐる論文のなかで、広汎に説得力のある形で提示されることになる主張である。一九三五年には、バリントの主要論文の一つである「リビドーの前性器期的編成の理論に対する批判的覚書」と題された論文が著述された。その論文では「対象関係の発達、すなわち愛の発達」（一九三五b：五一ページ／邦訳：四七ページ）の問題が取り扱われている。バリントは、対象関係の発達を、愛、つまりリビドーの観点から記述し、愛に匹敵する憎しみや破壊性の観点からは記述していない。この事実こそが、その思考に絶えず流れているテーマなのである。バリントが断固として主張しているのは、憎しみの発達が愛の発達に対して常に二次的なものであり、本来、一次欲動ではないということである。憎しみは、欲求不満と分離の体験から生じてくる。英国対象関係学派のなかでは、フェアベンだけが似たような立場を取っている。もっとも、フェアベンの理論的枠組みはバリントとは異なって、独自のものであるのだが。

本論文は、おもに性的対象関係の発達を扱っている。そしてバリントは、口唇的、肛門的、尿道的、性器的、そのほかの満足形態にみられるような本能的性目標の変転についてはあえて論じていない。彼は次のように述べている。

私たちがその分析技法と観察とをもって、一個の人生にいかに深く突き入ろうとも、そこに見いだすもの
は、一つの例外もなく、必ず対象関係である。自体愛的な満足の諸形態は、他愛のない戯れであるか、さも
なくば、すでに（それ自体が）妥協形成である。これは、分析において、対象関係の喪失あるいは対象関係の
葛藤化に対する慰藉あるいは虚勢的反抗のメカニズムである。同じことがいわゆる前性器愛の諸現象、すな
わち「肛門サディズム的」「男根的」愛、また「陰性エディプス・コンプレックス」においても妥当する。そ
れらは重要でなく、害もなければよし、もし重要であれば分析して解消されるべきものである。……私はわ
ざと口唇的、肛門的、尿道的、性器的などの満足形態がなぜ発達過程において出現するかとか、それらの意
義が何であるかとかは問わず、問題をただ、個体の周囲環境、特にその愛の対象に対する態度がなぜ変わる
のか、そして、口唇的、肛門的、男根的、性器的、ナルシシズム的などの愛といっている対象関係の諸形態
が何に起因するかということに限定している。

　　　　　　　　　　　　　　　　　　　　　　　　　　（一九三五ｂ：五九ページ／邦訳：五四―五五ページ）

『タラッサ』のフェレンツィに従い、バリントは、こころの最深層においても、対象関係が支配しており、そし
て深い分析作業の最終段階、すなわち「新規蒔き直し」の段階では、このような最初の対象関係に備わる性質が
相当明瞭に表現されると考えていた。

　患者は愛することではなく、愛されることを願うのである。この受身的願望が性的、リビドー的であるこ
とは確実である。この願望を周囲の人びとが満たしてくれるべきであるという要求は絶対に自明であり、し
ばしば、まるで生死がかかわっている問題であるかのように、非常なエネルギーを費やして強烈に表現され
る。こういう願望すべての目的は、しかし、ふつう官能的あるいはエロス的といわれる意味のものに対応せず、

フロイトが「やさしい」「目的を抑えられた」と呼んだものを目指すのである。満たされないと熱情的な反応を呼び起こすが、逆に満たされると、ただ静かで穏やかな「いうことなし」の感じが起こるだけとなる。（一九三五b：六一ページ／邦訳：五七ページ）

　この一次的性向 primary tendency は「受身的対象愛」と呼ばれている。フェレンツィが導入した用語であり、「私をいつも、どこでも、あらゆる形で、私の全身体を、全存在を愛してほしい、それも一切の批評がましさなしに、私の側から僅かにでも無理する必要なしに──これがすべてのエロス的努力の最終目標である」（一九三五b：六三ページ／邦訳：五九ページ）と記述されている。この一次的性向は生涯を通じて保持され、回り路を経由して、そこに到達することが可能となる。回り路の一つは「世界のほうが私を十二分に私を愛してくれず、満足を与えてくれないなら私が私自身を愛し満足させてやるほかないではないか」（一九三五b：六三ページ／邦訳：五九ページ）という根拠にもとづくナルシシズムである。別の回り路は「私たちは私たちのパートナーを愛し、満足させてやるが、それをお返しにパートナーに愛してもらい、満足を与えてもらうためである」（一九三五b：六六ページ／邦訳：六二ページ）という根拠にもとづく「能動的対象愛」である。

　受身的対象愛にふたたび到達するための二つの回り路を定式化するにあたり、バリントは新たに重要な精神分析概念を二つ提示している。第一の概念は、ナルシシズム理論にまつわるものである。バリントは一次ナルシシズムの理論にはいくつか矛盾があることを示している。そこから彼は、一次的対象関係の論に賛意を表し、一次ナルシシズム理論を放棄すべきものとし、ナルシシズムは常に二次的現象であると示唆するようになる。メラニー・クラインも同様に一次ナルシシズムに関する見解を変更しているが、バリントのほうが先んじている。というのも、一九三六年のウィーン精神分析協会において、ジョーン・リヴィエール［4］がクライン派の立場から

「最早期の乳児期における心的葛藤の起源をめぐって」という論文を発表したのだが、そのなかで対象との関係に先行する概念として一次ナルシシズムを使用しているのである。「このような二つの対応物は、投影や取り入れの焦点となる目標や重要性を表しており、外界の対象が知覚され始めると一次ナルシシズムから発達してくるのである」（一九五二：五二ページ）。

第二の新しい概念は、能動的対象愛の性質にまつわるものである。彼は次のように記述している。

しかし、そうではない人もいる。彼らのほうが圧倒的多数派であり、彼らは、この「受身的対象愛」という目標に非常な回り路をしてようやくこのことに到達する。教育というものは、このバイパスを強制し、工夫さえこらす。子どもに差し出されるものが少なすぎれば、子どもは、それまでは遊び半分に使っていた自体愛なのに、全リビドーを挙げて備給するようになり、ナルシシズム的あるいはサディズム的になる。同時にナルシシズム的かつサディズム的になることもある。子どもが何かを得たならば、子どもは、受け取ったものの満足によっていわば整形される。どこにでもいつも書いてある発達段階の肛門サディズム的、男根的、そして最後に性器的対象関係は、生物学的基礎ではなく社会的基礎があるものである。私が口唇的関係を挙げなかったことにお気づきだろうか。わざとそうしたのである。口唇的関係は、社会すなわち教育にもっぱら責を負わせるわけにはいかない。

（一九三五b：六三ページ／邦訳：五九ページ）

この見方に立つと、性器段階以前の対象関係、性器段階以前の愛の形態がいままでと異なる視点で見えてくる。もう生物学的に説明できない。これらはいささか乱暴な言葉を使えば人工産物とみなされるべきである。すなわち、私たちは社会一般、あるいはその人を教育した人によってこういうことは決まるとしなければ

ばならない。いずれにせよ、私たちの臨床治療は、すでに指摘したように常にこの意味でおこなってきたではないか。（一九三五b：六六ページ／邦訳：六二ページ）

さらに、彼は次のように続けている。

したがって、私は本気でいうのだが、かりに子どもが適切に育てられるならば、あんなに複雑な性器以前の対象関係を強調されたり、それを苦労して通らなくても済むはずである。……いまのいまの私には、受身的対象愛とそのやさしい性目標から、能動的対象愛とその性器的・官能的な性目標への発展というものをはっきり思い描くことはできていない。なぜならば特に、熱情性すなわち官能的・オーガズム的情欲の起源が私にはわからないからである。（一九三五b：六七ページ／邦訳：六四ページ）

バリントは、性愛の前性器的目標と、多様な前性器期的対象関係の編成とを区別している。そのうえで、後者は、生物学的に決定されるあり方としては、前者と直接的な関係をもたないと主張している。前性器的目標はそれ自体、生物学的に決定されているのだが、これらが対象関係の編成と組み入れられるあり様は環境によって決定される。すなわち、文化と教育によって決定されるのである。この二つの系統のあいだにある関係性の研究は興味深いものではあるが、このうちに書かれた論文のなかでそのような方向性が展開することはなかった。その後、バリントは、対象関係におもに取り組み、前性器期にはそれほど注意を払わなかった。しかしながら、人間関係の発達と対象に向かう性目標の発達を区別することで、バリントは、のちにウィニコット（一九六三）が独自に発展させる、とある状況を記述しているのである。ウィニコットは「対象としての母親」と「環境としての

母親」を区別し、「情愛と官能的共存と呼ばれるようなすべてを受け入れるのは環境としての母親であり、なまの本能緊張に裏打ちされた興奮体験の目標となるのは対象としての母親である」（七六ページ／邦訳：八三ページ）と述べている。この見解は、バリントの二つの発達ラインという考えと類似している。しかし、ウィニコットは、バリントのように、文化や教育がこの二つのラインに与える影響を検討していない。そして思いやりの能力の発達を、対象としての母親と環境としての母親とが乳児のこころのなかで合一する状況に関連づけている。

バリントは「エロスとアフロディテ」（一九三六b）という次の論文のなかで、「リビドーの前性器期的編成」ではあえて除外していたもう一つの論題に取りかかる。つまり、性目標や快感の獲得、性的興奮、そして官能的オーガズムの欲望、これらの発達である。本論文ではおもに、リビドー的体験における前駆快感 fore-pleasure とその最終快感 end-pleasure との違いを研究している [5]。バリントは、この二つは快感を体験する別個の様式であり、類似しているが根本的には別物であると示唆している。そして、この仮説が次の二点によって支持されると考えている。すなわち、（一）最終快感のおかげで、大人は不安に対してより強い耐性を獲得できるように思われるという事実、（二）倒錯者は、強い興奮を除けば、実際の倒錯的活動からはいかなる満足も引き出していないという事実、つまりその後の性器マスターベーションあるいは性交が解放感をもたらすという事実である。この点で、バリントとフェレンツィは意見を異にする。フェレンツィのアンフィミクシス理論 [6] では、最終快感は、前駆快感を構成する本能メカニズムの総和であると仮定されている。バリントは次のように考えている。前駆快感の機能は比較的単純であり、生物に備わる一次属性のようにみえる。その一方で、最終快感であるオーガズムは種族の歴史のなかで新たに獲得されたものであり、その機能は複雑である。というのも、最終快感は興奮を処理するための二つの相反する性向から構成されているからである。その運動には、ぎこちない慢性の痙攣と収縮させるような強直性の痙攣とがある。どちらもともに体験されるので、強烈さという点では外傷的といってもよいほど

である。彼は、心理的な「自我強度」を取り上げ、「自我が障害をこうむることなしに耐えられる緊張−興奮の最大量とするという提案をしてみたい。ある程度正常な状態を仮定すれば、成人がこの最高値に近い興奮にまで達するのはオーガズムの直前および最中のみである」(一九三五b：八六一ジ 邦訳：八四一ジ) と示唆している。

　本論文以降、バリントはしばらくのあいだ、心理生物学的な発達ラインおよび本能の発達ラインに関する考えを提起する論文を著述している。ふたたび、このような発達ラインに関するバリントの考えに出会うのは、後期の著作である『スリルと退行』(一九五九a) のなかであり、スリルという主題で登場する。

　次の論文は、最も重要な論文の一つである。そのなかでバリントは、一九三五年論文に引き続き、一次対象愛のテーマを展開している。その論文は「自我の初期発達段階──次対象愛」(一九三七b) と題されている。バリントはまず、乳幼児の発達をめぐる二つの理論的見解の記述から始めている。例に挙げているのは、メラニー・クラインのロンドン学派とフロイトのウィーン学派である。当時、二つの学派のあいだに理論上の相違や論争があった。そして、そこから可能ならば和解の実現を目指して、二つの協会のあいだで論文の交換がおこなわれた。ロンドン学派のジョン・リヴィエールは一九三六年五月に「最早期の乳児期における心的葛藤の起源をめぐって」という論文をウィーン協会に向けて読み上げ、ロバート・ヴェルダー[7] は一九三六年一一月に同一論題の論文を英国協会に向けて読み上げた。しかしながら、結果として特別な影響を及ぼすことはなく、二つの異なる思考をもつ学派のあいだに和解が生じることはなかった。ここでバリントは、ことによるとブダペスト協会の第三の方法が、新奇で新鮮な臨床素材を基盤として、二つの異なる理論のあいだにある溝にいくらかでも架橋する一助となるかもしれないと示唆している。このための素材は、分析状況における形式的要素を転移現象と捉えることから生じてくる。この手法には、患者の個人史についての価値あるデータを入手しうる可能性がある。記憶に留めておくべきは、分析の設定で生起する転移−逆転移関係の形式的要素を分析することが、今日では標準的

『一次愛と精神分析技法』(一九五二)

な分析技法であるものの、当時は確かにそのような状況にはなかったということである。フェレンツィはこのよ

うな探究の草分けの一人であり、一九三三年のフェレンツィの死後、彼の後継者であるマイケル・バリント、ア

リス・バリント、イムレ・ヘルマン [8] がその仕事を推し進めた。

この新しい臨床データとは何なのだろうか？

　私は、分析の仕事が相当の深さまで進むと、患者たちがある種の原始的な願望充足を期待し、それどころ

か要求さえするということがしばしば生じるのに幾度となく気づいた。その期待はおもに分析家に向けられ

るが、それに留まらず周囲にも向けられる。私が単純に分析家の受動的役割を守りつづけたとき、つまり願

望の充足が私の受動的態度によって自動的に阻止されたときに現れた現象は、ロンドン学派の分析家が描い

てみせる乳児像に、基本的特徴がことごとく一致していた。心的安全感の喪失、自らが無価値であるという

感覚、絶望、きわめて苦い失望感、もう誰にも信用して自分を託せないという感情、などである。これらは、

きわめて強い憎悪を伴った攻撃性、きわめて野蛮なサディズム的幻想、分析家へのきわめて手の込んだ虐め

と辱めの狂乱と入り交じりになっていた。それからふたたび、仕返しされるという恐怖と、もうこれ以上は

ないというほどの強い身をよじる悔恨の情も生まれる。それは分析家に愛される望みとか、あるいはせめて

関心をもって暖かい気持ちで今後も治療をしてもらいたいというささやかな望みでさえ、永遠に棒に振って

しまったと感じるからである。……しかし私がそのような経験を教訓として、そののちに患者のこのささや

かな願望を満たしたときには、小難去って大過ありという事態に陥った。ほとんど躁的と呼んでいいような

状態が現出したのである。患者は有頂天になり、ただもう自分の願望の充足をもう一度もう一度繰り返し

求めることばかりをいつまでもやめないようになった。症状はすべて、（見かけ上だが）消え失せ、患者は自

分は超健康だと感じた。それは、ただし、このような極度に重要な願望の満足が、求めさえすればすぐに与えられると確信できる限りであった。……この心理状態は嗜癖や重度倒錯症の状態にそっくりである。その不安定さも似ている。欲求充足が一度でもきっぱり否定されたり、いちじるしく遅らされたりすると、嗜癖的至福感の全構造が崩壊し、気分はとたんに、先に述べた絶望、怒り、報復への恐れという状態に一変するのである。……ここでいう危険な願望とは、実際はどのようなものだろうか。誰でもまるで罪がなく無邪気なものと言うに違いない。たとえば、分析家に暖かい言葉をかけてほしい、分析家を名前で呼ばせてほしい、あるいは逆に名前で呼んでほしい、分析の時間以外にも会いたい、分析家からなにかを借りたい、あるいはそんな大したものでなくてもらうからプレゼントがほしい、などである。またさらに、分析家に触れさせてほしい、抱きしめさせてほしい、あるいは触れてほしい、愛撫してほしいという類の願望が多い。

　　　　　　　　　（バリント、一九三七 b：九六―八一ページ／邦訳：九五―九七ページ）

　バリントは、こうした願望に本質的に備わる二つの性質が、次のようなものであると気づいている。一つは、これらの願望が常に対象に向けられるということであり、もう一つは、それらが前駆快感の水準を超えることはないということである。この点から、そうした願望を充足しうるのは環境だけであり、その満足は穏やかで、静かな幸福感と記述するしかないようなものであると言える。しかしながら、こうした願望が充足されないままだと、その反応は前述した猛烈な嵐のようなものになるだろう。このように仮定したうえで、バリントは次のように論じている。このような現象は二次的反応であるというだけではない。これらの反応が患者の発達においてすでにある歴史をもっており、初期の論文（「批判的覚書」（一九三五））に記述されているように、この歴史は一次受身的対象愛の状態にはじまる発達がある。一次愛から出発し、二つの回り道はナルシシズムへと向かい、もう一つ

の回り路は能動的対象愛くと向かう。

バリントはここまでの自身の研究を次のように要約している。

一・　一次対象愛ないし原始的対象愛は、人生においてかなり早期の発達段階に属する。

二・　この段階を避けて通ることはできない。そしてこれよりのちのあらゆる対象関係はそこに遡ることができる。

三・　この種の対象関係は、なんらかの性感帯と結びついているものではなく「特別に重要なものである。このように明確に一線を引くならば、欲動目標の発達と欲動対象の発達とを同一化していることから生じる誤りがたぶんこれを、ほどくことができるであろうという希望を表明しておきたい」（一九五二b：一〇一ページ／邦訳：一〇一ページ）。（しかしながら、彼は、この後の著作のなかで、この方向の考えを発展させていない。）

四・　この一次的対象関係の生物学的基盤は、母親と子どものあいだの本能的な相互依存interdependenceにある。「両者は相手に依存しつつ、同時に波長を合わせあってもおり、お互い相手によって自分を満足させているが、どちらも相手にわざわざ気を遣わなければならないわけではない。実際、一方によいことは他方にも適切なのである。一にして二なるこの統一体におけるこの生物学的結合性を私たちは従来あまりというよりあまりに表面的にイメージしてきた。つまり単に母親の側からの、子どもとのナルシシズム的同一化として探求しようとしたのではないか」（一九三七b：一〇二ページ／邦訳：一〇一－一〇二ページ）。

五・　このような親密な関係を、私たちの文明はあまりにも早い時期に引き裂いてしまう。このように早期に分離された結果、子どもはしがみつき、不平不満、底なしの貪欲へと傾いていくことになる。

六、この本能的欲望がやて満たされるのならば、穏やかな幸福感が現出する。満たされない場合は、極度に激烈な反応が生じる。おそらく、そのように誤解され、さらに誤って解釈された環境の影響が存在するときだけ、子どもがその反応として、決して満たされることのない渇望という症状を呈するだろう、というのがバリントの示唆である。

　ここで余談ではあるが、一九三七年の論文は次の点で注目に値する。バリントが分析設定の形式的側面を記述するなかで、いくつかの結論に至っているのだが、それは後年、観察研究を通して得られたものと同じ結論なのである。彼は、母親のない一人の赤ん坊などというものはない、というのちのウィニコットの金言の先駆けである。また、母親と乳児の相互の愛着や情動調律といった概念を生み出したジョン・ボウルビィ（一九六九、一九七三、一九八〇）やダニエル・スターン（一九八五）がのちに実施した乳幼児観察研究の多くから導かれた結論にも先行している。

　バリントの考えでは、当時、ウィーンとロンドンのあいだで起きていた論争における相違点の主源泉の一つが、一次ナルシシズムをめぐる仮説であった。そして、彼はこの仮説に反論するべく、臨床観察や理論的主張を整理することに相当な紙幅を割いている。バリントは後年の論文で、一次ナルシシズムへの反論を繰り返し立ち戻り、最後の著書『治療論からみた退行』（一九六八）にある本論題をめぐる章では、非常に説得力をもって辛辣な反論を試みている。バリントにとって、一次ナルシシズムに反対する主張を確立することはきわめて重要だったが、それはまるでフロイトにとって無意識の存在を肯定する主張を確立することが重要であるのとほとんど同じもののようであった。この晩年の著書を詳細に検討するまでは、このような主張について考察することは控えておこう。とは言うものの、本論文の論争に戻ってみるならば、バリントは次のように考えている。

イギリス学派は、子どもの欲求不満を強調して自分たちが正しいと思った。しかしそこで立ち止まってしまった。乳児の置かれている状況を母親と子どもとの欲動をはらんだ相互関係性としてとらえるにまでいたらなかったのである。どうしてそうなったかといえば、これはウィーン学派もまったく同じことだが、一次ナルシシズム仮説に硬直的にしがみついているからである。しかしこの仮説は、外界との関係を一切排除してしまう。理論から出たこの（一次ナルシシズムという）論法は、ウィーン学派からも何度も繰り返し提出された。これと対照的にロンドン学派は、一面的な臨床観察結果、すなわち子どもの充足不可能性による攻撃的現象を繰り返し提示するばかりであった。

（一九五二b：一二三ページ／邦訳：一〇三ページ）

もちろん、今日、クライン派は長らく一次ナルシシズムの理論を用いておらず、それは多くの現代フロイト派も同様である。しかし、それにもかかわらず、いまだこの二つの学派のあいだには相違点が存在し続けている。バリントは、一次ナルシシズム理論が及ぼす有害な影響について、希望に満ちた楽観的な予見を示したが、この見解は時の試練に耐えられなかった。

本論文にあるもう一つの重要な側面として、欲望や願望を充足すること、あるいは充足させないことによって、臨床にどのような影響が及ぶのかについて議論していることが挙げられる。この議論は、その後、バリントが精神分析における治療的退行の研究への臨床的・理論的貢献をなす土台となるものであり、『治療論からみた退行』のなかで提示された定式化のなかで最終段階を迎えることになる。

「母への愛と母の愛」（一九三九）は、マイケルではなく、アリス・バリントによる論文であり、「織りなす発達」という二人の考えを基盤としており、一九五二年に出版された本書に収録されている。彼女は最早期の愛の形式を「現実感覚なき蒼古的 archaic 対象関係」（一九五二a：一二六ページ／邦訳：一三二ページ）と関連づけている。

現実感覚なき蒼古的対象関係愛であり、しかし一般的に愛と言い習わされているものは、現実の影響下に直接この初期相から発生してくるのである。……現実感覚なき蒼古的愛はイド（エス）の愛の形であり、それはそういうものとして生涯存在し続ける。一方、社会的な、現実に基礎をおく愛の形は自我の愛の形である。

(一九五二a：二二六ページ／邦訳：二三二ページ)

　この蒼古的愛は、当初、受身的対象愛と記述されていたが、いまや一次対象愛と記述されている。というのも、乳児のなかで自ら作動している諸傾向は、主要な役割を果たしているように見えるからである。このときをもって、バリントは受身的という命名を放棄し、その後、その用語に言及するのような機会においても、受身的対象愛という用語は用いていない。先ほど述べたように、乳児が生来もっている能動性を新たに強調したことは、母子観察研究における最新の多くの知見に先立つものとなっている。
　次の論文「自我の強さ、自我の教育、「学習」」(一九三八)でバリントは、精神分析治療における学習 learning の役割に関心を抱き、それを構造論的アプローチの観点から批評している。

　精神分析的教育学は、なによりもまず超自我教育学であり、その中心課題は、最良の超自我形成をめざすには、どのような教育方法をどのような強度で用いるべきかを知ることにあった。

(一九五二a：二〇九ページ／邦訳：二四三ページ)

　バリントの考えでは、この事態は、精神分析理論がおもに強迫神経症という病の研究を基礎にして発展し、ヒステリーの問題がだんだん軽視されるようになってきている事実に起因する。強迫神経症という病はおもに超自我の

心理学とみなされ、ヒステリーはたいてい「自我はまずなによりも身体─自我であり、そこに生じる問題は生物学の領域にまで及び、「生物的なものへの神秘的跳躍」を起こす」[9]身体機能と関連をもつものとされている。

後年の論文で、バリントは、この超自我教育学というテーマを、分析家の訓練の問題と関連づけて発展させている。また、身体─自我やその影響というテーマにも発展がみられ、『治療論からみた退行』[10]のなかでバリントが異議を唱えているのは、とりわけストレイチーが変化をもたらす転移 mutative transference がいているように、転移を言語で解釈することこそが心的変化をもたらす作用因 agent であるとする見解に対してである。そのうえで、患者と分析家の対象関係における非言語的な要素こそが心的変化の作用因の一つであり、治療的価値をもっとも適用すべき方法ではなく、分析に本質的に内在する構成要素である。「自我教育というものは治療の最中にとりたてて特別に提示している。本論文でバリントは次のように述べている。「自我教育というものは治療の最中にとりたてて特別に適用すべき方法ではなく、分析に本質的に内在する構成要素である」（一九五二a：

二二一ページ／邦訳：二四六ページ）。

「転移と逆転移」（一九三九）は妻アリスとの共著であり、逆転移を主題に著述された最初の論文の一つであった。それ以前の「感情転移について」（一九三三）という論文のなかで、彼は逆転移を患者に向かう分析家自身の転移と同一のものであるとした。しかし一九三九年には、彼は逆転移というものを拡張し、分析家という人間にはじまり、カウチ上のクッションの配置にいたるまで、分析設定のすべてを含むものであるとした。分析設定の一切から分析家のパーソナリティの一部分は、漏れ出てしまうのである。一〇年後の「精神分析における治療目的と技法の変遷」（一九四九）では、彼はその用語を「正しい分析行為」とか「転移状況の適切な取り扱い」といった表現と同じ意味で用いている。いまや彼にとって、逆転移は、分析家が患者に向けるあらゆる要素における、専門家としての態度全体を意味するに至っている。文献のなかでは逆転移の性質をめぐり多くのことが述べられているが、この見解はそのうちの一つに過ぎない。

一九三〇年代にさまざまな精神分析インスティテュートによって公表された統計に基づき[1]、バリントは次のように示唆している。全体としてみれば、どのような精神分析技法を用いても、治療結果における成功・不成功の割合は同じである。「技法を巡る熱っぽい議論がなぜか、双方とも排他的に傾くのだろうか」（一九五二a：二三九ページ／邦訳：三三五ページ）と疑念を抱き、それを「微小差のナルシズム的過大評価」と呼ばれる社会現象の一例であると示唆した。実のところ、なぜかこのような意見の相違が長いあいだ解消されないまま続いている。対立が止む気配はない。

バリントは「性器愛について」（一九四七）という短い論文で対象関係に立ち戻り、「征服作業 work of conquest」という概念を導入している。

　愛するに値し、自分に愛を向けてくれる性器愛の対象を獲得し永久に所有するためにはこのようにすればよいということは一つもない。口唇愛の場合とは全然違うのである。現実吟味を怠まずたゆまず片時も休まずにしていなければならない。これに征服作業という名をつけておこう（逆に相手の立場に立ってみれば対象への適応という気の張る作業となる）。この作業は、関係の初期段階では手を休める暇もなく多大の入力を必要とするものであり、また関係が続いている限り、初期ほど激しい形ではないがいつまでも作業を続けなくてはならない。言い換えれば、パートナーはどちらも、しっくりとした間柄を保つためには、たえざる努力が必要である。（一九五二a：二五一ページ／邦訳：一四三ページ）

この一連の作業に耐えることができれば、定期的に、いくらかの幸福な瞬間に、幼児的な現実検討の段階、すなわち、性器オーガズムの「神秘的合一」にまで退行する機会を報いとして受け取ることができる。対象同士の

あいだにある調和という考えは、後年の著作でさらなる発展をみせる。

バリントは「愛と憎しみについて」（一九五一）のなかで、原始的な愛憎、または成熟した愛憎、それぞれの特徴を説明するさまざまな試みを検討したうえで、憎しみについての独自の見解を提示している。まず、愛には原始的な形態も成熟した形態もあるが、憎しみには原始的な対象関係しかないという前提から出発する。彼の考えによれば、原始的な愛と成熟した愛の相違点を説明するさまざまな試みは、互いに相容れないものではなく、むしろ相互に補完しあうものであり、相違点を説明するために、自我の弱さ、現実吟味の未発達あるいは欠陥、強い生得的サディズム傾向、分割プロセス、強いナルシシズム傾向、抑うつ的恐怖、口唇性貪欲、力なき全能感などの要因を引用している。しかしながら、彼は、原始的な対象関係において「片方のパートナーだけが要求する権利を有し、もう一方は欲動の対象であってもよく愛の対象であってもよいが、とにかく一個の対象として扱われる」のであり、「このようなあらゆる関係の基礎には、現実吟味の欠陥がある。欠陥には、まだ未発達であるという場合（乳児）もあり、発達が挫折しているという場合（大人）もある」（一九五二a：一四六ページ／邦訳：一五七‐一五八ページ）と考えている。相互的な愛への変化は、前述の征服作業とともに生じてくる。

バリントは憎しみをどこに位置づけているのだろうか。

私の考えでは、憎しみは原始的対象愛（つまり蒼古的な依存的愛）の最後の残り滓であり、その否認であり、それに対する防衛である。これはこういうことである。つまり私たちは自分にとって非常に大切な人なのに自分を愛してくれず、その人の愛情を得ようと最善の努力をしたにもかかわらずどうしても協力的パートナーとなってくれなかった人を憎むのである。

（一九五二a：一四八ページ／邦訳：一六一ページ）

ここで重要なのは、バリントにとって、憎しみは、愛から二次的に発生するものであるということである。そして、すでに述べたように、英国対象関係学派のなかで唯一フェアベアンだけが、この関係性について同様の見解をもっていた。もっともフェアベアンはバリントと異なり、一次対象愛の存在を信じてはなかったのだが、バリントによれば、憎しみは、先に挙げたような自我の弱さや未発達の現実吟味等々のさまざまな要因によってもたらされる。このことはあらゆる分析治療の結果に影響を及ぼすだろう。バリントは分析を受けることで生じるであろうさまざまな結果について、次のように示唆している。

　治療の結果、憎しみという障壁に守られてその背後で健康となる場合がある。これは高い代償を払うわけだが、退行願望に対する防衛としてそれほど悪くない。永久的な依存的同一化という結果になる場合もある。これは、対象の理想化によって対象を自らの憎しみから守る。最後に、予後の良い場合でも、一次対象関係、一次転移は運命的なものだから、その永続的な刻印が残り、行きつく果ては甘くもつらくもある、忘れられない思い出だけとなるだろう。
　　　　　　　　　　　　　　　　　　　　　　　　（一九五二a：一五六ページ／邦訳：一七〇ページ）

　なぜバリントは、憎しみが二次的な反応として生じ、防衛という性質をもっていると主張するだろうか。彼はこの点でフェレンツィとは見解を異にしている。というのも、フェレンツィは憎しみが反応性のものである可能性を考えていたのだが、その一方で、フロイトが記述したように、元来、憎しみが一次的な破壊欲動であるとも信じていたからである。どうも、バリントの理論は、退行状態にある患者に少しばかりの満足を与え、患者から欲求不満で憎しみに満ちた反応の代わりに、憎しみのない良性の反応を得ていたという臨床経験に由来しているようである。このような好条件では、臨床状況に静かで無垢な愛のみが存在するようである。したがって、憎

しみの性質は二次的なものとなる。しかしながら、そうした状態についての私自身の経験としては、時折、翌セッションや夢の報告の後で、その状態が一見したほど良性のものではなく、分割排除され、否認されている迫害的状態への防衛手段を表しているという徴候に気づくものである（一九五二a：一六六ページ／邦訳：一八〇ページ参照）。生じている状態は、バリントが示唆するほど単純ではないように思われる。

もう一つの最重要論文である「精神分析における治療目的と技法の変遷」（一九四九）は、バリントが分析実践を開始した一九二二年以来の、技法論とその変遷を批判的に検討したものである。彼によれば、分析の当初の治療目標は、患者の抵抗の克服や幼児性健忘の除去、そして無意識の意識化であった。その当時、無意識的なものはもっぱら抑圧されたものや幼児性健忘、エディプス状況を意味していた。こころの構造論が到来したことで、治療目標は変化し、イドを自我で置き換えることとなった。つまり、患者が自我構造の損傷を修復する手助けをすることである。さらに言えば、患者が高くついている防衛機制を放棄し、より払う代償の少ない防衛機制を発達させる手助けをすることである。以前の力動論的アプローチでは、抑圧されて無意識にある内容や、イドに重点が置かれていた。新しい構造論的アプローチでは、自我や超自我の防衛機制により重きが置かれている。しかしながら、どちらの定式化でも、関心が向けられるのはその個人であり、対象ではなかった。バリントはその事態を生理学的偏向や生物学的偏向と呼んでいる。

いまや新たな志向を有する技法は、自由連想の内容や習慣的な防衛機制だけでなく、患者の振る舞いの形式的要素にも焦点を当てるようになった。形式的要素とは、たとえば、患者の表情の変化や、カウチに横たわる様子、自由連想のあり様等々のことである。バリントの考えでは、このような要素は患者の性格と密接に繋がっており、世界に対する、とりわけ分析状況にあっては分析家に対する、患者の転移の本質部分である。

それらの要素は、ある種の——ほぼ原始的なタイプの——対象関係が、精神分析状況において（おそらく精神分析状況によって）復活したものとみなされるべきである。私の見解では、精神分析状況における患者の行動の形式的要素というものの研究を進めたことが、精神分析の技術に根本的な変化、いやきわめて大きな進歩をもたらした主要因である。ここでいう精神分析技法の新しい方向は、なによりもまず、患者の転移の具体的細部のすべてを対象関係の観点から理解し解釈することを目指すものである。

〈「治療目的と技法の変遷」一九五二a：二二五ページ／邦訳：二六二ページ〉

　彼はこれを、前述の「生理学的偏向、生物学的偏向」に対し「対象関係への偏向」と記述している。このような二つの偏向が、精神分析技法と精神病理論とのあいだにある不一致と結びついて生じると、バリントは主張している。

　私たちの理論が主として基礎としてきたのは、内在化を全面的に行っており、対象関係にごく弱い備給しかしていない病的形態の研究であった。ところが技法のほうは、ヒステリー性障害、性格神経症のような、きわめて強い対象備給をしている病理形態の治療経験の際に創始され発達してきたのである。しかしこれはごく自然なことである。私たちの研究の真の現場が精神分析の場、つまり一つの対象——むろんきわめて特異な対象であるが——との関係が圧倒的な重要性をもっているような場であるからで、精神分析学のなかにかなりの内部矛盾と葛藤し合う党派性とが存在するのも、いま述べたように技法と理論のあいだに起源の二重性があることを忘れなければ納得できる。

〈「治療目的と技法の変遷」一九五二a：二二七ページ／邦訳：二六四ページ〉

バリントが絶賛するジョン・リックマンの一体心理学 one-body psychology や二体心理学、三体心理学、そして多体心理学 multi-body psychology という考え（一九五一）[12] によれば、それぞれの心理学は独自の研究領域をもち、専門用語や概念を含む独自の言語を発達させている。このような考えのなかに、先述したバリントの次のような観察を含めてもよいだろう。　精神分析理論は、強迫神経症やメランコリーの研究に由来する一体心理学にもっぱら基礎を置く一方、精神分析技法の言語はもっぱら二体心理学に基礎を置いている。バリントは続けて述べる。「いま私たちに必要なのは、対象関係の発達をうまく記述してくれる理論であり、それは現在の生物学に傾いてゆく欲動の発達理論に匹敵しかつそれから独立したものでなければならない」（「治療目的と技法の変遷」一九五二 a：二三〇ページ／邦訳：二六七ページ）。

ここでバリントは、対象関係の発達に関するメラニー・クラインの理論を検討している。クラインは新しい用語を造り出していた。

たとえば部分対象であり、それはよい部分対象であったりわるい部分対象であったり、分割排除されたり、再統合されたりし、また破壊されたり、修復されたり、取り入れられたり、投影されたりする。もし取り入れ、投影、分割などの言葉がこころのなんらかの構造的変化を意味していることを認めるならば、クライン夫人の理論は、対象関係の変化をこころの構造的変化に関係づけようとする試みとみなすことができる。明らかにこれは非常に重要な一歩であり、旧来の理論から私が要請してきた新しい理論への移行であるにちがいない。今後の理論はすべて、クライン夫人とその学派が得た重要な結果を考慮にいれないではすまされないであろう。

（「治療目的と技法の変遷」一九五二 a：二三一ページ／邦訳：二六八ページ）

この新理論の到来により、バリントは次のように考え始める。最も重要な研究領域は、分析状況における分析家の振る舞い、つまり分析家が分析状況を創り出し、維持するのに寄与している領域になるだろう。ここで彼が念頭に置いているのは、患者に正しい解釈を与えることだけではなく、分析状況における緊張を可能な限り至適なものとして維持するために、分析家が、患者と分析家双方に必須の欲求不満や満足の質と量とを正しく評価するということである。分析家の言語――それは解釈を伝えるために用いられる、一連の専門用語や概念、モデル、照合枠を意味しているのだが――は、このような緊張を発展させ、形成するうえできわめて重要である。さまざまな分析家によって異なる言語が用いられているが、対象関係の新たな理論を発展させるうえで、その事態を観察し、研究していく必要がある。このことに加えて、分析家が患者のために適切な雰囲気を創り出すことは、患者がこころで話をしやすくするために必要であると彼は考えている。分析言語や、必要な欲求不満や満足の考慮、そして適切な雰囲気のもつ作用といった概念、後の著作、とりわけ『治療論からみた退行』において著明な発展をみせ、統合されている。
　バリントは、長年の友人であるメラニー・クラインの七〇歳の誕生日を記念する『国際精神分析雑誌』が発行された折に、「新規蒔き直しと妄想抑鬱症候群」（一九五二b）と題された論文を寄稿している。そのなかで彼は、人間の発達に関するクラインの考えが、ある程度、バリント自身の臨床観察や理論と一致していることを示すのに腐心している。彼は、いくつかの分析での終盤を再度記述している。それらは、最初、一九三二年の論文「性格分析と新規蒔き直し」に記述され、一九三七年の論文「一次対象愛」で展開されたものである。この段階では、相互に信頼し合うような雰囲気のなかで、患者は分析家にある種の単純な願望充足を求めている。その欲求に従うことで、静かな幸福感や新規蒔き直しの機会、すなわち怪しむことなく信頼して、自ら防衛を手放しつつ緩める能力がもたらされることになる。しかしながら、必ずしもつねにこのようになるわけではない。患者が嗜癖的

に願望充足を求め続けるようになり、決して満足できなくなる場合もある。願望充足が満たされない場合は、サディズム的行為が溢れ返る事態が続くことになる。このことにより、平坦な道を歩もうとする分析家は大いなる困難に遭遇することになる。しかしこの事態をうまく乗り越えることができれば、続いて、新規蒔き直しが生じてくるだろう。

バリントは、自らの臨床経験から、患者は、新規蒔き直しの段階が展開するようになる前に、ある段階を通過しなければならないことに気がついた。その段階では、患者が自身の妄想的な態度がひどく肥大していったことを認識し、それに伴い、そのような態度をある程度放棄する必要がある。引き続き、日常生活で避けがたい必要条件として、一定量の抑うつを受け入れなければならなくなるという次の段階がやってくる。それゆえ、妄想状態→抑うつ状態→新規蒔き直しにおける蒼古的対象愛、という段階の流れになる。この展開は、クラインが乳児の発達に関して定式化した、妄想-分裂 paranoid-schizoid ポジションと抑うつポジションの展開と軌を一にしている。この展開が正しいとするならば、一次（蒼古的）対象愛が発達の最初の段階であるという理論を断念する必要があるだろうとバリントは考えている。

しかしながら、彼は、人間が発達する期間に関するこの展開に異議を唱えている。第一に、妄想状態と抑うつ状態はともに多くのナルシシズム的特徴を有すると指摘している。バリントによれば（後年のクラインもそうだが）、ナルシシズムは常に二次的状態であって、決して一次的状態ではない。第二に、妄想状態と抑うつ状態はともに緩和されえる不安を孕んでいるが、一方で、一次対象愛は固有の不安をもちあわせていない。この二つの理由からバリントは、最早期の段階を、クラインが定式化した妄想-分裂ポジションではなく、一次対象愛の段階であるとするほうが望ましいと考えている。そして、蒼古的対象愛はある結節点であり、そこからのちの全発達が四方に広がっていくと考えるべきであるとしている。彼はこの発達を四つの点から記述している。

一、ナルシシズム（私が世界から、私の望む形で愛をうけなければ、私は自分を愛するしかない）。
二、妄想的、抑うつ的態度。この二つは相互に密接に関連しており、一方を他方に対する防衛として使用できる。
三、肛門サディズム的対象関係。これは教育の影響による。
四、成人の性愛と性器的対象愛。

（「新規蒔き直しと妄想抑鬱症候群」一九五二b：二六二－三ページ／邦訳：三〇五ページ）

　バリントは、一次対象愛の結節点から生起する対象関係の発達の四段階をこのように記述したうえで、対象関係の発達について初めて一貫した理論を提示している。一九六八年の『治療論からみた退行』のなかにある「一次愛」という章でバリントはようやく、その理論をさらに発展させ、特に早期段階を中心として新説を提示している。この点に関しては『治療論からみた退行』をめぐる章（本書第四章）で記述されることになる。おそらくバリントがより長く生きたなら、自身の理論にさらなる変更を加えたに違いない。

　バリントは、諸段階の優位性の問題を決定する確実な方法は存在しないことを認識しており、さらに複雑な問題を合わせて提示している。分析家の技法、すなわち、分析状況における分析家の態度、理論から生じる予断やオリエンテーション、一連の専門用語等々であるが、そうしたものが観察している当該の現象にある程度、影響を与えており、さらには、その現象を創り出している可能性さえあると考えている。

　最後に、バリントは「リビドー的対象関係の発達と現実吟味の発達との相互関係」について、簡潔に重要なことを述べている。彼は次のように記述している。

　一次的で蒼古的な対象関係は一切の現実吟味を要求しない。対象に配慮する必要がないのである。これに変化が起こるのは、欲求不満を味わわされる体験あるいは無関心、顧慮不足さらには敵対的な周囲からの満足を仕方なく待たされる体験をすることによってである。このことは子どもに非常に原始的な形の現実吟味を課し、その結果、対象は欲求不満を作るわるい部分対象と満足を与えてくれるよい部分対象とに分割する。わるい部分対象から敵対的・迫害的・抑うつ的対象が発達し、よい部分対象からは反動形成あるいは修復といった種類の反応として、理想化された対象の空想が生じる。

　　　　　　（一九五二ｂ：二六二―三ページ／邦訳：三〇四ページ）

　ここでバリントは、クラインの妄想―分裂ポジションと抑うつポジションという二つのポジションに関して、強調の焦点がもっぱら乳児の無意識的幻想に当たるクラインの見解と異なり、無意識的幻想の要素と対象の現実知覚が混合しているという見解をとっている。

　クライン夫人の仕事への感謝の念と賛辞を送りながら、バリントは、一九五二年に至るまで精神分析における重要な理論と技法の問題が多くの道筋を辿って発展してきたことを記述し、本書を締めくくっている。バリントの考えでは、雛型となる関係性は一次的能動的対象愛であり、憎しみは二次的現象である。その考えは、臨床場面において比較的小さな願望充足が生じる際に、あるタイプの退行患者が呈する反応の観察から得られたものである。対象愛の優勢性から導かれる当然の帰結として、一次ナルシシズム概念には異議が唱えられ、その臨床において現れてくるものはすべて本質的に二次的なものであると示すことになった。一次対象愛はその後の発達の結節点とみなされ、バリントの最初の定式化のなかで、それはナルシシズムと成熟した能動的対象愛へと至る。これに前性器的対象関係が加えられ、本

書における最後の定式化は、妄想態度と抑うつ態度が加えられている。後期の著作のなかで、この結節点に始まる、その後の展開が記述されることとなる。

同様に、精神分析技法も対象関係の視点から吟味されている。ベリントは患者や患者の転移に意識を集中させることをせず、分析家が分析状況に寄与することにまつわる研究について、フェレンツィがつけた先鞭の後を追った。逆転移反応や理論のオリエンテーション、分析家の専門用語は、分析状況下で観察される当該の現象に影響を及ぼしており、その現象を産み出している可能性さえあるとみなされている。ここで記述されるような患者と分析家のあいだに生じる相互作用は、今日、現代精神分析の技法と理論において中心的テーマそのものとなっている。

訳注

[1] 雑誌掲載が一九五二年であり、執筆自体は一九三三年に済んでいる。

[2] 原著刊行年は一九二四年。原題は「性器理論の試み」であるが、スミス・ジェフとシリル・ホワイトによって英訳される際に、ギリシア神話に登場する海の女神タラッサを題名とされた。フェレンツィが、海に起源をもつ生命の根源へ退行することを性交に見て取ったためである。

[3] Ernst Haeckel（一八三四〜一九一九）。ドイツの生物学者であり哲学者である。ダーウィンの進化論をドイツ圏で広めることに貢献した。個体発生と系統発生の関連性を指摘し、生物発生原則と言われる反復説を唱えたことで知られる。

[4] Joan Riviere（一八八三〜一九六二）。クラインの弁護士の家庭に生まれた精神分析家。流暢なドイツ語のため、ストレイチーやジョーンズとともに、フロイトの英訳を手掛けた。フロイトやジョーンズから分析を受け、ツヴァイク自身はアブラハムやザックスの分析をおこなった。クラインの強力な擁護者であり、次第にフロイトに敵対的な感情を向けた。

[5] フロイトは、性交渉の際の性感帯の興奮に起因する先駆快感と、オーガズムの際の最終快感を区別した。性的緊張の増進と結び付くのが先駆快感であり、各

種の性感帯がそれぞれに適した刺激に
よって一定の興奮を供給する。一方の最
終快感では、それまでの緊張の解除が起
源であり、完全な充足による快感なので
ある。

[6]さまざまな性的傾向や性行為は、そ
の表現の如何は問わず意味のあるもので
ある。その背景には、心的傾向と生物学
的で身体的な傾向の複合がある。アン
フィミクシスとは、二つの物質の融合を
意味し、多くの場合は、医学的な精子と
卵子の授精などを指す。フェレンツィは、
その対象を拡大し、小児性愛の表れとし
ての種々の行動（指吸など）に心身の結合
を見出した。

[7]Robert Waelder（一九〇〇～一九六七）。
オーストリア生まれの精神分析医。ア
ナ・フロイトやヘルマン・ナンバーグに
指導を受けた。後にアメリカに亡命した

後、米国精神分析の基盤作りに奔走した。

[8]Imre Hermann（一八八九～一九八四）。
ザグレブ出身（現在のクロアチア領）の精
神分析医。ハンガリー精神分析協会の要
職を歴任したブダペスト学派の代表格で
ある。当初は医学を学んでいたが、次第
に実験心理学に関心を寄せるようになっ
た。早期の母子関係において子どもの
「しがみつき本能」を提唱し、これはマー
ラーの分離─個体化の理論にも編み込ま
れた。

[9]引用が明記されていないが、二一〇
ページ／邦訳：二四五ページ

[10]変容惹起性転移ともいう。フロイト
の英語全集Standard Editionの英訳者と
しても知られるジェームズ・ストレイチー
による技法概念。ストレイチーは、クラ
インの影響も受け、転移関係における超
自我投影の役割を探究した。ストレイ

チーによれば、分析家は中立性を維持し
つつ、いま・ここでの転移の解釈をして
いくことで、被分析者は分析家を偏って
知覚していたことに気づき投影が修正さ
れていく。

[11]おそらく英国精神分析協会のエド
ワード・グラバーによる大規模な調査を
指している。

[12]リックマンの原典では、one-bodyで
はなくone-personと記されている。孤立
した人物の精神内界を研究する心理学を
一者心理学ないし一体心理学と呼び、転
移など対人相互作用を研究する分野を二
者心理学、エディプス関係などのように
分析状況で観察される事態を探索する三
者心理学、集団水準の次元を検討する多
者心理学という区分をリックマンは精神
分析にもち込んだ。

第三章　『人間の快感と行動における問題』（一九五六）

　本書は、バリントの第三作目であり、一九五七年に出版された。本書の大部分は、より一般向けの論考やレビューから構成されており、深く特定のテーマを掘り下げるわけではなく、前著から続くテーマのどれをとっても核心に迫るほどに発展させていない。これらの論考やレビューは、一九三三年から一九五六年にかけて種々の雑誌に掲載された。そこからは、バリントが幅広い主題に関心を寄せ、思考をめぐらせてきたことがわかる。本書は三部構成になっており、それぞれ「個人とコミュニティ」「臨床問題」「人とその考え」と題されている。
　バリントは、そのキャリアの早くから精神分析がもつ社会的側面に関心を抱き、アドラーの、急進的な進歩主義を信奉する精神分析家の左翼グループ構成員であったゲザ・ローハイム[1]やオットー・フェニヘル[2]といった志を同じくする同僚と親交を結んでいた。こうした関心は、個人とコミュニティをめぐる第一部で取り上げられた題目に表れている。第一部には「性と社会」（一九五六）、「躾の問題」（一九五一a）、「青年の自慰との闘い」（一九三四a）、「老いることの心理的問題」（一九三三a）、「違反者を罰することをめぐって」（一九五一b）、「現代アートにおける対象表象の崩壊についての覚書」（一九五二d）が収められている。それらのエッセイは、文化的、芸術的、社会的な営為、すなわち、中央ヨーロッパの教養ある知識人の産物に関するきわめて広範な知識

を例示している。興味深いことに、この第一部には、早期乳児期に存在する行動面での個人差を扱う章も収録されている。バリントは、自身が考案した方法で人工栄養児の吸啜リズムを記録し、そこに個人差があることを明らかにした。この試みによって彼は、「さまざまな個人のあいだに認められる根深く生得的な気質上の差異」（一九五六a：一四九ページ）を立証したかったのである。すなわち、その差異は環境のなかの社会的要因によって決定されるものではない、ということである。彼は、この所見の重要性は、人生最早期における吸啜リズムの個人差が例証可能であることを示したことにあると信じていた。一九四五年におこなわれたこの研究は、マンチェスターで働いていた折に、博士号取得のために使用された。身体における早期経験というこの領域は、それ以降の著作『スリルと退行』（一九五九a）と『治療論からみた退行』（一九六八）でさらなる発展をみせた。これらの著作のなかでは、個体にとって身体経験は、非言語的体験の重要な側面を構成するものであるとされた。この非言語的体験は、バリントにとって、とりわけ解釈と対象関係のもつ治療的力能を考えるうえで、理論的にも技法的にも非常に重要なものである。

　第二部は臨床問題にあてられ、「現実検討への貢献」（一九三七a）、精神分析論文の処女作「倒錯かヒステリー症状か？」（一九二三）や「超心理学と超心理学への貢献」（一九四二）、「フェティシズムへの貢献」（一九三四）、「月経の心理学への貢献」（一九三七a）、精神分析論文の処女作「医師、患者、病い」（一九五五b）といったエッセイが収録されている。

　バリントは超心理学的な現象に関心があったのだが、それはおそらく、一つにはフェレンツィやフロイトもその現象に関心を抱いていたことに影響されたのだろう。バリントは、エッセイのなかで、分析家が、分析状況外の事柄でしばらくうわの空になっているにもかかわらず、目の前の患者に対してこころの底から関心や注意を向けている振りをすると、患者は超心理学的現象を創作するのだろうと示唆する。その現象は、患者が通常知る由もない分析家にまつわる情報を、分析家は患者から耳にするという形をとることが多い。その結果、分析家は治

療的衝撃を受け、ふたたび最大限の注意と関心を患者に向けるようになるだろう。

「医師、患者、病い」という論題は、のちに、ことによると彼の著作のなかで最も有名で国際的にも認められた本書名としても用いられることになった。この論文は、一九五五年に著名な医学雑誌『ランセット』に掲載されたのだ。実のところ、その論文の縁で、私はバリントの存在を初めて知り、彼に会いに行ったのである。本論文が扱っているのは、彼がタヴィストック・クリニックでおこなっていた一般開業医との先駆的な仕事である。その仕事の重要性は、実際に、患者の情緒的問題や振る舞いを理解するうえで、一般開業医に新たな役割を賦与することにある。すでにイントロダクションで概説したように、この領域におけるバリントの技法が前進するにつれ、患者にとって最重要の治療薬としての医師という概念が導入されることになった。もっとも、その際には治療目的に即して、この治療薬の用法用量を決定する必要はある。バリントは次の二点が重要であるとした。一つは、患者が自分の好きなタイミングで苦しみを訴えることができること、もう一つは、医師が自ら進んで患者との関係のなかで独自の情緒や幻想を体験することである。それは言うまでもなく、医師が患者に対する逆転移反応を利用できるようになるための訓練なのである。バリントは、医師の使徒的機能という概念を導入した。その概念には、患者に予想されることとともに、患者の訴えに対する医師の態度や反応が含意されている。一般開業医の逆転移による情動反応や開業医の使徒的機能という考えのなかに読み取れるのは、バリントが「逆転移」という用語に対して自分なりの概念を含ませているということだろう。この使用法は、一九四九年の精神分析の技法論文［３］に記載されている。その論文のなかで、逆転移とは、患者に対する分析家の分析的振る舞いや専門的態度の全体とされている。分析の訓練のなかで生まれた洞察が、医師の訓練実践を促進するために利用されているのだ。

このエッセイの最後で、バリントはあとがきを付記している。そのなかで、バリントは、ほんの付け足しのよ

第二章　「人間の快感と行動における問題」（一九五六）

うに、彼の最も重要な概念の一つ、すなわち基底欠損という概念を導入している。バリントは次のように記述している。

　この講演［4］のあいだ、私は「病い」illness という言葉を一般医療で使われる場合と同じ意味で使用してきた。……私の考えが正しいとして、精神分析は新たな観念を発展させようとしている。その観念を、「基底疾患 basic illness」、あるいは、ことによると個人の心身双方にさまざまな度合いで関与する、生物学的構造における「基底欠損」、と呼んでも差し支えがないだろう。この理論に拠れば、基底欠損の起源は、個人が形成される最初の数年、ひょっとすると最初の数カ月のうちに、個人のニーズと適切なときに利用可能な世話や養育とのあいだに相当な不一致があったという事態に遡ることができそうだ。こうした事態からある欠乏状態が生み出され、その帰結は、回復させることができても一部のみである。その個人は良好な適応、あるいは申し分のない適応さえ達成するかもしれないが、自身の早期体験の痕跡は残存し、いわゆる、気質、個性、あるいは心理学と生物学の双方の意味における性格構造に大きな影響を及ぼす。この早期の不一致の原因は先天的要因であるのかもしれない。たとえば、乳児のニーズが厳格過ぎた可能性もある。あるいは、この不一致の原因は環境要因かもしれない。たとえば、世話が不十分であったり、いいかげんであったり、でたらめであったり、心配し過ぎであったり、過保護であったり、ただ無理解であったりした可能性もある。この理論的アプローチが正しいとしたら、後年のあらゆる病理学的状態、すなわち「臨床疾患」clinical illnesses を、「基底疾患」の症状や増悪と捉えるべきである。それは、個人の内的・外的な心理学的発達や生物学的発達のなかで起こるさまざまな危機によって引き起こされるのである。
　　　　　　　　　　　（一九五六ａ：二一九─二二〇ページ）

この重要な新概念は、のちに出版された同じ題名をもつ著書のなかでさらなる発展を遂げることとなる。そして、その概念は、副題である「治療論からみた退行」と結び付けられるのである。そこでは、分析のなかでの退行は、基底欠損という現象に到達し、しばしば改善へと向かわせる媒介とされている。

最後の第三部である「人とその考え」には、さまざまな人々の仕事に対する短いレビューが再録されている。たとえば、イワン・パヴロフ[5]と条件反射の業績（一九二七）、シャンドール・フェレンツィ（一九三三、一九四八）、マルキ・ド・サド[6]（一九五四ａ）、ゲザ・ローハイム（一九五四ｂ）、ソンディ[7]とその『衝動診断法』（一九四八）、そして、最後は一九五三年に刊行されたW・R・フェアベアンの著書『人格の精神分析的研究』への批判的レビュー（一九五六）である。そのレビューは「快感・対象・リビドー」と題されている。フェアベアンは、フロイトの自我・イド・超自我という三つの部分からなる様態に代わって、精神内構造に関する広範な新モデルを提唱し、そのうえ、フロイトの主張と異なり、リビドーは快感希求的ではなく対象希求的であるという重要な新説を主張した。フェアベアンは自著のなかで次のことを示唆した。

一．リビドーは本来対象希求的である。
二．性感帯は、それ自体、リビドー目標の一次的決定要因ではなく、対象希求という自我の一次的目標を媒介する経路なのである。
三．いかなる自我発達理論も、それが十分なものとなるためには、対象との関係から、それも特に剥奪と欲求不満の圧力のもと、人生の早期に内在化された対象との関係から、考察されなければならない。

（フェアベアン、一九五二：一六二ページ／邦訳：三三三-四ページ）

フェアベアンによれば、その理論的帰結の根拠となる分析状況で観察される現象は人間の早期発達や母子関係を代表しているらしいが、その現象自体が適切な代表ではないし、また、十分に代表しているともいえない、とバリントは力説した。分析状況には本来的に次のような事態が内在している。より生々しい身体的・基本的な本能の満足や充足は、母子間の接触においては必要不可欠である一方で、分析状況においてはそれらがまったくありえないことであり、これらのニーズは欲求不満にさらされるのみである。このような根本的な相違があるので、完全に分析状況に依拠している精神分析的発達論の一切は一面的で限界があるとバリントは論じた。彼は、フェアベアンが記述した三点を、二者心理学の言語で次のように翻訳し直すことを提案した。

一、快感を十分に満足させることは分析状況ではほとんど観察されはしない。特に、強烈な快感を満足させることはまずない。しかし、患者がいくらかでも満足を探し求めるなかに、概して欲求不満を与える分析家に対してだが、次々と新しい対象関係を発展させようとするほとんど無尽蔵といえる衝迫が患者の内にある。

二、分析状況において性感帯の果たす役割は、分析家に対して対象関係を発展させる非常に強力な衝迫と比べれば、取るに足らないものである。

三、患者が発達を遂げるのは、分析状況で観察されるように、欲求不満を与え剥奪する、内在化された分析家が及ぼす圧倒的で不断の影響下にあるときである。

（一九五六ａ：二八九ページ）

† 訳注

[1] Géza Róheim（一八九一-一九五三）。ハンガリーはブダペスト出身の精神分析学者であり文化人類学者。精神分析の視点から人類に接近した精神分析的人類学パイオニアとして知られている。フェレンツィに個人分析を受けた。ベラ・クーン政権時のブダペスト大学人類学講座の初代教授として就任した。

[2] Otto Fenichel（一八九七-一九四六）。オーストリアのウィーン生まれの精神分析医。青年期より精神分析を志し、友人にヴィルヘルム・ライヒがいた。ベルリンのシャンドール・フロムから薫陶を受け、エディス・ジェイコブソンやアニー・ライヒ、グリーンソンの指導にあたった。『神経症の精神分析理論』The Psychoanalytic Theory of Neurosis（一九四五）は、その題名にある神経症のみならず精神病への言及も多く、その守備範囲の広さから精神分析百科事典と称された。

[3]「治療目的と技法との変遷」のこと。

[4]「医師「患者」病い」は英国心理学会の医療部会の議長として口頭発表された後、縮小版が『ランセット』に掲載された。

[5] Ivan Petrovich Pavlov（一八四九-一九三六）。ロシアのリャザン生まれの生理学者。ノーベル医学生理学賞の受賞者である。古典的条件づけの代名詞である「パヴロフの犬」の研究で世界的に有名。

[6] Marquis de Sade（一七四〇-一八一四）。フランス革命期の貴族であり小説家。その作品には激しい暴力性が表現されている。その素行や犯罪行為のため刑務所や精神病院に入院し、多くの作品は獄中で執筆された。性的倒錯の研究で知られる精神医学者リヒャルト・フォン・クラフト=エビングが取り上げたことで有名。

[7] Léopold Szondi（一八九三-一九八六）。ハンガリーのニトラ（現在はスロヴァキア領）出身で、独自の運命心理学 Schicksalspsychologie および衝動病理学 Triebforschung の創始者。実験衝動診断法 Experimentelle Triebdiaenostik はソンディ・テストとして投影法の一種に数えられている。

第三章 『スリルと退行』（一九五九）

本書は一九五九年に刊行されたが、このなかでバリントが一貫して探究しているのは、分析状況の経過において、患者のなかの原始的な態度と対象関係がいかに展開するのかという事柄である。書名が示すように、本書は主としてスリルと退行に関連する現象を扱っている。両者とも、分析状況だけでなく、日常の生活状況でも容易に経験できるものであり、最もありふれたものとして遊園地での体験が挙げられている。

「はじめに」のなかで、バリントは、あらゆる原始的なものを記述するのに「口唇的」という用語を用いることに反対する旨を述べた。

心的生活の初期段階を叙述する精神分析用語は、だいたいがいわゆる「口唇的」領域の主観的体験あるいはその客観的現象から借用した術語ではないか。すなわち、貪欲、体内化、取り入れ、内在化、部分対象であり、また、吸いのみ、噛みしゃぶり、噛み切りによる破壊であり、さらには吐きかけ、嘔吐といった行動形式をとった投影である。まだある。かりに口唇領域以外の体験やイメージや、あるいはその含蓄をもった言葉を活用して造語し、理論的概念を生み出せば、人生のごく初期の、非常に原始的な現象の理解

が一層行き届いたであろうと思うのに、私たちがまったくといってよいほど、これをなおざりにしてきたのはまことに遺憾である。非口唇領域の例をあげてみよう。温かさの感覚、律動的な音、律動的動き、低くとりとめないハミング、はどうであろうか。また、味覚、嗅覚、密接な身体接触の与える効果は絶大である。触覚、筋肉感覚の効果も、特に手の場合には絶大である。以上のどれをとっても、すべて、不安と疑惑を、あるいは至福な満足感を、あるいは恐ろしい救いのない孤独感を催させあるいは鎮める力があることはとても否定できるものではない。

(一九五九a：一二ページ／邦訳：三─四ページ)

これは、バリントの主張を支持する強力な論拠の一部であり、『一次愛と精神分析技法』(一九五二)という著書のなかで最初に取り上げられている。対象関係の発達と本能的欲動の発達は、絶えずお互いに影響を及ぼし合っているとはいえ、根本的に異なるプロセスである、というのがその主張である。いままでただ素描されてきただけの非口唇的な原初的現象の多くが目的においては本能的であると言い難いのだが、それらが対象関係に不可欠な身体的様相であることは確かである。いまや、その重要性は現代の母子関係の研究によって明らかにされつつある。ここでもやはり、バリントの思考は時代に先んじていたものであったといえる。

次にバリントは、遊園地とスリルいう論題で議論を進める。遊園地とスリルは、精神分析の研究の舞台として最も異例なものの一つに違いない。彼は、ほとんどの遊園地に見られる伝統的娯楽のさまざまについて検討し、そのなかでももっぱら二つに注目した。一つは、「攻撃の娯楽であり、たとえば投擲、射撃、粉砕などがある」(一九五九a：一九ページ／邦訳：一八ページ)。攻撃の娯楽は、退行的振る舞いに耽る機会を表しており、原始的な破壊・攻撃本能を満足させてくれると、もう一つは、「眩暈、よろめき、ふらつき、バランスを危うくする娯楽であり、ブランコ、メリーゴーラウンド、スイッチバック〔訳注：ジェットコースター〕などがある」ことであった

ものである。彼は、そのような破壊・攻撃的行為が環境に受け入れられるだけでなく、破壊を喜ぶ環境とともに通常、ご褒美になんらかの賞品までもらえることに注目している。バリントの考えでは、実情は環境の側も同様であり、この種の対象関係は相互に満足を与えるため、このような行動を通常の理論的枠組みによって説明することは容易ではなく、バリント独自の一次愛という概念が必要となってくる。一次愛においては、二人のパートナーのあいだに、完全な調和や願望と満足の完全な一致が認められる。このため、彼は、遊園地が限られているとはいえ早期の人間関係への退行の可能性を与えてくれると示唆している。

スリルは、ブランコ、メリーゴーラウンド、スイッチバック、すなわち回転性眩暈、動揺性眩暈、ある程度の不安と関連した快感群のことである。これらの快感も、早期の口唇的体験の観点から説明することはできない。彼は、あらゆるスリルの基本的な要素は次のものから構成されると考えている。

（a）恐怖を意識していること——少なくとも外的・現実的危険を自覚していることである。（b）この外的な危険とそれが起こす恐怖とに対して意図的に進んでわが身をさらすということである。（c）その一方で、その恐怖は耐えうるもの、こなすことのできるものであり、危険は一時的なものであってやがて過ぎ去り、無傷のまま安全なところへやがて戻れるという見通しをもち、この見通しにすっかり安心して信頼し切っていることがある。　　　　　　　　　　　　（一九五九a：二三ページ／邦訳：二二ページ）

スリルの心理学について議論できるように、バリントは自身の助言に従い、二つの専門用語を創り出した。スリルを楽しむ人を表すのに「フィロバット」という用語を提案し、抽象的な現象を表すための「フィロバティズム」という用語を提案した。フィロバットの逆の人、すなわちブランコやメリーゴーラウンドに耐えられず、安全

が脅かされると、とにかく堅固不動なものにしがみつこうとする人を表すのに、「オクノフィル」という用語を提案し、抽象的な現象を表すために「オクノフィリア」という用語を提案した。私が、イントロダクションですでに述べたように、これらの用語には粗雑でぎこちない響きがあり、このことに関してバリントは本領を発揮していなかった。これらの用語は、言葉にしにくい重要な概念を表現しているにもかかわらず、ほとんどの読者にとって、まったく受け入れられることはなかったという事実があるが、この言葉のぎこちなさが一役買っている可能性がある。

これら二種の原始的対象関係に純粋な形で遭遇することはほとんどなく、この二種はさまざまに混合された形で見出されるのである。しかし、差し当たり、極端な形態を精査する必要がある。

オクノフィリックな世界とは、いくつかの対象と、対象と対象とを距てる恐ろしい空っぽの空間とでできている世界である。オクノフィルの人生は対象から対象へと渡り歩く人生であり、渡る途中の空っぽな空間の滞在時間はできるだけ切りつめようとするのである。恐怖は対象を離れることによって起こり、対象と再結合してしずまる。……欲求 need を感じ続けているあいだは、対象がいてくれなくてはならぬ needs。さらに欲求が存在している状態においては、対象へのおもんぱかり、思いやり、気づかいはまったくなされないのである。欲求は満たしてくれて当たり前なのである。言い換えれば、これはオクノフィリックな対象関係が決定的に抑うつポジション以前であることを意味しているのである。

（一九五九 a：三二一―三ページ／邦訳：三五―六ページ）

バリントは、このタイプの対象関係は、精神分析において最もよく研究されてきたと示唆している。もう一方

の極端な形は次のようなものである。

　アイロバティックな世界とは、友好的な広がりの上に予見しがたい危険な対象がさまざまな密度で点在する世界であると言ってよいであろう。アイロバットの生き方は、友好的な広がりのなかに生きつつ、対象は危険を秘めているので対象との接触はうっかりできないと慎重に回避してゆくというものである。オクノフィリックな世界が触覚と物理的隣接性とによって構造化された世界であるとすれば、アイロバティックな世界は視覚と安全な距離とによって構造化された世界である。（一九五九a：三四ページ／邦訳：三八ページ）

　オクノフィルは、対象が自分を守ってくれるだろうという錯覚のなかに生きている。一方、アイロバットは、自我のスキルによって、危険で、潜在的友好的ではない対象から自分を守ることができるだろうという錯覚を抱いている。かくして、オクノフィルは対象に対して強迫的に接触を求め、近づこうとする一方、アイロバットは危険な対象が出現する可能性に備えて環境を強迫的に監視したいと思う。そのような状況では、アイロバットには、危険な対象を友好的な対象、少なくとも危険性がより低い対象に変えるために自らの自我のスキルを用いる必要needが生じるだろう。バリントは、自我のスキルのなかに敬意regard、いたわりconsideration、思いやりconcern、世話looking afterのような情緒的な態度を含めており、それゆえアイロバティックな態度は、起源として抑うつポジションの後の段階に属するものとみなしている（一九五九a：三六ページ／邦訳：四〇-一ページ）。しかしながら、彼が次のように述べるとき、このことに疑問を呈してもいる。

　〔アイロバティックな人は、〕実際、いつでも新しい対象、新しい思想が見つかると信じて疑わず、古きを捨て

て新しきを見つけることを楽しみとすることさえある。フィロバットにとっての唯一の関心事は自分の自由

ただ一つであり愛されていようといまいとどうでもよさそうに見えるが、これは、必要needならばどんな対

象であってもこれに自分を愛するようにしむけられると確信しているからである。

（一九五九a：四〇ページ／邦訳：四六ページ）

　これは対象をいたわり、思いやり、世話をするといった態度とは思えず、むしろ、思いやりを欠き、対象を当

然のものとみなし、対象にわるいものを投影するといった、抑うつポジション以前の部分対象的態度のように思

える。

　バリントは、オクノフィリックな態度とフィロバティックな態度を拡張し、そこに人と人との外的な関係性の

世界だけではなく、内的な世界における思考や理想も含ませた。オクノフィルは、慣れ親しんだ考えや信念、慣

習の世界に強くしがみつき、それらから離れることは難しいだろう。一方のフィロバットは、古い考えを捨てる

ことに楽しみを見出し、新しい考えに性急に飛びつくだろう。しかし、新しい考えも捨てられた古い考えと同じ

くらいの期間しかもたないだろう。このような態度は、治療において起こる必要のある心的変化という問題を考

察する際に重要となる。

　バリントは、攻撃性と自体愛、愛憎、現実検討との関係において、このような状態も吟味している。そして、彼

は次のような見解で、スリルをめぐる第一部を締めくくっている。

　まず、フィロバットのもっている自信——外的危険に対処する能力と空間の友好性と帰還の安全性への信

頼は誇張されたもの、どこか非現実性を含んだものであり、また、オクノフィルの信条である、対象は安全

で強力で親切であるということもやはり真実ではなかった……。……どのようなメカニズムによってオクノフィルはその信念に固着するのかという問いを掲げておいたが、そもそも、その人たちの経験がいたるところで逆の証拠を挙げており、正反対の考え方をする人たちがおり、事態を自分たちを正しいとしてくれないのに、どうして固着するのであろうか？ この問いに対する答えを求めるうちに、私たちは、オクノフィリックな世界とフィロバティックな世界のいずれよりも個体発生的にみて時間的に先行し、両者よりもさらに原始的な世界像の存在を仮定するようになった。しかしそうすると、私たちは、いまより見慣れた成人の世界と離れて乳児期初期あるいは退行という原始的世界に入らないわけにはゆかないということになろう。

（一九五九a：五六ページ／邦訳：六一七ページ）

　本書の後半部において乳児期早期と退行の世界に入ってゆく際、バリントはまず「対象」「主体」「物質」といった単語の語源について広範囲な調査をおこなった。それらの用語を、彼は生理心理学における原始的感覚の研究と結び付けている。同時に、彼は次のように結論づけている。

　こうなると、かつて私たちの精神のなかに調和的渾然体が必ずあったはずだとどうしても推測したくなる。それは私たちと私たちをとりまく世界とが調和的渾然一体をなしていたということである。そうして、私たちの「母なるもの」がそれに一枚噛んでいたにちがいないと推論せざるをえないのだろう。この渾然体なるものはその乳児的、原始性によって私たちを驚かせるけれども、認めざるをえないのは、これが私たちの「現代的」「成人的」「科学的」などといわれる世界像に先行しており、後者はいわば前者から派生したものであって、前者の原始的性質の一部が後者にもち込まれているのは目を掩えない事実だということである。

（一九五九a：六二ページ／邦訳：七五ページ）

バリントが指摘するのは、外的世界と内的世界の混合が、錯覚と幻覚、錯乱confusion、遁走、離人症、薬物に起因する中毒状態といった臨床現象や投影や取り入れといった力動プロセスのおかげで、精神分析のなかでは周知の事柄であるということだ。分析状況における退行の研究を通して私たちは、「一次的調和primary harmonyは私たちが当然与えられてよい権利があるものなのに、自分の過ちのせいか、誰かほかの者の策謀のためか、あるいは自分の運命がつたなかったためにか、とにかくなぜか失われてしまったのだ」（一九五九a：六四ページ／邦訳：七八ページ）という幻想を見出している。その調和は、数多の宗教的信仰やおとぎ話のテーマとなっており、そして、性的なオーガズムやエクスタシーのなかでは、このような状態に接近できるかもしれない。この調和的状態は一次対象愛理論と一致しており、この状態から、個別の分離した対象の存在が個人と環境の相互作用のなかで現れてくるのである。そのような対象の発見は外傷的ではあるが、受け入れられなければならない。この事態の第二の結果として、フィロバティズムとオクノフィリアという二つの基本的態度が立ち現れる。その二つの態度をもって、個人はこの発見に対して、二つの態度のあいだにさまざまな濃淡や陰影がありつつも、反応するのである。

バリントの考えでは、「五感のうち最も重要なものは二つ、視覚と触覚とであって、この二つが「対象」発見の基礎となる知覚を与えてくれる感覚なのである。この両者はともに出生後数カ月は未発達状態にある。的確に機能するためにはかなり高度の筋の共同運動が必要だからである」（一九五九a：六二ページ／邦訳：七六ページ）。（この見解は、母親と乳児の相互作用に関する最新の研究とは一致していない。最新の研究によると、乳児は生まれながらに、環境を視覚的に意識している。）もしそれが事実だとすると、調和的渾然体は出生後の状態として生じること

はないだろうが、出生前の状態、すなわち子宮内で体験された状態を表現しているのかもしれない。実際のところ、バリントは、オクノフィリアとフィロバティズムの年代学について検討する際に、こういったした調子でこの可能性に言及している（一九五九a：八四ページ／邦訳：九五ページ）。

　彼は次に、分析状況における退行について検討することに取り掛かる。

　　私の精神分析において、実にしばしば、患者が「寝椅子から起き上がりたい」という強い促しというか「起き上がらねばならぬ」という欲求を強烈に感じる一時期がある。寝椅子の上に身を起こしているだけで満足する患者もあり、直立したい患者もある。私の椅子からいちばん離れた安全なコーナーに行って立っている者が多い。歩きまわらないではいられない者までいる。もちろんこの「行動化」は単一の原因によるものではない。……しかし、こういう因子もあるはずだ。予測できない危険をはらむ対象である分析家から自分を引き離して広がりにむけて自分を開こう、という因子である。この広がりは完全に友好的とまではゆかないが、分析家がごく近くにいるよりはるかに危険でも刺激的でもないことはたしかである。……この話にはすでに私たちにお馴染みのフィロバティックな状態を思わせる点がたくさんあると言うことはゆるされるだろう。……このタイプのフィロバティックな「行動化」は分析家が正しく認識し対処するならば、まずまちがいなく重要な体験であることが明らかとされ、ワーキングスルーの一幕となり、患者と分析家との相互理解は結局増進するようになるものである。理解の増進という結果となるかどうかは、おもに患者の幻想のなかで、分析家が、変身して不測の危険をはらむ対象から「友好的な広がり」の一部に化して、反抗あるいは疑惑の眼をもって監視する必要needがなくなるかどうか次第である。

　　　　　　　　　　　　　　　（一九五九a：九三ページ／邦訳：一一一-一三ページ）

ほかの患者も含めてだが、

　まず、分析の開始にあたっては眼を開いており、周囲にある診察室のなかの対象に関心を示し、力をこめて見つめるものである。不安げに監視するといってもよいくらいである。眼を閉じても大丈夫だということに気づきはじめるのはごくゆっくりとである。これはオクノフィリックなしがみつき的注意を外界の対象から引き離して自分のこころのなかに起こることに眼を向けることである。……この第二段階において長期間の強力な分析をおこなってはじめて、患者はふたたび眼を開いて世界を見渡せるのであって、このときには世界はもはや敵対的でなくなり、世界を構成している対象も疑惑の目で監視している必要がなくなっている。

（一九五九a・九三ページ／邦訳・二一四ページ）

　これらの現象や類似の現象は起源において重複決定されると認識されており、オクノフィリック傾向とフィロバティック傾向は決定要因のうちの二つである。次にバリントは、とある見解について付言している。その見解は、このような退行状態についての従来の見解にある変化が生じていることを示している。

　私は、かつては分析家のそばにいたい、分析家にさわりたい、分析家にしがみつきたいということneedを一次愛の最大特徴に算えていた。いまの私は、しがみつきたい欲求とは外傷に対する反応、すなわち放り出され見捨てられるのではないかという恐怖の表現であり、それに対する防衛であることをわきまえている。しがみつき欲求は、したがって、二次的現象にすぎず、その目的は近くに寄って肌に触れることで本来的な主体と対象の一体性を取り戻したいということに尽きる。……これがすなわち私のいう一次的対象関係、すな

わち一次愛である。　　　　　　　　　　　　　　　（一九五九a：一〇〇ページ／邦訳：一一四ページ）

　この接触やしがみつきをめぐる見解の変化はきわめて重要である。というのも、それは退行状態における技法という論争的問題の一つと関わっているからだ。患者と分析家のあいだでなんらかの身体接触や抱っこが生じるかどうかという問題がある。この問題については『治療論からみた退行』（一九六八）をめぐる次章で議論される際に、ふたたび取り上げる予定である。

　最後に、バリントは、精神分析の理論と技法におけるオクノフィリック偏向とフィロバティック偏向と呼称するものについて検討している。退行状態に陥りやすい患者を相手にする際、分析家のなかには、そのような退行を疑いの目で見て、退行を行動化と呼び、退行に向かうあらゆる動きを患者の分析作業からの逃避として解釈する人もいる。退行を許容する分析家もいるかもしれないが、ほかの正しい解釈によって患者を退行から追い出すのだ。というのも、解釈の受容と理解は、退行状態によって得られる以上の成熟が患者に求められるからである。バリントの考えでは、このような技法、すなわち、分析状況に生起する一切をなによりもまず転移として解釈することは、分析家が患者に対して絶えず自らを対象として差し出し、ほとんど自らにしがみつくように要求しているようである。しがみつきと逆の動きがすべて分析作業からの逃避の試みとして執拗に解釈されるようなものである。その結果、次のようになる。「私たち分析家がつくりあげてきたのははなはだオクノフィリックな対象関係論であって、それはおもに部分対象との対象関係にもとづくものだということである。そして、精神分析の大きな発展は欲求不満と両義性の理論にみられたということである」（一九五九a：一〇三ページ／邦訳：一一五ページ）。前章で記述したように、バリントはフェアベンの理論的見解を批判したのだが、その矛先はまさにこの問題に向けられていた。このやり方によって、患者は分析家の理想化されたイメージを取り入れるよう誘導さ

れるだろう。それはある一組のオクノフィリックな内的対象を別の一組のオクノフィリックな内的対象に交換することでなされる。新しい一組は現実によりよく適合している以上、そのやり方は治療的に有用かもしれないが、バリントが言うように、患者が自分の脚で立ち、自分の目で眺めることができるようになるという点に関しては有用とは言えない。

それでも、バリントは次のことに気がついている。現行のオクノフィリックな技法という考えがあるにもかかわらず、治療終結時の患者の主観的経験を記述するうえで、患者の心象が報告されることがあるが、刊行されたそのような報告に目を通すと、本質的にはフィロバティックに描かれている、ということだ。そこには、「患者の前に世界が開かれた」「患者が自分の脚で立てる限り」「いまや患者の眼は新しい地平線を見渡している」といったフレーズが認められる。そのため、バリントは、現在の技法に対する自身の批判は「不公平で、不完全かもしれない。ほかの力も強く働いているに違いない」（一九五九a：一〇五ページ／邦訳：一二八ページ）と感じている。

しかしながら、彼はほかの力がどんなものでありうるのかを示唆することはなかった。だが、私自身の定式化によると、そのような力の一つには、転移解釈の性質と構造そのもののなかに含み込まれているのである。そのような解釈のなかで、いま・ここという直接性のなかにある患者―分析家の関係性が表現されており、それゆえ「あなた」youや「自分」meという単語の使用によって分離、すなわち主体と客体の分離、が暗黙の裡ではあるが言語的に表現される。このような言語的分離を一貫して解釈し表現することが効果を及ぼし、患者は徐々に、このような分離を体験することができるようになり、こうして、自分の脚で立ち、自分の眼で眺めるプロセスが促進されていくのである。

バリントによると、フィロバティックな技法もまた、固有の問題を有している。その技法においては、理解が容易な解釈を控えめに使用することになるだろう。そこでの分析家の役割は、ただ、生き生きとした状態を維持

しつつ、退行した患者が分析家を利用できる状況を保つだけとなる。この技法の危険性は、あまりにも多くのことを患者にゆだね、時期尚早に過剰な独立を患者に押し付けることにある。その結果、気の毒な患者に英雄的な基準を強要する強欲な人物像が取り入られることになる。

ここから、バリントは自身の二つの性格タイプを説明する構造論と力動論を提示する。

　この種の取り入れが、オクノフィリック技法によるものにせよフィロバティック技法によるものにせよ、患者に押し付けられると、その結果として患者は役に立つ貝殻を手に入れることになる。この貝殻は二重の働きをする。殻はその持ち主に生活に必要なスキルをさずけてくれる。しかし同時に、患者の感情体験の幅を狭めるのである。愛も憎しみも、喜びも哀しみも幅の狭いものになる。自分の殻のゆるす形、ゆるす強さでしか、生命は持ち主に届かなくなる。オクノフィルの対象はある意味では自分の殻の一部であるという印象がある。対象に対するオクノフィルの感情が高度に両義的なのはそのためであろう。逆に、スリルを求めているうちにうっかりして真の危険を招いてしまう、フィロバットの冒険とは、現実の恐怖を用いて殻を割り、その向こうに隠されている現実の自己に接触しようという反逆的な試みとみることもできるのではなかろうか。いずれの状態にしても、感じる自由、ひいては生きる自由をさほど認めてくれそうにならないものである。したがって、こういう状態がはびこるかどうかに気をつけこれを避けるようにしなければならない。これは分析治療だけでなく教育においても同じである。　　　（一九五九a：一〇七ページ／邦訳：一三一ページ）

本書はここで終わる。しかし「空間における距離と時間における距離」と題された補遺のなかで、イーニド・バリントは、夫の概念を拡張し、空間的隔たりだけではなく、時間的隔たりの影響も含めている。

たとえばフィロバットとは、幼い時に満足と満足とのあいだにある時間のズレが起こす苦痛を克服するために、満足と愛とを満足の瞬間そのものから引き揚げて、それらを満足と満足とのあいだの時間をやり過ごす能力に移して、この能力を愛し、楽しむようになった人ではないだろうか。オクノフィルとは、満足と満足とのあいだの時間の苦しみをついに克服せずじまいの人であり、そういう中間期が存在することを否認するか、そうでなければ幼い時のその苦しみを僅かでも思わせるものからは逃げてまわる人となる。

（一九五九a：一二七ページ／邦訳：一五六ページ）

イーニド・バリントの結論は次のようなものである。「オクノフィルとは、対象ないし満足のあいだにある間隙を避け、そのようなものは存在しないと否認しにかかる人、フィロバットとは、リビドーの一部を直接的満足から撤退させて満足と満足のあいだの非満足的な時間空間をスキルによって克服することに移す人だということになる」（一九五九a：一三一ページ／邦訳：一六一ページ）。

解釈技法について考えをめぐらせると、オクノフィリアとフィロバティズムという概念は臨床実践において有用であることが判明するだろう。バリントが記述したように、転移―逆転移の直接的ないま・ここについて、あまりに多くのことを解釈すると、分析家へのオクノフィリックなしがみつきが生じる危険性がある。その事態は終わりなき分析を助長してしまうかもしれない。他方で、この側面の解釈があまりにも少ないと、フィロバティックな患者において、行動化や時期尚早の偽成熟が助長されてしまうかもしれない。至適度を確かめることは容易ではないことが多い。解釈についてのこのような考察以外にも、精神分析的な関係性への非言語的、官能的、身体的側面の影響が臨床理論の焦点となるとき、バリントの考えが精神分析の思考においてより一層の実際的な価値を帯びるようになるだろうと私は考えている。

第四章　『治療論からみた退行：基底欠損の精神分析』（一九六八）

　さて、バリントの最後の著書を取り上げよう。本書はバリントが以前より記述してきた理論や技法の概念についての考えの集大成である。しかしそれだけに留まらず、彼は依然として自分の考えを敷衍しており、概念をさらに追加している。本書の末尾では、この作業を拡げていこうとする将来の道筋についての示唆までされている。本書の副題が「治療論からみた退行」であることをこころに留めておくことは重要である[1]。なぜなら、最大の前進が記述されているのがこの領域だからである。

　本書の第一部で、バリントはこころの三領域という概念を紹介している。すなわち、エディプス水準の領域、基底欠損領域、そして創造領域である。彼は分析治療の適応と判断された患者のなかに、ほかの患者よりも治療困難な者がいるのはなぜなのか、分析のなかにもほかの分析よりも分析家や患者にとって益が少ない分析があるのはなぜなのか、といった疑問に想いをめぐらせることから始めている。バリントが指し示すのは、私たちが治療過程やそのプロセスのなかでもたらされるかもしれないイド、自我、超自我の変化について知識を十分もっていないということである。さらに示唆されるのは、これらの過程と変化、および種々の学派の分析家が用いる技法の相違のあいだにある関係性について、私たちがほとんど無知であり、さまざまな学派の分析家がそれぞれ異

なるタイプの患者の治療に成功したり、失敗したりしている可能性があるということだ。彼はこの話題についての研究は、どんなものであっても分析家たちのあいだに大きな不安と抵抗を引き起こすようなものであることに注目している。

次いでバリントは、解釈の一側面に検討を加えている。つまり、解釈というものは、分析家と患者の双方にとって同じ意味を有する言葉で作られた文章で構成されているという側面である。自我が十分に強ければ、患者は解釈を「とり入れる take in」ことができ、フロイトの記述した「ワーキングスルー」が後に続くことになる。問題が起こるのは、解釈がそのようにとり入れられずに、それゆえ、通常のワーキングスルーが起こりえないときである。

このことからバリントは、こころの二つの領域で起きている分析作業の有する二つの水準を概念化した。すなわち、エディプス水準と基底欠損水準として記述したのだ。両者のあいだの最も重要な相違点は、言語に関係している。エディプス水準においては分析家と患者の双方にとって言葉の意味が同一であるため、解釈を「とり入れる」ことができ、「ワーキングスルー」が起こりうる。これらの解釈ではエディプス的な素材を取り上げるだけでなく、前エディプス的、前性器的な素材も取り扱っているかもしれないが、そうであったとしてもなお依然として発語はエディプス水準でなされる。ほかの水準、すなわち基底欠損水準においては、このような解釈のとり入れは起こらない。言葉がもはや合意された意味や慣例的な意味を有していないので、成人言語［2］、すなわち合意済みもしくは慣例による言語は、患者に誤解を招いたり、患者にとって役に立たないものであることが多い。

言語面からみてこの差異は大きな意味を有する。これが患者と分析家とのあいだに一つの深淵をつくりだし治療進展の道を塞ぎがちである。これに気づき、記載したはじめはフェレンツィである。特にフェレンツィ

が生前最後に出席した国際精神分析学会での発表（一九三二年）と死後刊行の「覚書と断片」である。フェレンツィはこの事態を「子ども（単数！）と成人たち（複数！）とのあいだに起こることばの混乱」と名付けている。

(一九六八：一五ページ／邦訳：三〇ページ)

　これら二水準のもう一つの違いは次のものである。エディプス水準ではあらゆることが三人以上で構成される関係性のなかで起こり、直面する問題は常に葛藤と関連している一方で、基底欠損水準ではすべての出来事は二者関係に属し、こころのなかで作動する動的な力は葛藤ではなく欠損であるということである。この欠損という言葉は、道徳的な意味ではなく地質学的な意味で用いられており、構造全体における突発的で不規則なものを表している［3］。それは、圧力下で、亀裂を走らせ、構造全体を深く崩壊させるものである。こころのなかでは、欠損の形状は、歪みや欠乏として体験されるなんらかの鋳型となり、これが是正されるべき欠如を引き起こすのである。加えて、この欠損の原因には、誰かが患者に関してしくじったか、あるいはするべきことをしなかったという感覚がある。この感覚とともに、患者は分析家に対して、今度こそ失敗しないでくれるようにという大きな不安もある。

　バリントはこの水準を定義した後すぐに、分析において基底欠損水準に到達したことを示していると思われる臨床的徴候について記述している。

一．それまでのごく普通のスムーズさと分別のある状態から、分析の雰囲気が根本的に変化する。
二．解釈はいまや、迫害的な発言や誘惑的な発言として体験される。
三．日常用語は慣例的な意味を失い、分析家のあらゆる身振りや動きが重大な意味を帯びるようになる。

四.　患者は分析家の癇に障るようになり、分析家の振る舞いについて相当正確に理解できるように映るが、そこには偏りやバランスの悪さも認められる。

五.　患者はテレパシーや千里眼などの超心理学的現象を示すかもしれない。

六.　患者の期待に反して分析家が応答しそこねたとき、それに対する反応には怒りや批判は含まれておらず、空虚感、死んだ感覚、徒労感が含まれている。患者は分析家が提供する一切を、明らかに生気のない様子で受け取る。あるいは、ことによると、分析家が患者に対して故意に意地悪をしているとか、悪意をもっているとかのように、迫害不安が生起するかもしれない。

七.　にもかかわらず、患者は分析のなかでことをやり続けていくという決然たる想いを示す。

　バリントはそのように称していないが、臨床上の状態における徴候のこれらが、境界例の転移精神病を示唆しているように見える。この状態の記述におけるバリントの独創性は、超心理学的現象を含んでいることに表れている。このことは確かに、この「まっとうではない」科学的研究の領域に、フロイトとフェレンツィが周知のような関心を寄せ、理解しようとし続けていた現象であろう。

　またバリントは明言してはいないが、その記述の印象からは、基底欠損の言語がエディプス水準の成人言語と比較すると、子どもの言語であることが伝わってくる。大人と子どもに関連してバリントが「言葉の混乱」を引用したことは、このことに重みを加えているだろう。バリントは自分の本意を示すための臨床例を提示していないのだが、私がそのような患者との自験例から次のことを指し示したい。バリントが語っているのは、普通の子どもの用いる言語ではなく、むしろエディプス水準にある普通に象徴的な成人言語が部分的に破綻した結果生じた、原始的で具象的な象徴性を有する病理的言語なのである。そこでの言葉というものは、そこから連想される

群と一緒に、社会的に受容されている理解の含蓄までも失いがちである。

　基底欠損の起源は、個人というものが形成される初期の数年間に遡ることもある。その時期に、個人のもつ生理｜心理的ニーズと、供給されうる物質的かつ心理的世話、注意や好意のあいだに乖離があったのだろう。「医師、患者、病い」のなかで以前に記述したことを繰り返し述べている。

　　この事態から一種の欠失状態が生まれるらしく、またその結果と残余効果は一部不可逆的らしい。個人発達初期のこの落差が先天的の場合もあるだろう。幼児の生理・心理的不可欠条件needsがきびしすぎて現実に与えてやれない場合である。(生存不能な幼児もあり、フリートライヒ氏失調症や囊胞症など進行性の先天性疾患もある)。しかし環境による場合もあるだろう。たとえば不十分育児、欠損育児、気まぐれ育児、ハラハラ育児、過保護、硬直的育児、首尾一貫性欠如育児、タイミングのわるい育児、刺激しすぎ育児、などの欠陥育児だったり、そもそも育児とはなにかがわかっていなかったり、なげやり育児の場合である。

（一九六八：二三三ページ／邦訳：四〇ページ）

　バリントは子どもと、その子どもが置かれた環境を代表する人々のあいだにある「合い性fit」の欠如を強調し、それが分析家の正しい技法と特定の患者のニーズとのあいだに以前に観察された「合い性」の欠如と類似していることに注目している。バリントはこの欠如こそが、分析家が臨床実践において経験する困難と失敗の重要な原因であると確信している。

　こころの第三領域、バリントに従うならば、創造領域と呼ばれるところに属するのは、芸術による創造、科学や数学、哲学、洞察の獲得、より興味深いこと精神疾患や身体疾患を患う初期段階、およびそのような疾患か

らの自然治癒である。ここは一者関係の領域であり、そこでは外的対象が存在せず、それゆえ外的対象との関係も存在せず、転移も生じない。その結果、そこには分析家が探究できるような明確なものはまったく存在せず、そ

れゆえ、関連するプロセスについての知識はその一切が不十分で不確かなものとなる。

バリントは、主体が己一人きりであるにしても、こころのこの領域には「なにか something」が在ると示唆し、このなにかを包含する「前対象」という用語を提案している。バリントの考えでは、ビオン（一九六二、一九六三）は、これらのプロセスを概念化するうえで同様の問題意識を抱いて「アルファ要素、ベータ要素」や「アルファ機能」という用語を提案した[4]。前対象は原始的であり、組織化されておらず、全体的なものでもない。創造という作業がおこなわれたのちにはじめて組織化され、全体的なものとなり、言葉でもって適切に記述したり定義したりすることが可能となる。彼によれば、この創造のプロセスについてわかっていることは、その成否については予測不能ということだけであり、創造のスピードはさまざまで、牛歩から疾速まである、ということである。そのうえ、エディプス水準の葛藤がこのプロセスのスピードを加速させたり、減速させたりする可能性があるが、結局、創造領域の構造が真の重要性をもっとも示唆している。

要約すると、バリントはこころの三つの領域、すなわち創造領域、基底欠損領域、エディプス水準領域について記述する。それぞれの領域は、一つ、二つ、三つ以上の外的対象の存在によって特徴づけられている。これは、ジョン・リックマン（一九五一）が最初に提唱した心理であった。各領域には前述したような独自の特徴があり、ここから私たちは、長いあいだバリントの考えの中心に位置してきた二つの理論、すなわち、一次ナルシシズムと一次愛の理論についての議論に進むことができる。

一九三五年（「リビドーの前性器的編成説についての批判的覚え書」）以来、バリントは、ナルシシズムは常に二次的な現象であり、決して一次的なものではないと主張してきた。そして『治療論からみた退行』（一九六八）の第二

部で彼は一次ナルシシズムに対してあらゆる角度から批判を加えている。バリントは、フロイトがさまざまな時期に、個人が環境と結ぶ最も原始的な関係性について理論を三つ提示したことを示している。これら三つの理論は一次対象関係、一次自体愛、一次ナルシシズムである。この三つの理論は相互に矛盾しているのだが、その矛盾についてフロイトは一切論じなかった。それどころかフロイトは、一次ナルシシズムを中心に据えてこれらの理論の統合を試みたが、この新しい統合理論も相変わらず固有の矛盾を孕んでいた。バリントはまた、フロイトやそれ以降の人々がこの理論の受容を正当化するために用いた臨床観察は、実際のところ二次ナルシシズムの存在を例証しているだけであるとも指摘している。引きあいに出される臨床観察は統合失調症と精神病の研究、同性愛、器質性疾患、心気症、男女の性生活、自己と他者の過大評価の諸相、睡眠、幼少児の観察所見にまで及ぶ。バリントは、一次ナルシシズム理論よりも本項で要約されているような、彼独自の一次対象愛理論に依拠するほうが、これらの現象をよりよく理解できるようになり、各現象は一層統合されたものになると提唱している。「一次愛」の章でバリントは、対象関係の早期発達をめぐる自身の理論について、きわめて包括的な説明をおこなっている。彼はリビドーの観点から最早期の一次対象愛の状態を記述したので、対象へのリビドー備給の点から発達についての説明を考案した。

　私の理論に従えば個体は生物学的にもリビドー的にも環界と強く関係を結んだ状態でこの世に生まれる。出生以前には自己と環界は調和的に「渾然一体化」している。事実両者は相互に滲透し合った存在である。すでに述べたように、この世界にはまだ対象はない。あるのはただ、限界のない物質というか広義というか、そのようなものである。

　出生が一つの外傷であるのは、環界を根本的に変えて、この平衡状態をくつがえすからである。この外傷

は、さもなくば現実に死が待っているぞと脅かしつつ、新しい適応形式を強いる。この適応から個人と環境との分離がはじまる。少なくともかなり強く速められる。自我を含む各種対象が、物質渾然体から分離する。

無限の広袤の調和が破綻して対象が分離して出現する。物質は対象より友好的だった。対象には堅固な輪郭、明確な境界線がある。これからはこの輪郭を認識してゆかねばならず境界を尊重しなければならない。リビドーはいままでのように均一な流れとなってイドから流れ出て環界に至るわけにいかなくなる。成立途上の対象に影響されてリビドーの流れには濃淡がそこここに発生する。

環界の一部あるいはなにかの対象との関係が発生展開しつつある時、その関係が、その以前に存在した波風一つも立たぬ調和と反対で、この対照性が苦痛な場合、リビドーの自我への退却がありうるし、それをきっかけとして従前存在した最初期段階の「一体 oneness」感を取り戻す試みが始まることもある。その試みがすでに生起している時──おそらく新しく適応を強制された結果だろうが──は、その発達速度を加速する作用をするだろう。リビドーの、こうして自我に退却した部分は確かにナルシシズム的だろうが、しかし原初に存在した環界への備給に亜ぐもので、二次的である。したがって、幼児期初期段階に観察されるリビドー備給のありかたには、次の四種類があるといってよかろう。

（a）第一は、元来環界に備給されていたものの残渣が対象の成立にともなってその対象に移されたもの。

（b）第二は、やはり元来環界に備給されていたものの残渣が二次的に欲求不満を宥和するため自我へと退却したもの、つまり、ナルシシズム的、自体愛的備給と化したもの。

（c）第三は、自我の二次ナルシシズム的備給がもう一度外にむかって再備給されたもの。以上の三つは、かなりよく研究された備給形式だ。

（d）が、それに加えて第四の形があり、これが成立してはじめて世界のオクノフィリア的構造ならびにフィ

ロティス的構造の発生展開がありうる。（一九六八：六七‐八ページ／邦訳：九六‐九七ページ）

バリントは、三つ目のあり方（c）について、かなりよく研究された備給形式であると述べるに留まり、「自我の二次ナルシシズム的備給がもう一度外にむかって再備給されたもの」の意味するところを詳しく述べていない。おそらくバリントが言及しているのは、クラインによる発達上の妄想段階と抑うつ段階ではないだろうか。というのも、一九五二年の論文のなかで、彼はこの二つの段階を一次愛の早期段階から発展した二次ナルシシズム状態と考えているためである。

　第三部、四部、五部では、退行した患者との分析で生じる技法上の問題を扱っている。第三部では、基底欠損水準に退行している患者とのコミュニケーションという重要な問題が取り上げられている。基底欠損水準にいる患者の場合、もはや慣例的な成人言語が成人言語として理解されることはない。バリントはこの作業を、大人である分析家と「患者のなかの子ども」とを隔てる「深淵に架橋する」作業として記述している。基底欠損領域において患者の非言語的コミュニケーション――それらを「振る舞い」「反復」「行動化」などのようにどう呼ぼうが――は、言語による発言と同等の重要性をもつ。分析家の仕事の一つは「解釈者」になるだけではなく、「情報提供者」の役割も果たすことによって、患者の原始的、非言語的振舞いの「翻訳をする」こと、つまり分析状況において自分がおこなっていることに患者が気づくよう援助することである。

　この仕事を遂行するために、分析家は言語を用いなければならない。この場合では、分析言語である。その言語の性質と形式は、分析家が依拠する精神分析の基本原理に対する理論上の想定と技法的想定のなかで、さまざまに異なってくるだろう。これらの言語は、当の分析家を分析した者やスーパーヴァイザーが用いた言語に深く準拠しているだろう。ここからバリントは、これらのうち三つの言語を簡単に議論していく。これら三つの

言語とは、ごく大まかにいえば、英国精神分析協会の三つのグループに属する言語と同義である。

　古典的な技法とは、フロイトがエディプス的な体験や前エディプス体験を記述するために用いた言語であり、パリントからすれば、これらの体験が成人言語で解釈されていることを意味している。基底欠損に属する現象の大部分は、去勢不安かペニス羨望に帰属するものとされがちであるが、これらとて、重複決定［5］の要因のうちの二つに過ぎない。この技法が治療上有効なこともあるが、そうでない場合は、その患者が精神分析に不向きであると考えられ、生じる失敗の原因は、患者を治療に導入する際の選定基準にあるとされるだろう。セッションの頻度、セッションの時間、禁欲などの技法のパラメーター［6］が変更されれば、取り返しがつかないことになる危険が残るとされている。

　クライングループは、とりわけ原始的な水準の体験を描写するために、独自の言語と解釈技法を用いる。この一側面を挙げれば、患者は部分対象水準で関係をもつとされ、「母乳」「乳房」「身体の中身」などの名詞、「分割排除する」「とり入れる」「投影する」「迫害する」「損傷させる」などの動詞が用いられる。患者はこのような言語に触れると、なにか気違いじみたものが自分に押し付けられるように体験すると報告されているが、この言語が執拗に使用されることは患者にとって治療的に有用である場合もあるかもしれない。患者が分析家とその技法を取り入れて理想化してしまうことや分析家が治療の失敗を認めたがらないところに、この技法の限界が表れている。興味深い注目点として、パリントのこのような批判が発表されて以来、部分対象的な言語使用は、無意識的幻想の身体的表現に対するより漸進的なアプローチへと移行していったということである（スピリウス、一九八三）。しかしこの置き換えに、その因果関係が表れているとは必ずしも言い切れないだろう。

　第三のグループは、主としてフェレンツィ（一九三二）とウィニコット（一九五四）の退行についての考えに影響を受けてきた。第三グループは、理解と解釈だけではなくマネージメントによって、基底欠損水準で遭遇する

現象を取り扱う。「マネージメント」という用語は、患者が退行して分析家に依存する際に、大切に手当てしnursing、保護し protecting、介在し mediating、世話し looking after、身体的に抱えること physical holding などを意味している。ごく簡略にいえば、背景にある理論によれば、適切な雰囲気を創出することが必要不可欠であるということである。その雰囲気のなかで、それまで患者の偽りの自己の背後に隠されていた本当の自己は、解釈を受け取り、理解できるようになるのである（「精神分析設定内での退行のメタサイコロジカルで臨床的な側面」ウィニコット、一九五四）。このことが治療的効果を生むこともあるが、最初にいくらか改善を見せたのち、患者は分析家の欲求 needs や要求を強め、最終的には分析が破綻してしまうという結末になりがちである。このようなマネージメントによって創出される現象や問題をより深く理解するために、バリントの理論的かつ技法的な立ち位置はきわめて重要なものとなっている。

　この立ち位置については、本書の「良性の退行と悪性の退行」と題された次項において詳しく説明されている。バリントはフロイトが「退行」という用語を歴史的にどのように使用してきたかということから検討を始め、臨床的には四つの機能が記述されていることを示している。それらは、（一）防衛の機制、（二）病原因子、（三）強力な転移抵抗、（四）分析治療の本質的因子である。フロイトは、退行の三つの側面、すなわち、局所的側面、時間的側面、形式的側面を区別した。形式的退行こそが治療的退行において重要なのだ。フロイトは退行患者との経験から、その関わりのときに解釈以外の方法は用いず不自由で禁欲的な雰囲気を維持し、患者の欲求や要求を満たすことのないように非常に身構えるようになった。しかしながら、フェレンツィは治療的成功を時折経験し、患者の自分に対する反応に感じ入っていたので、満足を与えるという実験を継続していた。精神疾患の病因は、患者の乳幼児期に大人が外傷的行為に及んだにもかかわらずそれを認めなかったことにあると、フェレンツィは確信していた。彼の考えでは、分析状況によって分析家に向かう過去の欲求や要求が再創造され、分析家は患

者に対して一定の距離を置き、客観的かつ共感的状態を保つ。だが、それゆえにこの態度によってもともとの外傷的状況が再創造されるのである。客観的かつ共感的状態を保つ。だが、それゆえにこの態度によってもともとの外傷的状況が再創造されるのである。『臨床日記』（一九八八）に記述されているように、その後フェレンツィは相互分析 [7] を含む多数の技法を試みた。この事態が生じるのを防止するために彼は「（a）患者を外傷状況まで退行させ、（b）この状態で患者がどれほどの緊張にまで耐えられるのを注意深く見守り、（c）退行した患者の切望、懇願、欲求に能動的に応答することによって、緊張が患者の耐えられる限度を超えないように配慮する」

（一九六八：一二六ページ／邦訳：一六七ページ）よう心がけた。バリントは本書でこの治療研究が医師―患者関係の最初にして集中的な研究であり、逆転移解釈という技法の発見につながったと述べている。

しかし、身体的に抱えることやキスがこれらの技法実験に導入されたとき、フロイトはフェレンツィに忠告せざるをえないと感じた。そこから二人のあいだの亀裂は大きくなっていった。フロイトは、「退行した患者のいかなる欲求 need をも無条件に満足させるのは不可能事であることが証明されるだろうし、この種の試みが患者の状態を好転させるのは、分析家がすべて患者の言いなりになることができ、また分析家が進んで患者の頤使に甘んじている限りで、それでもなお、患者の大部分は、たとえ好転はしても決して真に治療者から独立しないだろう」

（同上）と予言した。

次にバリントはこの分野の自験例を検討し、ある若い女性患者の症例を記述している。彼女は分析の二年目にセッションのなかで、人生初のとんぼ返りをすることができた。それは彼女の私生活、社会生活、職業生活において、より一層の変化が数多く生じる前触れだった。それらすべては効果の点で長期間にわたって持続するものであったと判明した。バリントはそうした振る舞いは基底欠損や行動化、反復、退行として概念化できると述べている。もっともそれらの概念でさえも、とんぼ返りという芸当に完全に適合するわけではない。それゆえ彼は「退行」という用語を、「どちらかといえばおおまかな語として用い、成熟度の進んだ体験行動様式の確立後に分

析治療への反応中に原始形態の体験行動が出現すること」（一九六八：一二九ページ／邦訳：一七三ページ）とした。したがって、このように定義された退行、分析家や環境からのひきこもり、創造領域への没頭、解体状態などの、退行に類似するほかの臨床的状態とは区別される。

しかしながら、バリントは次のような認識も示している。

　ある好結果は例の事件〔とんぼ返りのこと〕以前の分析治療の良さと事件後のワーキングスルーの適切さとが決め手で、事件そのものはなるほど強烈な印象のものだが、分析家患者双方の苦渋な努力に善なる一息をつかせただけで、それ以上の意味はない、といわれるかも知れない。成功例の場合、こういう異論に対しては返答に窮する。　　　　　　　　　　　　　　　　　　　　　（一九六八：一三二ページ／邦訳：一七六ページ）

バリントは、ある満足が分析家によって適切な形態のものとして受容された患者例をさらに続けて記述している。これらに次のような満足が含まれている。臨時のセッションを認めること、分析のある段階で週末に分析家が患者に電話をすること、患者が沈黙するに任せること、患者が分析家の指をつかむことを許すこと、などである。これらの満足に引き続き、バリントは患者の人間関係が変化し、それは「新しい愛憎の方途を打開したことである。その結果が一つの新発見となり、以来、自己の愛憎対象に対する患者の関係は前よりも自由で現実本位になった」（一九六八：一三三ページ／邦訳：一七四ページ）と報告している。このような経験、すなわち「新規蒔き直し」は、バリントが「気のおけない arglos」と呼ぶ特別な分析的雰囲気によって特徴づけられている。「気のおけない」はドイツ語の形容詞で、おおむね無邪気な innocent、正直な guileless、善のない harmless、という意味合いである。重要なのは、このような雰囲気が醸成されている場合のみ、そのような満足が許容されると

いうことである。

　バリントは、この「気のおけない」雰囲気と新規蒔き直しの経験は、一次対象愛の関係性に類似しているだろうと考えた。つまり一次対象の出現に先立ってある局面が生起している、ということである。彼は次のように述べている。

　この段階は、環界未分化段階、一次物質段階、あるいは少しごたごたしたことばだが、調和的相互滲透的渾然体段階、ともいうべきものである。……この状態の絶好例は私たちと、私たちを取り巻く空気との関係である。肺や腸にある空気が私たちのものか否かは難しいところだが、そもそも、どちらでもよいのである。……あるあいだは空気と私たちとの関係は観察対象にならない。しようとしてもたいそうやりにくい。しかし、もし、なにかが私たちへの空気供給を邪魔すれば、事態は一変して目に余るけたたましい症状が発展することは乳児が充足を得ない場合と変らない。新規蒔き直しの第一段階で充足が得られない患者とも変らない。

（一九六八：一三六ページ／邦訳：一八一ページ）

　「一次物質」という用語でバリントが意味しているのは、水、地、火、空気といった古代哲学における元素である。それらの主要な特徴とは、破壊不能ということである。そして、バリントは新規蒔き直しのある時期において、分析家が果たすべき役割はこれと似ていると主張している。「分析家は存在していなければならない。分析家は高度に可塑的でなければならない。あまり抵抗してはならない。破壊不能性を示さねばならない。これは確かなことだ。また一種の相互滲透的調和渾然体のなかで分析家と共に生きることを患者に許容しなければならない」（一九六八：一三六ページ／邦訳：一八二ページ）。バリントはこのことについて臨床例を挙げて拡充してはいないの

だが、私が思うに、最後の部分が意味するところは、主体と対象のあいだに相対的な脱分化が生じている転移状況では存在しているであろういかなる投影同一化や取り入れ同一化も、解釈のような方法によって打ち消そうとしてはならない、ということなのだろう。しかしながら彼は、満足を体験することは解釈の代用となるわけではなく、あくまで解釈の付け足しであることをはっきりと強調した。解釈がなされるのは患者が経験の只中にいるときではなく、経験の後である、ということが肝心な点である。そうでなければ、患者が解釈に焦点を絞るよう次のもられることで、満足の経験やそれが象徴するかもしれない事柄が破壊されてしまうだろう。
　またバリントが指摘しているのは、この種の破壊不能な一次物質と似た存在との関係性について、ほかの分析家たちも独自の用語で記述しているということである。たとえば「欲求を満たす need-satisfying 対象」（A・フロイト）、「平均的に期待できる環境」（ハルトマン）、「コンテイナーとコンテインド」（ビオン）、「母親の抱える機能」（ウィニコット）などである。
　バリントが言うように、これは状況の肯定的な側面である。しかし残念なことに否定的な側面もあるのだ。彼の臨床経験によれば、

　患者を二群にわけたいと考える。第一群は、その治療において、退行あるいは新規蒔き直しの時期が一回せいぜい二、三回で、患者はその後その原始的世界から自然に脱出して、自分もよくなった、いや治ったときえ感じるようになる。これがフェレンツィの予見どおりの場合である。しかし、第二群はいくら貰っても満足できなさそうな人たちである。その人たちは、原初的な願望や欲求 nccds が満たされるや否や、また新たな願望やねだりが出現し、その求めの烈しさ、待てなさは少しも減らない。一部の症例では、そこから嗜癖類似状態にまで行き着く。扱いが大変厄介となり、そのまた一部の症例は、フロイトの予見どおり、にっ

ちもさっちもゆかなくなる。

バリントの示唆によれば、第一のグループの場合、患者はその退行のなかで、内的な問題に折り合いをつけ、外的世界を利用し、自分自身に到達できるようになることを分析家に暗黙の裡に認めていてほしいと希っている。第二のグループでの退行の目的は、外的世界、すなわち分析家の行為によって、本能的切望を充足することにある。バリントは第一のタイプを「認識を目的とする退行」と呼び、第二のタイプを「充足を目的とする退行」と呼んだ。また、第一のタイプを「良性退行」、第二のタイプを「悪性退行」と分類した。次に、彼は、これら二つのタイプに備わる臨床的特徴を列挙している。

（一九六八：一三八ページ／邦訳：一八三ページ）

良性の退行に属するほとんどの症例に次のようなことが認められる。

一・　相互信頼的な、**気のおけない、気を廻さない**関係樹立がさほどむつかしくない。この関係は一次物質との一次関係を思わせる。

二・　退行は真の新規蒔き直しに至る退行である。そして現実への開眼とともに退行は終わる。

三・　退行は認識されるためのもの、それも特に患者の内的な問題を認識してもらうためのものである。

四・　要求、期待、「**欲求 needs**」の強度は中程度を出ない。

五・　臨床症状中に重症ヒステリー徴候はなく、退行状態の転移に性器的オーガズムの要素がない。

（一九六八：一四六ページ／邦訳：一九三ページ）

対照的に、悪性退行に属する症例のほとんどには次のような事態が認められる。

一、相互信頼関係の平衡はきわめて危うく、"気のおけない"気を廻さない雰囲気は何度もこわれ、しばしばまたもやこわれはしないかと恐れるあまり、それに対する予防線、保障として絶望的に相手にまつわくという症状が現れる。

二、悪性型の退行は新規蒔き直しに到達しようとしてなんども失敗する。要求や欲求が無限の悪循環に陥る危険と嗜癖類似状態発生の危険が絶えずある。

三、退行は外面的行動をしてもらうことによる欲求充足を目的としている。

四、要求、期待、「欲求」が猛烈にはげしいだろう。

五、臨床像に重症ヒステリー徴候が存在し、平常状態の転移にも退行状態の転移にも性器的オーガズムの要素が加わる。

(一九六八：一四六ページ／邦訳：一九三ページ)

　バリントが述べるに、治療的退行が生じる症例のほとんどでは、分析家はこれらの特徴が混合されたものを見るが、通常はどちらか一方のタイプが優勢となる。彼は経験上、悪性退行はヒステリー患者あるいはヒステリー性格障害の患者に起こると付言している。

　これら二つのタイプの退行は、本質的には三つの基準で区別される。第一の基準は、悪性退行は通常分析の初期に起こるが、良性退行は後期に起こる傾向があるという点である。第二の基準は、悪性退行では、分析家はなんらかの充足を要求されるのだが、良性退行では、通常、分析家にそこにいて欲しいという要求になる。第三の基準は、悪性退行では、逆転移のなか体験される雰囲気や気分というものが通常、強烈で激しいものとなるが、良性退行では、雰囲気や気分はより穏やかで、安心できるものとなる点である。しかしながら、常にそうとは限らない。雰囲気の問題については、この後の、さらなる発展についての章で検討する。

次に、バリントは良性悪性を問わず、退行の取りうる形式は、患者およびそのパーソナリティ、患者の病気だけではなく、患者の対象、すなわち分析家の患者への応答の仕方次第であることを強調している。このことは、退行が単なる精神内界の現象ではなく、間主観的かつ対人関係的な現象でもあることを意味している。さらにバリントは、退行した患者への分析家の反応について考察している。

バリントは、自分の見解では、患者の反復強迫によるパターンが患者の内部の葛藤やコンプレックスに起源があるならば、適切な解釈によって、患者はそれらを解決することができると念を押す。しかしながら、患者の反復強迫のパターンが基底欠損への反応に起源をもつならば、解釈の力は比較にならないほど弱くなるだろう。（一）そこには解釈で解決できるような葛藤やコンプレックスは存在せず、（二）基底欠損領域において、言葉は治療の道具としての信頼性のほとんどを失っている、ということがその理由である。

彼は、このような症例では、解釈だけでなく追加の治療作用因が考慮されなければならないと信じ、続けて次のように述べている。

最も大切なのは、分析の場において患者がそのもつ強迫的パターンに応じた原初的関係を生起発展させ、さらにその関係をおびやかされることのない平和裡にそっと保ちつつ、患者自ら、これまで知らなかった新しい対象関係の形がありうることを発見し実際に味わい、この対象関係をめぐって実験的行為をおこなうようになるまで、治療者が患者を援助しつつ待つことである。……基底欠損が治癒消失しうる条件を創り出して、その不活性化をはかる仕事は治療上欠かせない。

（一九六八：一六六ページ／邦訳：二一六ページ）

このような発展を推進するために、バリントは分析家が回避すべき三つの重要事項を提唱した。第一に避ける

べきは、あらゆることをまず転移として解釈することである。というのも、彼は「どうしても私たちは患者の目には壮大で知識豊かな対象に変じてしまう。これは患者を一種のオフナイア的世界に退行させる」（一九六八：一六ページ／邦訳：二二七ページ）と確信していたからである。第二の事項は「分析家が自分がはからくつもりと分離独立した対象となること、また、そういう対象として行動することをせぬように」である。……換言すれば、分析家があたかも一次物質のどれか一つに化したような関係を患者が治療者と結び、そういう関係のなかで治療者と共にあるようにもってゆくことである」（一九六八：一六七ページ／邦訳：二二八ページ）。バリントはこのことのなかに、分析家はある種の行動化を大目に見て、患者の投影同一化や取り入れ同一化を性急な解釈で患者に押し戻そうとせず、受容すべきであるということを暗に含めているようである。第三に避けるべきは、全能となったり、そのように見えてしまうことである。

　この治療時期は至難の業の一つである。退行患者は、自分の治療者がもっと物知りでもっと力があってほしいと期待をもつ。とすれば、分析家は、はきりと口に出すか態度で表すかはともかく、一つの約束をするものと期待される。患者を退行から救い出してやるとか、退行の壁をとおして患者の心を察するという約束である。こういう約束は、その方針についての暗黙の了解らしきものを、しかもちらりと見せただけでも、きわめて重大な難関となり、分析の仕事をつづけるうえで越えがたい障害となる。

　　　　　　　　　　　　　　　　　　　　　（一九六八：一六七ページ／邦訳：二二八ページ）

　バリントは、作業のこの局面にいる分析家を「押しつけがましくない分析家」として記述している。それは、フェレンツィが退行した患者に到達するために試みた技法とは大いに異なっている。フェレンツィの試みは積

極技法が含まれていた。それによって分析家は、患者と分析家のあいだの緊張を増大させるため、患者にある行為を禁じることもあったし、緊張を緩和するため、患者をリラックスさせたりもした。これらが不首尾に終わると、フェレンツィは自らの逆転移感情を患者本人に語ったのだ。これは一時的な効果はあったが、長続きしなかった。そして次なる実験が「相互分析」であった。この実験によって分析家と患者は交互にお互いを「分析」したのだった。相互分析には身体接触やキスが伴うときもあった。結局のところフェレンツィは、多くの場合、このような治療行為は真の有用性をもたないことを認識した。けれどフェレンツィが一九三三年に死去したことによって、さらなる実験に終止符が打たれることになった（フェレンツィ『臨床日記』一九八八）。バリントは、このような技法をすべて控えて、押しつけがましくない分析家というスタンスを提唱した。しかし彼は、雰囲気が適切に**気のおけない**ものとなっていると判断したときにはまだ、時々ではあるが指を握るのを許すこともあった。これは、フェレンツィの技法の一面に対してバリントが抱いていた肯定的な愛着の残余のように思われる。ことによるとフェレンツィは、バリントとの分析の最中にそうしたのかもしれない。そしてそれがバリントには役に立ったのかもしれない。それでもやはり指を握ることを支持するのは、雰囲気からは適切なことと判断されるにしても、私自身は疑問に感じるところであった（スチュワート「基底欠損における技法：退行」一九八九）。この問題については、第六章「批判とさらなる発展」のなかで検討する。

　バリントは、行動化と退行の経験をすぐに解釈せずに受容すること、換言すれば対象関係を治療作用として用いることは、解釈がないがしろにされることを意味しないと常々強調している。その意味するところは、退行の力動と転移に対する理解や洞察を促進することを目的とした解釈は、退行状態から脱したのちに与えられるべきだということである。非言語的コミュニケーションは、そのものとして、そのままの強度で経験されるべきであり、その後はじめて、まとまりをつけた言語による発話に入れ込むべきである。しかしながら、バリントはまだ、

解釈とは、「分析家が患者は確かに解釈を求めている need と確信できる時に限り与えるべきものである。こういう時に解釈を与えないことを不当な要求あるいは刺戟と感じるだろうからである」（一九六八：一八〇ページ／邦訳：二三五ページ）と主張した。

バリントの示唆によれば、患者が患者自身の退行を許容するということは、創造領域をめぐる自身の考えと関連がある。創造領域は、

> 組織化された外的対象が一切存在しない心的領域である。解釈を用いて注意を惹きつけようとして外的対象をこの領域に闖入させれば、必ず、自己の内部からなにかを創造するという患者の能力を破壊する。……この領域の対象はまだ組織をもたず、したがって、創造過程が対象を組織化するようになるまでに、なによりもまず、時間が必要である。必要な時間を短くすむこともあるが、きわめて長時間が必要でも不思議ではない。長短いずれにせよ、この時間の長さは外からの働きかけで左右できない。患者が自分の無意識のなかから創造をおこなう場合も必ず同一の事態であろう。これは分析家の通常の解釈が、この領域に退行した患者に到底承認不可能と感じられる理由の一つかも知れない。解釈とは全体的な「組織化」されたもので、創造領域のまだ「組織化されていない」カスミあるいは夢のような内容と相互作用すれば、ぶちこわされるか、不自然かつ過早の組織化を惹起しかねない対象や思考である。

（一九六八：一七六ページ／邦訳：二三〇ページ）

本書の締めくくりでは、バリントが本書の欠落した章と呼ぶ、未来の思考に向けていくべき方向が示されている。そこには次のような内容が含まれている。治療における反復や行動化の機能、患者の外的対象との関係を主

として規定している内的世界を変化させるために患者がとりうる潜在的方途、そのような変化の達成を助ける際に利用できる技法、そして、解釈の機能。残念なことに、バリントはこれらを書かないままに亡くなった。

要約すると、本書を通して私たちは、対象関係の発展と精神分析技法に関してバリントの選んだ主題をめぐり、その思考が発展していく道筋を辿ることができる。彼はこころの三領域についての理論を、一者心理学、二者心理学、三者以上の心理学や、創造、欠損、葛藤と関連するさまざまな機能の点から描写した。バリントは一次ナルシシズムという概念を批判して一次対象愛を唱道したが、それらは彼の初期の定式化から引き続き研ぎ澄まされ強度を増していった。英国精神分析協会の三つのグループを実例として、退行患者を取り扱う技法上の差異は、果敢にも治療可能性という観点から検討、評価された。ここから、良性退行と悪性退行という概念を広範に描写し、このような退行状態を取り扱う際の分析家の技法について助言、推奨をおこなうことになり、押しつけがましくない分析家という概念が生まれることとなった。バリントは自身の創造的な研究と思考によって、フェレンツィの研究と思考の名誉挽回をなしたのである。

†**訳注**

[1]原題と副題が邦訳の場合は逆転している。

[2]二人以上の人間関係で公共のものとして通用・運用されている言語体系であり、この成人原語があるからこそ、対人関係のコミュニケーションが成り立つ。対人関係のコミュニケーションが成り立つ。言葉を言葉の意味として受け取ることが

でき、誤解や歪曲の入る余地が少ない「言語」水準を指している。

[3]バリントによれば、この言葉（fault「できそこない」）は実際に患者が用いることがある。

[4]母子関係の理論が弱かったクライン派において、クラインの高弟ウィルフレッ

ド・ビオンが考案した一理論のことを、アルファ機能論という。ビオンは、概念や理論に名前を与えることで生まれる影響を避けるため、抽象化された表現として「アルファ」や「ベータ」という用語を採用した。生まれて間もない乳児は、欲求不満による情動を上手く処理できない。

そうした情動は、およそ考えることができないほどの苦痛を伴うため、投影同一化の機制で外部へ排出される。この考えられないほど生々しく「物自体」(哲学者カントの言葉)としか言えないものをベータ要素と呼ぶ。この要素が母親のもの想いによって受け止められ、乳児に向けて適切にフィードバックされると子も安定する。このとき母親の働かせている機能をアルファ機能と呼び、ベータ要素から変換されたものをアルファ要素

と表現する。

[5] ロバート・ウェルダーによって定式化された概念。もともとはフロイトが神経症や夢などの無意識の諸現象を決定する要因が複数存在していることを指摘したことに端を発する。

[6] クルト・アイスラーが導入した技法論の視点。治療状況によって、古典的な分析技法の規則や原則から一時的かつ柔軟に逸脱することを指す。

[7] フェレンツィが導入した実験的な技法変革の試みの一つ。カール・ユングとオットー・グロスの試みが起源。フェレンツィの被分析者エリザベス・サヴァーンがフェレンツィ側の問題を指摘し、その克服の手段としてフェレンツィに提案し、彼が応じた形で開始された。バリントも指摘しているように、現在でもままならず、マートン・ギルが、かつて試み、失敗した。

111

第四章 『治療論からみた退行:基底欠損の精神分析』(一九六八)

第五章　外傷理論と精神分析の教育

　バリントの論文のなかには、著書に収録されていないものが数多くある。そこで私は、精神分析にオリジナルな思考をもたらしているこの二つの題目を取り上げる。一つ目は外傷理論で、二つ目は精神分析の教育についての見解である。
　論文「外傷と対象関係」は一九六九年、創刊五〇周年記念号である『国際精神分析誌』五〇巻最終号に掲載された。バリントはまず、外傷についてのフロイトの考えを検討し、次のように示している。

　　精神分析は神経症の病因論に二つの理論をもつことになった。二つのうち古いほうは、早期の性的外傷の存在を仮定し、その作用についての私たちの理解は本質的にメタ心理学的な、つまり経済論的な考察に基づいている。決定的な出来事は外側からやってきて、それへの備えが個人になく、それによって刺激の保護障壁に裂け目が生じ、過剰な興奮を心にあふれさせる。過剰な刺激量を扱うために、反復への強迫が活動を始める。その臨床表現が、症例によっては神経症症状となる。
　　新しい［二つ目の］理論は、見かけに反して外傷は外的出来事ではないという仮定とともに始まる。外傷

は空想として、その人自身が生み出すのだ。この理論では、個人に備えがなく過剰な興奮があふれると簡単に言うことはできない。なぜなら、結局のところ、幻想を生産したのはその人自身だからである。他方で、この理論から言えるのは、心的装置のさまざまの部分のあいだにある、非常に激しい緊張の存在である。たとえば、自我を空想形成にふけらせるイドと、その活動は抑制されなければならないと命令する超自我などである……この新理論を本質的に構造的なものと呼ぶことを提案したい。

（一九六九：四三〇ページ／邦訳：二二一―二二二ページ）

彼が注目しているのは、「終わりのある分析と終わりのない分析」（一九三七：二二〇ページ）のなかでフロイトが、この構造的なタイプの病因論を扱うために、生得的要因と最早期の経験のあいだの相互作用によってもたらされるものとして「自我変容」という用語を提案していること。つまり、ここには最早期の外傷の存在可能性という含意があり、構造論といえども例外ではないのである。

臨床経験からは、外傷が現実に起こったのかどうかを判断するのは難しい。このため、たとえば、部分的外傷、緊張外傷、累積外傷、隠蔽外傷、等々のような、条件つきの外傷概念がいくつか導入されることになった[1]。バリントは、このような条件つきの外傷が導入されたのは、理論が不十分であるためだと考え、新たに三階層の外傷理論を提案している。この理論は本質的に論文「言語の混乱」のなかでフェレンツィが提起した見解と類似しており、子ども時代の外傷形成因にも関係している。

最初の段階では、未熟な子どもは大人に依存し、その関係に苛立ちやときには激しい怒りを導くような欲求不満も起こるであろうが、子どもと大人のあいだの関係は主として信頼に基づくものである。第二段階で

は、大人は子どもの期待に反して、何か激しく興奮させること、怖がらせること、苦痛なことをする。これはまるで突然に一回だけ起こるかもしれないし、繰り返し起こるかもしれない。……こうした場合のいずれも、しばらくのあいだ、子どもと大人のあいだにきわめて強烈な交流が存在する。情熱的な交流にまで至ることも多い。この段階そのものは、きわめて印象的に映るだろうが、必ずしも外傷的に働かないように思われる。外傷の本当の完成は第三段階に起きる。子どもが第二段階の出来事での大人の情熱的関わりを心に抱き、刺激的な情熱的なゲームを続けたいと思って誘いかけながらパートナーにふたたび近づくか、あるいは先の段階で自分の働きかけに結局気づいてもらえなかった、無視された、誤解されたという事実にその後も苦しみ嘆きながら、今度こそ少しでも理解や認識や慰めをもらおうと試みるときに起こる。どちらの場合にもごく頻繁に起こるのは、予想もしない完全拒否である。大人側は、先の興奮にしても拒否にしてもそんなことはまるで知らないといった様子か、それどころかなにも起こらなかったように振舞う。

(一九六九：四三三ページ／邦訳：二二六-二二七ページ)

　バリントは、古い外傷理論がもっぱら第二相のみに注意を向けており、前後の段階の存在を無視していると指し示している。この新理論によって、外傷理論の基礎が、一者心理学における定量的な考察から二者の対象関係における出来事の研究へと変わることになった。彼はこうも述べている。

　この布置は、飛行機や鉄道の事故、あるいは爆発などのような、成人生活における外傷の力動にも光を当てるだろう。そうした状況下で個人と環境との最初の関係は信用、信頼のそれであると考えてさしつかえなく、事故は心の準備がないところに個人を襲って信頼を破壊するのである。

116

しかしながら、これでは戦闘での砲弾ショックや空襲による爆撃ショックという現象を説明できないように思う。というのも、戦場や空襲というような環境が、安心や信頼といった心構えを生じさせるものとは考えにくいからである。おそらく、計量可能な外傷理論と対象関係の外傷理論の双方が、外傷を引き起こすあらゆる事態を説明するために必要なのだろう。

ここからは、精神分析の訓練をめぐるバリントの見解を考察することに進んでいこう。彼が教育というトピックに踏み込んだのは、一九三八年の「自我の強さとその教育」（一九三九b）という論文においてである。そのなかで、精神分析的な自我心理学と精神分析的な教育（教育学）をめぐる考えは、超自我の役割の強調というくびきを脱することができるだろうかという懸念を示している。彼は次のように記している。

精神分析的な自我心理学も、本質的には強迫神経症とうつ病との経験をもとに構築されている。だから、よくみるとこれは依存をめぐる心理学であり、別の表現で言えば一部はエス心理学、大部分は超自我心理学であることを露呈する。自我自体はこの自我心理学では〔エスと超自我と外界に対して〕戦いの場となっているにすぎない。精神分析的自我心理学と精神分析的教育学は、誕生後およそ同じ年月を経ており、両者は相互に大きく影響し合って発達してきた。両者とも誕生の瞬間からすでに超自我の重要視という呪縛下にあった。

（『一次愛と精神分析技法』、二二〇ページ／邦訳：二四四ページ）

教育において超自我が果たす役割は、精神分析界隈のいたるところに現れるさまざまな派閥化にとって重要な

（一九六九：四三二ページ／邦訳：二二五ページ）

構成要素であるとバリントは考え、その懸念が次の論文「精神分析家の訓練システムについて」（一九四八b）で取り上げられている。

一九四八年に執筆されたこの論文は、精神分析の訓練への積極的な批判で組み立てられている。まずバリントは、これまで訓練についての文献がほとんどないことを指摘し、そのうえで、大多数の訓練分析家がそれ以外の論題に関して躊躇なく多数の論文を執筆していることを考え合わせると、これは驚くべき事態であるとした。訓練をめぐる議論がこのように欠如していることは、深刻な徴上の表であるとみなし、このような事態になっている理由は二つ考えられると示唆している。一つ目の理由は、訓練について批判することは、自分より年配の訓練分析家が適切な訓練を受けなかったと暗に言うも同然となる、ということである。また二つ目の理由は、こうした議論には通常、分析療法の有効性や妥当性がつきものとなる、ということである。彼は、訓練分析家が、精神分析のインスティテュートにおける訓練組織の手続きが示しているように「精神分析のほかの領域には見られないもの」（一九四八b：五ページ／邦訳：三三〇ページ）に対して教条的態度をとっていることについても指摘している。さらに、分析の候補生の態度全般が、自分たちの訓練分析家に対して過度に礼儀正しいと思われる節がある。彼は、全体の雰囲気は、実に原始社会の通過儀礼を思わせるものであると結論づけた。すなわち、

〔通過儀礼の〕一般目的……は、候補生を秘儀入門の導師に同一化させ、導師とその考えを取り入れさせ、この同一化から、生涯彼に影響しつづけてやまない強い超自我を作り上げるように強制することである。これは驚くべき発見ではなかろうか。私たちが意識的に訓練生が達成できるようにしたがっていることといえば、強い批判的自我を発達させることである。かなりの緊張にも耐えることができ、どんな無意識的同一化からも、どんな自動的転移あるいは思考パターンからも自由な自我のはずである。ところがこの意識的目

標に反して、私たち自身の行動にも訓練システムの活動にも、そのような自我機能の弱体化と特殊な超自我の形成と強化とをどうしても招いてしまう面がいくつかあるということだ。

（一九四八b：五ページ／邦訳：三三〇ページ）

それからバリントは訓練システムの歴史的な発展について吟味し、このような事態がどのような経緯で生じたのかを調べ、訓練の歴史を三つの時期に区分した。

　[訓練の歴史の]第一期は目に見える組織の欠如が特徴であり、超自我圧入の試みもなく、心の底からの同一化の要求もなかった。[超自我圧入とは、フェレンツィの使った用語で、規則や教条を超自我のなかに無理やり入れるといった、教育過程に起こるいくつかのタイプの特徴を説明するものである。注：ハロルド・スチュワート]このことが幾人かの脱退者となって現れた。第二期は訓練の効果的システムと、その基準を強制するための強力な組織を創設した。……世代間に不要な緊張を生んだために繰り返し闘争が起こり、中心的権威の完全な崩壊と、国ごとあるいはグループごとの地方的な基準、理想、統制などが成立することになった。第三期は、数人の王位継承権要求者が登場し、激しく競り合うことで始まった。これは必然的に、些細な差異のナルシシズム的な過大評価を導き、それが基本的な一致点を過小評価したり完全に隠蔽することとなって、実際のバランスが見えなくなってしまった。

（一九四八b：八ページ／邦訳：三三九ページ）

　それにもかかわらず、バリントは次のようにも付言している。徐々にではあるが事態は変化しており、訓練分析家のあいだで共有されている意見がこの超自我訓練をゆるめる方向へ転換しつつあるところに僅かではあるが

希望の光しが見える、と。ところがその六年後になると、訓練について取り上げた最後の論文「精神分析訓練と訓練分析」（一九五四a）を読めばわかるが、バリントはこのような変化に対してそれほど楽観できなくなっているようだ。そこでは、訓練分析の歴史を五期に分けて説明している。

　第一期は、文字どおりの**学習期**instructionである。この期間は、おおむね生徒が自分で学習したので、外部からの援助はほとんどなかった。ただもフロイトの著書を読んで勉強していたのである。……この第二期のことを「**実地見学期**demonstration」と呼ぼう。……明確にこの点に触れているのは、フロイトの「終わりのある分析と終わりのない分析」（一九三七）である。「実際上の理由から、この分析は短期的で不完全なものにしかなりえない。……学ぶ者が無意識の存在を固く確信し、抑圧された素材が現れたとき分析を受けなければ信じられなかったようなものを自分のなかに知覚し、分析的仕事において唯一有効であると証明されている技法の最初の例を目の当たりにしたら、その目的は完遂されたのである」[2]。……最初の二期はそれと気づかれることもなく進行しなんら科学的な議論がなされないままであったが、第三期は「**正しい分析**proper analysis」期で、議論沸騰の末、相当の抵抗を克服した後にやっと成立したものである。……主役を演じたのはフェレンツィであった。彼の主要な論拠は、ぎりぎりの線まで単純化すれば、分析家よりも患者のほうがちゃんと分析されなければならないという状況は許しがたいということである。……フェレンツィから発せられたさらにずっと激しい要請が承認されたところで次の第四期が始まった。その要請によれば、訓練分析は治療分析以上のものを達成しなければならないのである。ここで言う「完全に終了した分析」が治療目的にふつう要求されるものをはるかに越えているのは明らかである。だから、私はこれを、「**超治療**supertherapy」と名づけようと提案している。……幾人かの控え目な人々が超治療が可能かど

うかにおそるおそる疑問を出したのは、ようやくここ数年のことである。教育分析の目標はそれが「完全」であるとか「正しい終結」とか「超治療」ではなく「研究」であると彼らは言っている。これによってわれわれの訓練システムの最終段階、すなわち現段階に到達したとしよう。これを「**研究期 period of research**」と呼ぶことを提案する。

（一九五四a：二ページ／邦訳：三三八─三四一ページ）

バリントは、超治療について議論するなかで、この論題に関して科学的な議論が公表されていないために、その力動を理解しようとする自身の試みには主観的な偏りがあることを認めている。さらに、この時期、分析協会のなかにさまざまな学派や派閥が現れた。そして、訓練は特定の考えをまとまった形で普及させるうえで最も重要な方法であるために、訓練をめぐり権力政治が跋扈することになる。バリントの示唆によれば、第三期「正しい分析」で主要な関心が寄せられていたのは、子どもが自分の考えを言葉で表現できるようになる時期であるエディプス・コンプレックスにまつわる素材を言語的に表現することであった。次の段階である超治療で、新しい技法に求められたのは、前エディプス状態に到達することを可能にし、非言語的な体験あるいは前言語的な体験を言葉で表現できるようになることだった。彼は、これらの新しい技法が、「日ごとの転移という変転してやまない現象をますます深くきめ細かに調べること」と、その具体的な細部のできるだけ多くを特にその攻撃的─サディズム的な面において解釈すること」（一九五四a：三ページ／邦訳：三四四ページ）によって成り立っていると示唆している。この事柄について検討し、彼は二つの重要な意見を述べている。一つ目は次のようなものである。

　敵意のかすかなサイン一つ一つに早すぎて整合的でありすぎる解釈を与えていくと、候補生は猛烈な攻撃の一斉砲火を分析家には浴びせないように、自分はそれから身を守るように訓練されてしまうだろう。真の

120

憎しみや敵意は口にされるだけで、実感されることはまったくなく、結局は理想化というタブーによって抑圧されてしまう。日常語で表現すれば、候補生は分析家を少しずつとりこむ。つまり分析家の長所、技法、方法などのあるものを受け入れ、あるものを拒絶することができない。なぜなら、そのような「破壊的」な試みは解釈され、それによって防止されるからである。分析家は「丸呑みされ」なければならない。よく噛まずに呑み込んだ食べ物は人間にとって消化困難である。生理学と心理学の見解は一致している。

(一九五四a：五ページ／邦訳：三四六-三四七ページ)

二つ目の意見は次のようなものである。

聖パウロの改宗は、一度憎み迫害した対象を理想化した形で取り込むと、不寛容と党派性と使徒特有の怒りとをもたらすことをわれわれに教えてくれる。これと同じ状態と思われる現象が精神分析協会の多くに見られる。この原因、アンビヴァレントに愛され理想化されて取り入れられたイメージは、いかなる犠牲を払ってでも欠けるところのないよい内的対象 good and whole internal object として保持されなければならないからだと私は言いたい。そのような状態にあるときに、外部から批判を向けられると、正当かいなかにかかわらず、鬱積した憎悪と攻撃とが一挙に動員され批判者に向かう。また訓練分析家とその技法、理論、方法論を擁護する。

(一九五四a：五ページ／邦訳：三四七ページ)

バリントの考えでは、超治療のこうした二つの冴えない結果のために、訓練分析家のなかにこうした結果を回避できる技法を試みようとする者が現れた。その目標の特徴は「研究」という名称に表れている。彼は「研究の

主体や対象が誰なのかまったくもってははっきりしないと主張している。彼は、分析家の助力のもと、心の深層に関するなにごとかを見出すべきなのは訓練生なのではないか、あるいは、候補生の助力のもと、技法の可能性や限界に関するなにごとかを見出すことを望んでいるのは分析家なのではないか、と想いを巡らせている。大切なことは、訓練分析家が、超治療者に付き物の全知の装いをすべて脱ぎ捨て、さらに、あまりに多くの解釈、早すぎる解釈、過度に整合的な解釈をしないように心がけることである。そのような解釈をおこなうと、おそらく、候補生は独自の発見をすることができなくなるだろう。その目標は、「痩せていて満たされていないかもしれないが、「良い食べ物」だけに関心が限定されていない赤ん坊、自立していて、尊敬の念に欠けるところのある赤ん坊を育てることである。冷静に考えられるときには、このすべてを実現するには代価を支払わねばならないことがわかる。しかし、代価とはいったい何なのかはいまのところわからない」（一九五四a：六ページ／邦訳：三四九ページ）。

本論文の執筆以降四〇年が経つが、超治療から研究治療への移行は果たせていない。それゆえ、いまだ、この代価が何なのかは明らかとなっていない。おそらく、どのインスティテュートや協会にとっても、理想化へのニードは強力極まりない原動力であるようだ。

†訳注

［1］外傷概念はさまざまな分類が試みられている。フロイトは、ヒステリー治療のなかで、女性患者たちが過去に外傷的出来事を想起することを発見した。こうした人生早期の単一エピソードに起因する外傷を部分的外傷と表現できる（サンドラー）。エルンスト・クリスは、災害や戦争などのような大きな出来事による外傷をショック外傷と表現し、生育過程のなかで徐々に張り詰めていく外傷を緊張外傷とした。前者が外的事象に依拠するのに対して、後者は内的世界に内在化された対象関係に脅かされる自我緊張に由来している。カーンの累積外傷という概念は、後者の考えを抱える母親（ウィニ

コットの保護膜の侵襲という事態から捉えており、カーンはスキゾイド・パーソナリティの基盤としてこれを想定した。

サンドラーは、外傷記憶そのものがさらなる外傷的な体験を隠蔽する働きがあると考え、隠蔽外傷という考えを提出した。

［2］二四八ページ／邦訳：二四一ページ

第六章 批判とさらなる発展

 この章では、もっぱらバリントの仕事についての概説や批判を取り上げ検討するものである。それらはとんどが一九七〇年のバリント没後に刊行されたものである。残念なことに、バリントの仕事はとても革新的・創造的であったにもかかわらず、それに相応しい評価を受け、受容されてきたとは言い難い。著作のなかに十分な臨床素材が提示されていないため、読者はバリントの理論の正しさや有用性を判断する手立てがかなったことがこの事態を招いた主因の一つであろう。バリント以外の主要な精神分析の著述家の場合、たいてい、理論的見解を立証する際に、それらの理論が依拠する臨床的証拠を提示する。臨床証拠はその理論上の立場を批判的に理解するうえで有用である。思い出してもらいたいのだが、一九三二年という早期に、バリントは「性格分析と新規蒔き直し」という論文のなかで「臨床例を詳細に示さない限り技法について議論してもはじまらない」と述べている。にもかかわらず、自身の本領を十分に発揮していない。彼は自らの貴重な助言に従うべきだった。
 しかし、バリントの応用精神分析の仕事を見てみると、純粋精神分析の仕事ほど臨床例に乏しいわけでもない。このような相違がある理由は不明である。彼は純粋精神分析の仕事を差し置いても応用精神分析の仕事により強い関心を抱くようになったということなのかもしれないが、これを支持する証拠もない。というのも、（１）バリ

ントは死の間際まで、純粋精神分析の仕事に関する著述を続けていたし、(二)精神分析家としてのキャリアが始まった頃から、バリントは純粋精神分析の仕事に関する著書のなかで臨床例を提示することがあまりなかった。その理由は依然として謎のままである。

純粋精神分析の仕事で事例提示がこのように乏しい関心を寄せることが難しくなっているのだが、これは不幸な事態である。臨床検討会において、バリントは、スーパーヴァイザー兼セミナーのリーダーとして、生気や精力に満ち溢れた様子で、臨床素材を理解し概念化したものだった。それだけに残念である。技法の面では、彼は古典派の分析家であり、イドに駆動された派生物に対する防衛的自我構造に由来する葛藤を理解することにもっぱら関心があった。スーパーヴァイザーとしてのバリントは、私が臨床素材を理解し、解釈するプロセスのなかで生じた仮定の一つ一つに疑問を差し挟んだ。解釈に関しては、可能な解釈を二、三こころに浮かべ、一つ目が誤っているようだったら、異なる解釈を試みられるよう常に準備しておきなさいと提案された。経験豊富なスーパーヴァイザーなら、これくらいのことは造作ないだろうが、スーパーヴィジョンを受ける立場の初学者にとっては結構骨の折れる課題であることは言をまたない。それにもかかわらず、バリントは、私が臨床において彼ほどの技量を見せなくてもとても寛容だった。興味深いことに、バリントは、スーパーヴィジョンの最中、スーパーヴァイジーにセッションの記録を用いないように指示したが、そのようなスーパーヴァイザーはほかにあまりいなかった。バリントは、スーパーヴィジーがより自発的なやり方でセッションについて話すことを好んだ。彼はバリント・グループのなかで一般開業医に対しても同様の技法を用いた。森と木の類比を用いてみよう。記録を使用すれば、森よりも一本一本の木が明瞭に見えてくる。一方、自発的に報告することは正反対の効果を生み出す。それぞれの方法には一長一短がある。バリントとのスーパーヴィジョンのなかで私は、二人目のスーパーヴァイザーはクライン派がよいだろうと勧められた。クライン派のスー

バージョンは木の一本一本の細部について教えてくれるものとなるだろうから、というのがその理由であった。この提案は、そののちに私が分析家として発展するうえで最も有益であると思った。

バリントの見解がほかの分析家にあまり受け入れられなかったことについて、もう一つ考えられる理由がある。その理由とは、治療的退行に対する誤解、特に分析家－患者間の身体接触をめぐる誤解のことである。身体接触はあまりに誘惑的に見える。そのため、退行に対してだけではなく、バリントの理論全体についても誤解が生じてしまったのかもしれない。この理解が正しいとしたら、退行技法は、いかなる身体接触も、手をつなぐことさえ必要ないということを考えると、悲しむべき事態である。

マスード・カーン[1]（一九六九）は、バリントによる精神分析技法論の探求を扱った論文のなかで、バリントの仕事に対して広範なレビューをおこなった。この論文は「卓越した創造性を有する分析家による探求を証言するとともに敬意を捧げたいという願いから」書かれた。カーンは、バリントの仕事の大筋に賛意を示しつつ、肯定的なこころ持ちで当論文を書いている。カーン自身、分析における退行の問題を扱った「分析状況において無策な依存に陥る恐怖」（一九七二）と題された論文を書いている。そこから、カーンがそのような状態を受け入れ取り組むことに臨床的関心を寄せていたことがわかる。しかし彼はバリントに対していささかの異議を申し立てている。第一の異議は愛に関するものであり、カーンは次のように述べている。

　もちろん、バリント博士は包括的で描くべきな個人的好みをもっている。その一つが、愛はあらゆる人間の欲望と努力の出発点でもあり終着点でもあるとしたいそうロマン主義的な考えである。患者に分析の仕事を維持させる究極の力は「不安なく愛し、完全に屈服する恐怖から逃れることができたら、という、多くの場合無意識的な願望である。」
　　　　　　　　　　　　　　　　　　　　　　　　　　　　　　　　　　（一九六九：二三九ページ）

「愛は……たいそうロマン主義的な考え」という言い回しから、カーンが一次対象愛理論や、憎しみとサディズムは二次的な反応現象であるとする理論にことごとく同意できるわけではないということが示唆される。しかし、カーンは、この主題に関する独自の見解を述べていない。

カーンがバリントに申し立てた第二の異議は良性の関係性に関するものである。

バリント博士は、患者のなかにある分析家や設定に対する修復欲動が果たす重要な役割を見落としがちであると思われる。その点、患者の振る舞いの真の意味や方向性を認識する際に、メラニー・クライン夫人の仕事がとても有用なことが多い。患者は、バリント博士の言う一次対象に由来する願望の形だけではなく、一次対象に提供したいと思っているものも認識してもらう必要がある。

（一九六九：二四七ページ）

私自身が退行した患者との作業を通じて得た経験から、カーンが提示した二つの異議に同意したいと思う。ステファン・モース [2]（一九七二）は、「構造と再構成：マイケル・バリントとD・W・ウィニコットの批判的比較」という論文のなかで、構造論におけるそれぞれの貢献を比較している。すなわち、バリントの「基底欠損」という理論とウィニコットの本当の自己と偽りの自己の分割という理論を比較している。モースの主張によると、「異なる用語を使用しているとはいえ、この二人の理論家は共に、ボーダーラインや深く退行した患者の分析において見出された本質的に類似しているデータを説明するために、本質的には類似している概念の枠組みを構築したのだった」（一九七二：四八七ページ）とのことである。ここではバリントのみ取り上げることにしよう。モースは、基底欠損、オクノフィリア、フィロバティズムといった理論を説明したのち、バリント理論は「不十分」（ついでに言えば、モースの見解はウィニコット理論に対しても同様）であると示唆している。

構造の点から言えば、バリントは、欠損は自我にあるのであり、構造の分割には見えないと主張している。それは単純にある種の欠乏状態である。つまり、補償されるべき喪失があるという感覚である……欠損は癒されるかもしれないが、傷跡は常に残るというメタファーが用いられている。私の主張は、基底欠損理論は殻と核という文脈のなかで見られない限り、ほとんど意義をもちえないというものである……バリントが、人は基底欠損が癒されると防衛の鎧を脱ぎ捨てると書いたとき、この立場に立っているように思われる。防衛的性格構造(オフナリック、フィロバティック)は、一次愛の失敗によってのちには罰の過剰興奮や恐怖によって引き起こされる不安に対する防衛として用いられるとされる。そのようなバリントの防衛的性格構造概念は道理にかなっている。殻の感覚や偽りであることはそれほど問題とならず……むしろ、殻は、早期不安を扱うために強固となり、全幅の体験を妨げてしまうがゆえに、重要なのである。殻の下に、愛を強く求める核、基底欠損が存在するのだ。そのニーズが満たされるならば、殻はもはやそれほど強固である必然性needを失う。
　　　　　　　　　　　　　　　　　　　　　　　　（一九六三：四九ページ）

しかし

　精神分析の目標は個人が自分自身に到達するために、防衛の鎧を脱ぎ捨てることであると主張するならば、当然のことながら鎧としての自己と到達されるべき自己のあいだにある種の分割が存在することになる……しかし、この説明は退けられている。それにもかかわらず、私が、分割のメタファーが受け入られないと、バリントの説明は記述的なものに過ぎなくなってしまう、理論的にメタサイコロジー[3]とはなりえないと主張する……おそらく、基底欠損は、自我の良い側面と悪い側面くの分割という事態と関連しているだろう。

続けて、モースは「しかし、構造論的な考察が二つ暗示されている。一つ目は、もともと自我は全体として一つであり、欠損もなければ、分化もしていない、という考えである。二つ目は、基底欠損領域とエディプス・コンプレックス領域の分化は、一部、現実環境の内在化により起こるのだが、一方で、創造領域が分化される契機としてそのような内在化は不要である、という考えである」と述べている（一九七二：四九七ページ）。モースの構造論的な考察はもっぱらフェアベアンの理論（一九六三）に由来している。しかし、バリントは、オクノフィリアやフィロバティズムといった概念を「ある種の取り入れ」という観点から記述しており、それらの概念に構造を与えてはいない（『スリルと退行』一九五九a：一〇七ページ／邦訳：一三一ページ）。バリントは、フェアベアンのスキゾイド（分割）機制という概念を含みこむ改訂版構造論についての意見を一切記載していない。だからと言って、バリントは、生得的な分割、投影、取り入れ機制を伴う妄想─分裂ポジションを重視するクラインの理論をそのまま受け入れることもしない。というのも、バリントは、クラインの理論が準拠する臨床観察には二次的なナルシシズムが常に二次的なものである以上、クラインの理論は二次的な状態があると考えたからである。ナルシシズムを自身の一次愛の概念に対して二次的なものであると考えてよいと示唆している（一九五二a）。彼は、この状態からナルシシズムを自身の一次愛の概念に対して二次的なもの

（一九七二：四九七ページ）

ジョナサン・ペダー[4]（一九七六）は、「愛着と新規蒔き直し：マイケル・バリントとジョン・ボウルビィの仕事のあいだにあるいくつかのつながり」という論文のなかで、良性の退行状態にいる際に身体接触が必要であるように思われた女性患者について記述している。この症例では、分析家が患者の手を握るという形となった。彼

は、この事態は患者にとって重要な新規蒔き直しとなったと考えた。ペダーは、非言語的な身体接触の体験と愛着理論を結び付けている。ボカンディ（一九七五）は、非言語的な身体接触の経験を「授乳行動や性行動と異なる部類の行動であるが、少なくとも人間生活において同じくらい意義深い行動であると考えられる」（三九六ページ）と要約している。しかし、一九八五年に発表された論文の著者序文のなかで、ペダーは「使用された技法は私の治療レパートリーの標準仕様ではなくなった。そして、それ以来、同じやり方で症例を扱うことはなくなっている。おそらく、現在、私は解釈技法により重きを置いている」と書いている（三九六ページ）。先ほど述べたように、身体接触の問題は重要であり、本章でより徹底的に検討するつもりである。

ジョン・D（ジョック）・サザーランド[5]（一九八〇）は、「英国対象関係論の理論家たち：バリント、ウィニコット、フェアベン、ガントリップ」と題された論文のなかで、四人の理論家の仕事を検討し、全員に共通する本質的な貢献について示唆している。「異なる立場を出発点とする理論に関係の合意を接ぎ木するかわりに、英国対象関係論が示したのは、人の発達とは、最初から個人全体の水準で相互に作用する単一のマトリックスから構造が漸進的に分化していくことであると考えられなければならないことだった」（一九八〇：八五ページ）。サザーランドは、特にバリントがタヴィストック・クリニックに勤務し、一般開業医、短期心理療法の研究に携わる分析家、等々と集団スタイルの作業をベースに展開していた時期に、タヴィストック・クリニックの所長だったこともあり、バリントの仕事にとても精通していた。早期対象関係におけるバリントの理論的立場を検討し、サザーランドはモースと似た批判的姿勢を採用している。サザーランドは、フェアベンの分析を受け、その擁護者となった人物なので、想定内の事柄ではある。

バリントは、適切な理論を構築するいかなる試みも避けていたが、基底欠損段階における大きな困難を免

れている人が、非常に重要な構造の変化、つまり後成的な基本発達を達成しているに違いないことは明白である。

バリントは、たとえば、早期の発達がエディプス現象に至る道筋を示そうとはしなかった。……オクノフィリアやフィロバティズムのような持続的行動パターンの発展を基礎づけるはずの構造の変化についてはいかなる見解も提示されていない。また、憎しみが一次対象への耐えがたい依存に打ち勝とうとする苦闘や原始的な万能的願望の放棄に基礎を置いている一方、バリントは関連する構造論的概念、たとえば内的対象、については一切言及していない。

（一九八〇：八三三ページ）

モースに対する私の論評はサザーランドにも当てはまる。『精神分析理論の展開』という著作のなかで、ジェイ・グリーンバーグとスティーヴン・ミッチェル[6]（一九八三）は、「バリントとボウルビィによる関係／構造基本図式」という項目を立てている。バリントについて概説し、「身体に基づいた官能的満足は、一次愛の観点から見ると失われたものの代用品であり、その由来は、両親が提供し得る限りのあらゆる部分的接触である」（一八三ページ／邦訳：二四四ページ）と述べている。バリントが一九三五年に発表した「前性器的組織」論文への言及のなかにこのフレーズは登場する。そして、彼らは「バリントは、関係性のニーズに根源的な理論的位置づけを与えたのである」（同上）と考えている。彼らの見るところ、このような理論によって、バリントは大まかに言えばフェアベアンの立場に近づいているのだが、同時に、バリントは欲動論／本能論を維持し続けてもいる。

（一九八〇：八三四ページ）

バリントは、官能的追求が関係性のニーズの派生物であることを論じているが、反対に、官能的な快楽希求は動機づけの点から本来的に一次的であると再設定している。バリントは、フェアベアンがリビドー論を放棄したという理由で非難している。そして、リビドーにはこの基本的な傾向性、つまり、快楽希求と対象希求があると主張している。こうして、バリントは、欲動衝動の性質と機能を独自に再定式化したにもかかわらず、「イド」という用語や欲動論の言葉を、フロイトの仕事で使われたものと同一の指示対象をもっているかのように使用し続けるのである。バリントによるフェアベアン批判は、バリント自身がリビドーの快楽希求的な目標を対象と関係することにおける障害の派生物と再定義していることと照らし合わせてみると、不可解に思える。

(一九八三：一八三ページ／邦訳：二四五ページ)

しかし、私の見る限り、バリントは「リビドーのもつ快楽希求的目標を対象と関係することにおける障害の派生物」と再定義していないので、グリーンバーグとミッチェルの議論には瑕疵がある。バリントは、リビドーがもつ快楽希求的目標の発展と対象関係の発展を常に区別していた。両者とも本来的に一次的である。しかし、リビドーがもつ快楽を希求する官能的身体目標の一部は、バリントが前性器的組織についての論文のなかで記述したように、障害された対象関係の目標と二次的に絡み合うようになる。この事態は、文化教育的なプロセスの影響下で起こる。このように、官能的リビドーの一部のみが二次的であって、そのすべてがそうだというわけではない。バリントは、このプロセスを満足のいくほど詳細に説明していないかもしれないが、彼を批判する人たちが示唆するように首尾一貫しているわけでもなく、困惑させるようなものでもない。

次に、グリーンバーグとミッチェルは、バリントは、フェレンツィとフロイトのあいだに起きた退行技法に関する論争を解決しようとして、リビドーに備わる二つの性質に関してある立場を取ったという考えに進んでいく。

彼らが言うには、バリントが二つのタイプの退行、一方は一次関係へのニーズの「認識」と充足であり、他方は本能渇望の満足、を区別しているうえに、対象関係の障害（基底欠損）に由来する精神病理と（本能願望に対する）葛藤に由来する精神病理も区別している。彼らは次のように示唆している。

しかしながら、バリントはこのような区別をすることで、大きな政治的目的を果たすことができた。このような区別をすることで、バリントは、フロイトの欲動／構造論や充足に対する慎重な姿勢（フロイトは悪性の退行を、すなわち乳幼児的な本能充足の追求を取り扱っていたのである）を擁護することができたのであり、その一方、フェレンツィを正当化して、早期の対象関係に焦点を当てて充足を供給すること（フェレンツィは快楽ではなく関係性が目標となる「良性の」退行について論じている）も保持できるのだ。

（一九八三：一八四ページ／邦訳：二四六ページ）

バリント側の政治計画に関しては事実かどうかわからないが、彼らの議論が、私がすでにその妥当性に疑義を申し立てた、リビドーに備わる二つの性質に対するバリントの「困惑させる」使用に決定的に依拠している以上、この事柄に関する彼らの議論が妥当であるとすることはできそうにない。

最後に、ハロルド・スチュワート（一九八九）の「基底欠損における技法：退行」という論文でのバリントの仕事への批判を取り上げる。その論文は、基底欠損水準に退行している患者につきものの技法上の問題をいくつか検討している。バリントの考えについて短い検討を加えたのち、私は次のように述べている。

バリントは、問題を「患者の非協力的な部分が、協力できるようにする方法、すなわち、分析の助けを受

け入れることができるようにする方法……恨みや生気のなさ等々のある種の低減」と定義した。「恨みや生気のなさは、転移神経症のなかで、頑固さ、臆病さ、愚かさ、過剰批判、易怒、貪欲、極度の依存、などの形で現れる」。私の意見では、この記述は、協力の欠如の背後にも存在する悪意そのものや破壊性、極度の羨望を包含していないため、十分な説得力をもちあわせていない。カーンも、バリントの探究をめぐる論文のなかですでに同様の主張をしている。
(スチュワート、一九八九：二二三ページ)

　このような精神状態にある患者が被っているのは、転移神経症ではなく、転移境界精神病であると付言しておく。
　バリントは、基底欠損にいる患者の臨床例として、良性の退行状態にある患者のみを挙げ、悪性の退行状態にある患者については触れていない。臨床素材が提示されていないので、バリントの著作を読むと「押しつけがましくない」技法とは、分析家が患者にほとんどなにも話さず、「一次物質」として受動的に座りながら、あらゆることに耐えることである、という印象を抱くだろう。この見解とバランスをとるために、悪性の退行状態にある二人の患者が本論文で提示されている。さらに、マスード・カーン（一九七二）の症例に触発された臨床例も挙げられている。マーガレット・リトル（一九八五）は、ウィニコットとの分析期間中に生起した退行の体験について説明しているが、ウィニコットの技法を見事に活写しており、この論点から興味深いものとなっている。ウィニコットの技法は、バリントの技法と似ているところもあるが、患者と分析家のあいだで起こる充足や身体接触はより一層許容されている。しかも、それらの充足や身体接触は分析家主導で生じることが多いのだ。
　ここから、私たちは分析状況における身体接触の問題に向かうことになる。

バリントは、気のおけない雰囲気という文脈のなかでは、身体接触は許容されるだけでなく、治療上有用であると考えていた。身体接触が嗜癖的になることはなかったという自身の経験がこのような信念を強化した。ここで、バリントが、この文脈が存在しない状況では、いかなる身体接触もまったく許容しなかったことに注意すべきである。私が最初にスーパーヴィジョンを受けた女性のトレーニング・ケースで、分析の二年目のあいだ、バリントは手を握ったり、手に触れることをきわめて厳重に禁じたという私の経験からもこのことは支持される。この点で、バリントはウィニコットと相当異なっている。……奇妙なことだが、その前著『スリルと退行』のなかでも接触について警鐘を鳴らしているように思える。「私は、かつては分析家のそばにいたい、分析家にさわりたい、分析家にしがみつきたいというニードを一次愛の最大特徴に算えていた。いまの私は、しがみつきたいニードとはトラウマに対する反応、すなわち、抱き落され見捨てられるのではないかという恐怖の表現であり、それに対する防衛であることをわきまえている」（一九五九a、九九―一〇〇ページ／邦訳‥一二二ページ）。直近の文献を取り上げると、ケースメント（一九八二）が、母親とのあいだで早期の外傷体験をもつ患者について記述している。その外傷体験が分析のなかで現れたのは、ケースメントが手を握ることを断ったときであった。この事態はバリントのもっともな警告を確証している。……患者の無意識的経験は無邪気な身体接触の経験とは程遠いものであったと推論される。身体接触への願望やニードに関して、私はそのような要求を女性患者からしか経験しておらず、男性患者から要求されたことはないということを最後に指摘しておく。ことによると、男性同性愛の治療経験が比較的私に乏しいことがその理由かもしれない。

私や同僚たちが注意したように、手や指を握ったり、触ったりすることを許容すると、たとえそれが分析の後期であっても、気のおけない雰囲気のなかであったとしても、患者は、恐ろしいかどうかはともかく、レイプされたり、性的な攻撃を受ける夢を見ることになるのだ。

これらの点から得た私の結論は次のようなものである。身体接触は治療的に有用かもしれないが、そのことを通して明らかになるものよりも隠蔽されてしまうもののほうが多いだろう。なお、そう考えると、**気のおけない雰囲気**の本質についても疑問が生じている。場合によっては、ヒステリータイプの防衛操作のなかで無垢や無邪気とはもうていえない状態のまま、迫害的な外傷性不安や性的不安という心的現実が分割排除され、否認されているために、雰囲気がこのような性質を帯びているように見えるということも十分ありえる。分析家は、真の**気のおけない**状態と欺瞞を区別することができないので、患者の否認と共謀するリスクを冒すよりも、身体接触を差し控えたほうが治療的には利益が大きいだろう。

（スチュワート、一九八：二二六ー二二七ページ）

　興味深いことに、ウィニコット（一九八七）がパリントに送った一九六〇年二月五日付の手紙のなかに、**気のおけない状態**へのこのような見解を支持する内容が書かれている。

　あなたが二次愛と呼ぶ関係性を記述するのに調和のとれたという言葉が用いることで、あなたとの意見の相違はいよいよ決定的なものとなっています。調和のとれたという言葉に触れると、即座に、私は、もはや胎児でも新生児でも子どもなのかで、高度に複雑で洗練された防衛組織が作動していることはわかり切ったことなのにと感じてしまります。

さらなる発展

　バリントの精神分析の仕事に端を発したその後の発展は、良性退行と悪性退行をめぐる領域で展開している。

　カーン（一九七二）は、悪性の退行に陥っている患者についての論文のなかで、この状態は、基本的に、分析状況に寄る辺なく依存してしまう恐怖への反応であると考えた。そのような患者の特徴として、乳幼児期や小児期に過保護な環境で育ったことが挙げられている。そのような子ども時代を過ごし、アイディンティティの結晶化や自己の分離に必須の攻撃的行為が許容されなかったのである。カーンは、重篤な破壊的羨望の存在にも注意を向けた。破壊的羨望は、分析家の作業が患者に役に立っているというあらゆる徴候を損壊し無効にする。私自身の経験から、依存に陥ることや破壊的羨望への恐怖に関するカーンの見解は支持される。ただし、私の患者のなかには、過保護な環境ではなく、保護が欠乏している環境で生育した者もいた。そのような環境では、両親は当てにならず、しばしば暴力的であり、長期間不在であることが多かった。

　クリストファー・ボラス [7]（一九八七）は、『対象の影 : 対象関係論の最前線』という著書のなかで、良性退行やウィニコットの用語である依存への退行について検討している。ボラスは特に「もの想いにふけること musing」という心的プロセスの観点から、それについて検討している。

　もの想いにふけるということは、受容する能力の一部であり、分析家の、沈黙している被分析者を受容する能力によって、分析の価値ある部分として確立されるのだ。受容する能力は、もの想いにふけるという心的機能を可能とするものであり、ほかの心的プロセス、すなわち喚起を促進するだろう。もの想いにふけるとは、形のないものであり、想像すること、見ること、夢を見ること、触れること、思い出すことといった

知覚能力のなかで思考の知からのより活動的な要素が到来するのである。[思考の知とは、無意識に知られてはいるが、未だ考えられてはいないもののことである。]

　この種の退行を促進する間主観的なプロセスは、変形性対象[8]としての分析家の機能にかかっている。それは、患者には乳幼児の母親体験と同じように体験される。つまり、内的な知覚と外的な知覚の区別がつかないプロセスと関連のある対象としてということである。

　分離した対象ではなく、変形性対象として、このような間主観的プロセスの一部となる分析家の能力は、逆転移の内部で「供給」行為となる。これにより、被分析者は、自己の早期の状態のために、自我機能を解体することが可能となる。

　被分析者が、気持ちのよいものや活気づけるものを見出す結果として、たとえ不安が喚起されたとしても、退行からの回復は自然に起きるのだが、被分析者はそのことを分析家に話すことを望むのである。そこには、分析家に分析的に機能してほしいというニードと、分析家に自分の議論に参加してほしいというニードがある。
　　　　　　　　　　　（ボラス一九八七：二七一-二七三ページ／邦訳：二二一-二二二ページ）

　最後に、ハロルド・スチュワート（一九八九-九二）は、悪性退行という主題をめぐる自らの見解を提示している。バリントは、分析家は全知全能を思わせるような技法はなんであれ慎むことによって、悪性退行が発展する事態を防止するように努めるべきだと考えている。私は次のことを付言する。

　性的な幻想や葛藤について性的な用語で解釈すると、それが分析の初期だろうと、患者が基底欠損水準に

退行しているときであろうと、過剰刺激・過剰興奮の精神状態に陥りやすくさせる。すると、悪性の形式での重篤な行動化が起きやすくなる。分析家が悪性退行になしうる第三の貢献は、患者の願望を充足することである。

そのうえで、このようなケースの治療に用いる技法の諸側面について検討し、手短に要約してみよう。

一．分析の設定と分析的スタンスを維持することがきわめて重要である。

二．分析の設定を維持するために、重大な局面では患者に直面化する必要がある。

三．分析家の能力や力量に対する患者の破壊的で羨望に満ちた攻撃の強度や悪性度を解釈する必要needがある。

四．分析家は自身の健康的で攻撃的な断固たる姿勢と潜在的でサディスティックな残忍性を混同しようないようにする必要がある。

「悪性退行の臨床的側面」のなかで、スチュワート（一九九二）は、悪性の退行状態を作り上げようとする一連の動機づけについて概略を示した。次の通りである。

一．リビドー欲求の充足を得るため、とりわけ、慢性的な内的空虚の状態を満たすため。

二．過度な羨望ゆえに、役に立つよい対象を損壊・破壊するため。

三．依存の不安を回避すべく、役に立つよい対象を損壊・破壊するため。

四．分離不安を回避すべく、役に立つような対象を損壊・破壊するため。
五．分析家が分析設定の限界や境界を維持することができるかどうか試すため。
六．分析家が最も強烈な挑発のもとでも報復せずに分析的スタンスを維持することができるかどうか試すため。
七．破壊的衝動が客観的に知覚された対象の現実性を創造するというウィニコットの理論（一九六九）を受け入れるならば、これは悪性の退行状態に対する思いがけない肯定的動機である。

（スチュワート、一九九二：四〇ページ）

　これらの動機づけは、スチュワートの著書や論文に収められている重篤なヒステリー性境界例患者との分析の臨床記述によって例証されている。この点とともに、良性の退行状態や良悪という二つの状態を見分けることがとき困難であることについてもさらに例示されている。
　バリントの仕事とその後の発展を概観することで、興味深く、刺激的で、喚起的な理論を産み出した男というイメージを思い浮かべることができる。多くの同僚たちがバリントの理論に関心を抱き続けたいまなお状況は変わらない。バリントが分析家となったのは一九二〇年代前半のことあった。その頃、フロイトの理論は、無意識やその欲動派生物の強調から、新しい構造論と関連する防衛や対象の研究に移り変わりつつあった。同時期フェレンツィは、患者の対象すなわち分析家が有する機能の様態やその対象が患者の機能に影響を及ぼす肯定的／否定的なあり様に特別な関心を抱いた。この相互作用する対象関係は、バリントの関心の中心となった。その理論化は、一者関係の欲動／防衛論と二者関係の相互作用プロセスの調停を企図していた。今日では当然のことだが、対象関係論は論争の種となる運命であった。バリントやその同時代人であるクライン、ウィニコット

ト、ビオン、フェアベーンは闘争の最前線にいた。彼らの仕事は後継者のあいだで存続し続けており、多くの新しい考えをもたらした。バリントの理論は、今日、特に早期の相互に作用する間主観的現象の分野において、実際的な意義をもっている。おそらく、身体―官能現象という分析的には不明瞭な領域におけるバリントの理論は、今後さらなる発展を遂げるだろう。バリントは、同僚の新しい考えに対して常にこころを開いていた。彼の仕事を研究することで、開かれた思考に価値を置く人であれば誰でも心が強く刺激されることであろう。

　しかしながら、通説では、バリントの発達論は十分に満足がいくものとはなっていないと言わざるをえない。彼は二系統の発達という概念を導入した。一方は本能的な対象関係であり、他方は対象に向かう本能目標である。しかし、その焦点のほとんどが対象関係の系統に向けられている。このため、本能目標の発達が相対的に無視され、さらに重要なことには、それらの関係や関連の研究がなおざりにされる結果となった。この領域の統合は不十分であり、今後さらなる発展が求められている。

　本稿が純粋精神分析をめぐる第一部の締めくくりである。第一部は、理論と技法の革新者であるバリントを紹介した。第二部は、一般開業医との先駆的仕事を主として取り上げる。タヴィストック・クリニックでバリントの同僚であったボブ・ゴスリングが、とりわけ、臨床・教育グループに備わる直接性のなかで、バリントが果たした機能とそのパーソナリティについて生き生きと描写してくれている。

---

[１] Masud Khan（一九二四～一九八九）。英国領インドのパンジャブ地方（現在のパキスタン）の裕福な家庭に出自をもつ精

神分析家。サイニョットに個人分析を受け、アナ・フロイトとも友好な関係を保ち続けた。アダム・フィリップスやクリ

ストファー・ボラスを分析したことでも知られる。病的なナルシシズムの問題を抱えており、サイニョット亡き後、多く

の問題を起こし、英国精神分析協会を除名された。一方で、書籍の編集という優れた手腕を示したり、高度な知性を示したりするなど、一種の魅力をもっていた人物でもあった。

[2] Stephen J. Morse（一九四七〜）。アメリカ精神医学界の重鎮で、司法精神医学の世界的権威。

[3] メタ心理学とも。メタ meta とは「〜について」や「超〜」という意味のギリシア語由来の接頭辞である。アリストテレスによれば、哲学の第一分野である形而上学 metaphysics は、物理学 physics より先行する「存在」や「本質」を思索するものである。フロイトによれば、メタ心理学とは、心理学を基礎づけるような概念や観念を思索する理論である。具体的には、「無意識」や「抑圧」などのような、精神分析の基礎概念を論じるものであり、フロイトは一九一五年に一二篇の論文をまとめにして『メタサイコロジー序説』を執筆した。しかし、発表されたのは五本だけで、残りの七本はフロイト自身の手で破棄された。ところが、一九八三年

に、バリントの手に委ねられていたフェレンツィの所有物のなかから「転移神経症概要」が発見され、公開された。

[4] Jonathan Pedder（一九三七〜二〇一〇）。英国独立派の精神分析医。コンサルテーションの分野で高い評価を得ている精神療法家である。モーズレイ病院で訓練を積み、多くの病院で要職を歴任した「成熟した依存」という視点から終結を論じ、「ペダー・ルール」を提唱した。

[5] John D. Sutherland（一九〇五〜一九九一）。エディンバラ出身の精神分析家。出版業を営む家庭に生まれ、化学のちに心理学と関心を移していった。ある時、研修会でフェアベーンと精神分析について議論したことがきっかけで、精神分析の道に進んだ。システム論の影響を受け、フェアベーンの対象関係論を精緻化した。特に、自己の自律性に関心を抱き、独自の自己-対象関係論を築いた。

[6] Jay R. Greenberg（一九四二〜）と Stephen A. Mitchell（一九四六〜二〇〇〇）。米国関係論の提唱者。両者ともにニューヨーク出身で、グリーンバーグは

アドラーの生まれ。対人関係論の牙城であるウィリアム・アランソン・ホワイト研究所に所属し、精神分析全体を概観する『精神分析理論の展開』を出版した。同書は、精神分析を欲動論と関係論という二つの視座から解説した書籍で、関係精神分析の原典である。比較的古典的な欲動論も重視するグリーンバーグとは異なり、ミッチェルは関係論を推し進めていったが、夭折した。

[7] Christopher Bollas（一九四三〜）。カリフォルニア出身の精神分析家。もともとは英文学を専攻していたが、学生時代に精神分析的な心理療法を受けたことがきっかけで心理学を志すようになった。エリック・エリクソンも所長を務めていたオースティン・リッグス・センターを訪れ、エリクソンに影響を受けた。ロンドンのタヴィストック・クリニックに勤務しつつ精神分析家の資格を得た。特にウィニコットに強く影響され、その著作の編集にも携わった。

[8] 変容性対象 transformational object と

も。ウィニコットの母子関係論に影響を受けつつ、ほどよい母親による抱える環境をより個別化した概念である。乳児の個性や性格を形成していくうえで重要な母親の個別的な取り扱いや接し方などのマザリングを包括したもので、より動的で母親というプロセスを強調した発想である。

第Ⅱ部 応用精神分析 *Applied Psychoanalysis*

第七章　応用精神分析

　バリントは、ブダペストで精神分析家として活動していたその初期から、精神分析の原理や洞察をそれ以外の領域である医療や社会実践に応用することの価値を絶えず熱心に支持していた。フロイトは「精神分析療法の道」（一九一九）という論文のなかで、さまざまな理由で正式の分析を受けることができない患者に手を差し伸べるために、このように精神分析を利用することを初めて擁護した。「私たちの治療を大衆を相手に適用するにあたって、分析という純金から直接暗示といった銅をたっぷり使った合金を作る必要が生じるのであろう。また、そのときには、戦争神経症の治療の場合のように、催眠による影響がふたたび用いられもするだろう」（一六八ページ／邦訳：一〇四ページ）。

　フェレンツィもまた、医療実践がもつ心理学的な側面に関心を抱いていた。アンドレ・ハイナル（一九八八）は、フロイトおよびフェレンツィからバリントまでに起きた精神分析上の論争について論じた著書『技法をめぐる論争』のなかで次のように述べている。「彼［フェレンツィ］の観察によれば、「医師のパーソナリティが処方薬以上に患者に対して重大な影響を与えることもある」。この観察がマイケル・バリントの医療教育に関する考えの出発点である」（一九八八：九二ページ）。彼はさらにフェレンツィを引用し、「このように深遠な［精神分析的な感受性

についての」自己認識をどのようにして未来の医学生が身につければよいのだろうかという問いに答えるのは容易なことではないだろう」（同上）と考えている。彼は続けて次のように述べている。

　この返答として、バリントは、ハンガリーにおける精神分析の体制にならって、「一般開業医のための訓練と研究のグループ」を設立した。ベルリン・インスティテュートにおいて、個人分析・理論講義・スーパーヴィジョンを要する、いわゆる「三つ組みの」訓練制度が発展するのだが、それ以前に、ブダペスト学派の訓練においては、このような三側面ははっきりと区別されていなかった。ハンガリーの候補生たちは、自分が治療しているケースに関して、自身の受ける分析中に自由に連想していた。バリントは、医師のパーソナリティに、限定的とはいえ、相当の変化をもたらすような一般開業医向けの訓練を創出することができるはずであり、それを通して医師―患者関係をよりよく理解できるようになるだろうと考えた。バリントの前提では、治療のなかで医師が患者に抱くいかなる感情も病気の兆候と見なされることになる。

（一九八八：九二―三ページ）

　この前提が、一九五〇年代初頭から始まるバリントの応用分野での多くの仕事を際立たせている。その仕事は、一般開業医だけにとどまらず、夫婦療法家や家族計画実践家、短期心理療法をおこなっている分析家との共同作業にまで多岐にわたる。そこでは逆転移反応、すなわち患者から治療者への強力な非言語的コミュニケーションを重要な情報源として使用する。先ほど述べたように、バリントは逆転移を積極的に用いる先駆者の一人であり、この逆転移はセラピーがおこなわれるさまざまな設定で使用される。これらの設定は、一般開業医の診療所であったり、精神性的問題を専門とする夫婦療法家や短期療法家が働くクリニック、コンサルティング・ルーム、病院

であったりした。セラピストが基盤とする規律や訓練によってセラピーの設定が決定されることとなる。

バリントは、英国での心理療法の実践や訓練に導入された新機軸の多くに関与している。精神分析の研究に加えて、バリントは一九五〇年にタヴィストック・クリニックで一般開業医向けのセミナーを始めた。また一九五五年にはキャッセル病院とタヴィストック・クリニックから来た分析家とともに短期心理療法ワークショップを開始した。さらに家族計画協会と協力して精神性的障害の治療のためのセミナーを開催した。そして一九四九年にはのちにタヴィストック・センターで夫婦研究所となる家族問題局と夫婦療法セミナーを共催した。それから一九六一年には、ユニバーシティ・カレッジ附属病院の学部生とバリント・セミナーを始めた。

これらの研究セミナーの最も重要な成果として、参加者が執筆した一連の著書が挙げられる。バリントは『実地医家の心理療法』(一九五七a)を単著で刊行したが、そのほかにも、同僚たち、とりわけ妻イーニドとの共著も数多く出版した。たとえば、イーニドとの共著『医療における精神療法の技法』(一九六一)イーニドおよびロバート・ゴスリング、ピーター・ヒルデブランドとの共著『医師についての研究』(一九六六a)、ジョン・バント[1]、ディック・ジョイス、マーシャル・マインカー、ジャスパー・ウッドコックとの共著『治療か診断か：一般開業での繰り返される処方についての研究』(一九七〇a)、イーニドとバル・オーンスタインとの共著『焦点心理療法：応用精神分析の一例』(一九七二)などがある。バリントは、また、一般開業医に対してグループで関心が生じた研究課題をテーマに執筆するよう促した。そうしてできたもののなかには、マックス・クリン著『夜間往診』(一九六一)、レオナルド・フリードマン著『処女妻』(一九六二)、アーロン・ラスク著『喘息、態度、環境』(一九六六)、マイケル・コーテネイ著『結婚における性的不一致』(一九六八)、イーニド・バリントとジャック・ノレル共著『六分間対話療法』(一九七三)がある。一般開業に関するバリント自身の著作とは別に、デーヴィド・マランの短期心理療法についての著作、とりわけ『短期心理療法の研究』(一九六三)は各分野で世界的

に認められた古典となっている。

　一般開業医との仕事はこの後さらに検討する予定であり、ここでは、短期焦点心理療法および性と夫婦療法をめぐるバリントの仕事について考察したい。短期療法を対象としたワークショップの設立メンバーであるエリック・レイナー（一九九一）は、その著書『英国精神分析における独立心』のなかで、グループでおこなわれる作業を次のように説明している。

　患者の歩調にあわせて情動的な構造がゆっくりと展開していくことが許される分析とは対照的に、短期療法の目標は、グループのメンバーがよく言うように、「素早く入り込み、深いレベルで作業し、すぐに切り上げること」であった。そのためには、開始の時点から、はっきりと意識された行動計画を組み立てる必要があった。治療者は、無意識の構造を見抜くことができるように、分析に相当精通していることが要求された。理想的には、この仕事に求められる自信や明晰さ、一貫性を維持するために、常に同僚からの見守りがあることが望ましいといえる。心理診断のスキル psycho-diagnostic skill はなにをおいても必要不可欠である。患者は分析訓練を受けた心理療法家やサイコロジストによって常に観察されていた。患者の主たる性格構造についてアセスメントがおこなわれた。さらにその設定のなかで、現在の危機の中心を占める明らかに優勢な無意識的葛藤の性質についてアセスメントがおこなわれた。

　患者が、不定形であるがゆえにほとんど対象をもたない広汎性の不安に長期間とりつかれており、その結果、自己欺瞞に満ちた内的世界にひきこもる傾向がある場合は、短期療法は適応とならないだろう。このような問題の水準は、「機能している水準が一者関係なのか二者関係なのか」という点において容易に診断することができるだろう。一方で、患者と他者の直接的関係にまつわる葛藤が主訴であり、そのうえ、患者がそ

の問題を創り出すことにわざわざ自分から一役買っていると気づいている場合は、短期心理療法の導入が検討されやすいだろう。……アセスメントは、最初にアセスメントをおこなった二人の担当者の報告書によって進められる。その報告書はワークショアで議論され、治療計画が策定される。このことを通じて、差し迫っているように思われ、それゆえに短期の作業を手早く導入することができそうな葛藤の焦点を配置したのだった。セラピストは自身の判断に従って自由に治療をおこなうことができた。ただし、丁寧に毎セッションを記録し、シニアに対して自分がした解釈や行為について説明できるようにしておく必要があった。議論する際は、綿密な批判が求められた。バリント自身の治療作業も例外ではなく、ときに容赦ない批判にさらされることもあった。ワークショアの決定事項は民主的に導かれた。　　　　　　　　　　（レイナー、一九九一）

　当然ながら、病院やクリニックといったワークショア外の設定では、一人で仕事をしているが、特別なスキルを要するこの種のセラピー訓練を十分に受けたセラピストが診断アセスメントをおこない、治療を組み立てていた。

　焦点療法についての著書を読めば、症例と取り組むバリントの姿を垣間見る貴重な機会を得ることができる。ただし、それは分析をおこなう精神分析家の姿ではなく、短期療法をおこなう焦点療法家の姿である。バリントはマランの著書（一九六三）を補うために、焦点療法の技法書を著したかった。マランの著書は、選択基準、成果と追跡調査が記載されているのだが、技法について検討されていなかったのである。この著作は、バリントのある男性患者との治療に基づいている。その男性は、潜在的には同性愛者であるべきノイローゼの患者であった。彼は、妻の気持ちは別の男性に向けられているという異常な思い込みに苦しんでいた。患者が分析を求めてはいなかったこともあり、バリントは短期の焦点的な介入を提供することに決め、約一五カ月にわたり二七回のセッショ

ンをもった。体系的に記録された各セッションから、バリントがこの設定で機能していると考えていることや解釈していることを思い描くことができる。治療のあいだずっと、解釈で素材を扱う姿勢が維持され、保証や助言は一切なされていない。最終的な結果はたいそう申し分のないものであり、このような短期療法が有益である可能性を示している。正式な精神分析が衰退している昨今の経済的風潮では、このような作業は、精神的にも情緒的にも不健康であることに対して分析的に方向づけられた治療をおこなううえで相当重要なものとなる。

　一九四八年には、結婚生活に困難を抱える人たちを援助する技法を発展させようとしているソーシャルワーカー向けのセミナーがタヴィストック研究所で始められた。このセミナーは家族問題局と呼ばれ、のちにバリント夫人となるイーニド・アイヒホルツが局長を務めていた。一九四九年にはマイケル・バリントがこのプロジェクトへの参加を求められ、彼らは協力して「症例検討セミナー」を発展させた。彼らが考案した方法は、二名の別々のセラピストが夫婦二人に並行セラピーをおこない、そのあいだ、二名のセラピストは定例会をもち、第三者からスーパーヴィジョンを受けるというものであった。この技法は発展・洗練され、家族問題局は夫婦研究所となった。

　一九五〇年代初頭にバリントは、家族計画協会の顧問への就任を要請された。この協会は、避妊のための助言や避妊薬の処方を提供している医師と看護師によって組織されていた。医師や看護師は、とりわけ身体診察の際、患者に情緒的な問題が生じていることを発見した。バリントは、この問題を議論するワークショップを通して応答し、特にこのような危機的な瞬間に、短期的な焦点的な作業が可能となる技法を発展させた。やがて当協会は精神性的医療研究所 Institute of Psychosexual Medicine となった。このことが、一人の人間の応用精神分析における研究事業に端を発した出色の業績であることは一目瞭然である。

　応用精神分析の分野では、イーニド・バリントやバリント協会の一般開業医の仕事がさらなる発展をみせ、三冊の著書という形で結実した。それらの著書のなかで、バリントの流儀が命脈を保っている。一冊目は、イーニ

ド・バリントとジャック・ノレル（一九七三）編集の『六分間対話療法』である。本書は、六分間という時間のなかで、医師－患者関係を理解することによって、有益な作業がなされうるということを解説している。六分間とは、平均的な一般開業医／患者のコンサルテーションに要する時間である。二冊目は、アンドリュー・エルダーとオリバー・サミュエル（一九八七）編集の『ここにいる限り、私は医者だ』である。本書は医師－患者関係についての研究を一層発展させたものである。最後はイーニド・バリント、マイケル・コーラナイ、アンドリュー・エルダー、サリー・ヘゾボール・ジュリアン（一九九三）らによる『医師・患者・集団』である。本書は一九五〇年代に始められたグループの発展について調査したものであり、時代を超えたその特徴、あるいはその有用性を評価している。イーニド・バリントが一九九四年に亡くなり、バリント夫妻の不在という状況にあって、この仕事が発展し続けるのかどうか、興味は尽きない。

訳注
［１］原文にはN. Huntとあるが正しくは J. Huntだろう。

第八章　一般開業医の訓練要綱

ロバート・ゴスリング

　マイケル・バリントは、一般開業医の息子としてハンガリーに生まれ、その地で育った。バリント自身も医者となり化学者となったが、その後、精神分析の研究に方向を転換した。ハンガリーにおける精神分析の訓練はシャンドル・フェレンツィの影響下でおこなわれており、ウィーンで確立されていた訓練とはいくつかの点で異なっていた。とりわけ、ハンガリーでは、訓練生が最初に臨床症例をもつ際に、自身の分析家にスーパーヴィジョンを受けることになっており、ほかの地域で実践されているように、分析状況の部外者が請け負うことはなかった。自然とこのシステムでは、転移だけではなく逆転移も含みこまれていき、三人の参与者、つまり訓練生である分析家とその患者のあいだに生起する相互作用が前景化する事態となった。あれから幾年月経ついまでも、このような視点は、以前と比べて、訓練方法として確立されたとは言えないまでも、分析を実践するうえでの規範となりつつある。

　ヒトラー率いるドイツが起こした惨劇の結果、バリントは、マンチェスターに数年滞在したのち、一九四九年にはロンドンのタヴィストック・クリニックのスタッフとなっていた。当時、クリニックには、果たすべき三つの重要な任務があった。一つ目は、精神分析とその社会にもたらす有効性の推進に専心すること、である。二つ

目は、さまざまな精神保健従事者に卒後過程を提供するという長年にわたる伝統を確立することの、集団とその活用可能性をめぐる動揺を研究すること、である。そして三つ目が、近年の軍隊経験の結果としての、集団とその活用可能性をめぐる動揺を研究すること、である。

それまでにおこなわれてきた通常の卒後訓練の場において、タヴィストック・クリニックのスタッフは、講義形式をとることのみの価値にますます幻滅を抱くようになっていた。一般開業の医師の場合では、伝統的な卒後過程に入ると、講師の賢明さに深く感じ入り、自分の無能さ加減にひどく打ちのめされ、そして職場に戻っていくのが常だった。医師の頭には新しいアイデアがぎっしりと詰まっていたが、それに見合う新しいスキルをもちあわせていなかった。バリントは、この月並みでほぼ無益な経路を辿ることに意味はないと考え、一般開業医の仕事を精神分析的な理解のもとに吟味することはやるだけの価値があると決した。

そして、このような流れがあったからこそ、バリントは、一般開業に貢献したいという密やかな願望を形にし始めたのだった。バリントの目標は、一般開業医が自分たちからすれば真新しい視点に目を開かせるような体験を提供することにあった。その体験のなかで、一般開業医は気づきや新しいスキルを一層拡張してゆけるのである。バリントはまた、一般開業医にとっての職業生活の意味を一層理解する手助けとなるような新しい概念や理論を明瞭に言い表したいとも望んでいた。

バリントが導入することにした技法は、当初、少しばかり特殊な活動のなかで実践されていた。のちにバリントの妻となるイーニド・アイヒホルツは、婚姻関係の力動を把握できぬままに、苦難に満ちた結婚生活を援助する方法が必要とされる事態に直面した。そこで彼女は、自分と関心を同じくする同僚たちを招集することにした。これらの問題への取り組みに尽力するなかで、イーニドは、バリントに自分たちのグループへ参加し、できる限りの援助をしてくれるように依頼した。このグループは、家族問題局と呼ばれ、現在のタヴィストック夫婦研究所の前身となった。本研究所は大規模に拡張し発展した組織であり、その分野で高評を得ている。イーニドたち

の仕事に参入する際に有効だと考えて、バリントが導入した技法がある。それは、定着してしまった不平不満に光を投げかけるために、夫婦と専門家のあいだに展開している関係性を詳細に研究するという技法であった。そして、この技法は有用であると判明した。これを踏まえて、マイケルとイーニド・バリントは一般開業医にも同様の試みをおこなうことにした。バリントは、この種の作業に研究兼訓練というなんともあかぬけない名称をつけた。

　一九五二年、バリントが参加し、一般開業医グループの雛型がスタートした。このグループは、とびっきりの変人の寄せ集めとならざるをえなかった。セミナーが掲げた目標以外、これといってますもない状況で、変わり者たちは飛びついてきた。深く飛び込むことができれば、最後までやり遂げ、多くを学び、新しいスキルを身につけた。そして、実際はマイケル・バリントの単著ではあるのだが、『実地医家の心理療法』（一九五七a）という著書が生み出された。セミナーの方向性が自分の好みと合わないと判断した人たちは去っていった。その結果、去った者たちが失ったものは大きい。とはいえ、それはそれでその人たちにとって間違った判断ではなかったのだろう。

　バリントはその著書のなかで、最初のセミナーにおいて見出された知見を表現しているが、それらは発見とさえ呼んでも差支えがないものであった。必然的に、それ以降のセミナーのメンバーとなった医師のなかには、すでにその著作を通読した者もいた。ゆえに、参加の是非を決める際に、慎重とまではいかないまでも、より豊富な情報を集めることができた者もいた。ただ、最初の企画に参加した人たちのような、無頼の冒険家といった趣は薄れていった。そのうえ、発見が相次ぐと、そうした情報を伝えることに比重が置かれ、苦労して新しい認識に至るという体験がショート・カットされてしまう傾向が強まっていった。それでも、バリントがそこにいると、理解のフロンティアは常に拡大していった。バリント時代以降、探求と発見を求めるプレッシャーが弱まり、い

つの間にか、旧態依然の教育方法に陥る傾向が認められるようになっている。この種の活動が蔓延したセミナーは、「バリント・メソッド」を用いているなどとは断固としていえはしない。

本章では、タヴィストック・クリニックで一般開業医の訓練要綱を築き上げたバリントの仕事を、グループ・ワークの視点から説明することにする。次章では、精神分析の視点から吟味するつもりである。

その試みの相当初期から、実践的で効果的な作業法が発展していった。セミナーは、八人から十二人の一般開業医で構成されていた。全員が実践に積極的に関与しており、患者の治療に対して全責任を負っていた。開業医たちは、真摯に仕事に向き合っており、自分たちが無知で愚かなせいで、患者のニーズを十分に満たすことができていないと痛感していた。一般開業医の仕事に就く意向をもっているが、まだそれに巻き込まれてはいない医師は、歓迎されなかった。そのようなグループを先導する技法を学びたいと思っている精神科医を除き、オブザーバーも歓迎されなかった。当時のセミナーは、いつもではないが、たいていの場合、精神科医でもある精神分析家が一人で先導していた。とはいえ、リーダーシップの課題やそうしたリーダーシップ技法の発展の補助のため、追加で同僚を一、二名同席させることもあっただろう。

セミナーは毎回一時間半ないし二時間で、毎週定期的に開催された。暫定的で無期限の契約であった。二年間ほどは、一般開業医にとって着実に有益なものなど現れはしないだろうと予想されていたのだが、これはもっともなことであった。治療的な作業、そして、小手先の技を新しく習得することは対照的に、態度や行動というものが真に変化するには時間がかかるのが普通だろうということが、この予想の発端となっていた。結局のところ、理由はさておき、この予想は経験的に支持されているようだ。訓練要綱全体が発展していった一九六五年までの軌跡は、マイケル・バリント、イーニド・バリント、ロバート・ゴスリング、ピーター・ヒルデブランドの共著『医師についての研究』（一九六六a）のなかで概観されている。

議論の主題は常に病歴 case-history であった。一般開業医のあるメンバーが気にかけている病歴、つまり、そのメンバーが悩んでいたり、試されていたり、楽しんでいたりする病歴であった。すなわち、その病歴は、苦痛な場合もあるし、そうでない場合もあるが、その開業医を多かれ少なかれ惹きつけるものではあったのだ。

関心の的が「症例」であるとはいえ、主たる焦点は詳細な症状や病歴ではなく、医師－患者の関係性にあった。その関係性は、セミナーのなか、一般開業医が「症例」報告を提示するそのあり様によって明らかにされていった。医師が患者にしていること、および、患者が医師にしていることを、感情生活という点から明らかにすることがその目標であった。セミナー・リーダーの仕事は、一般開業医の関心をこの作業に引き込むことであった。リーダーはいつも、「誰が症例をだす？」と言って開始を告げた。当初、医師たちは、自分たちの受けた正統的な医学訓練に従って、「症例」とは開業先で診ている患者のことだと考えていた。しかし、作業が徐々に進行するにつれて、医師たちに次のことが明らかとなった。このセミナーにおいて「症例」とは、相互に作用し合う医師－患者の報告のことである。

探究作業は、ほかのメンバーが症例提示に応答することから始まった。すなわち、探究を推し進めるのは、セミナーのいま・ここでのメンバーの観察や反応、認識だったのだ。そして、適切と判断できれば手段は問わずこの作業を促進することがリーダーの務めであった。セミナーの立ち上げ当初こそ、専門家の会合にありがちな礼儀作法や偽善のもとでスムーズに進行を心掛けるという強迫観念がいつも働いていたが、次第に乱闘どころではない騒ぎが展開していった。ときに、バリントのリーダーシップが焚きつけた騒動に不安を感じた人もいたかもしれない。あるとき、「気にするな。一般開業医になるためには、タフでなければならないのだ」とバリントは言ったそうだ。実際、「きみたちは苦難を耐え忍ぶことができる人物だ」というバリントの確固たる期待で示されているのは、バリントが一般開業医の同僚へ大きな敬意を抱いていたことであり、その期待に奮起して同僚たち

は一層努力した。気の弱い者にとって明白だったことは、一般開業医たちに向けられたバリントの保護的態度のなかに、恩着せがましさがあったことだ。バリントには、一般開業医こそが自らの仕事の有効性に最良の判断を下せる人物であると考える誠実さがあり、それはバリントが学びのプロセスであやまちを犯すことの価値を強調していたことにも如実に表れていた。つまり、たとえ明らかなあやまちが激しく非難されるとしても、一般開業医たちが正しく事を成し遂げる場合とまったく同じくらい、それらのあやまちは新たな学びに寄与するのである。

正真正銘、ともに探究されたものが、未知の領土なのである。未知、というのは、このようなアプローチが前人未踏であり、加えて、参加している一般開業医のパーソナリティがさまざまであり、知る縁もないという事実もあるためだ。バリントは、リーダーが一般開業医にその実践法を教授する立場にないことをきわめてはっきりと示した。

ここから重要な言語が発展した。その一つは、人間が感情の移ろいのなかでお互いに接し合うそのあり様、すなわち、現在と過去、そして未来のあらゆる可能性のうちに維持され変転するさまざまな関係性、に関連した言語であった。それゆえ、その言葉は古典的なフロイト心理学よりも対象関係論に一層似通っていた。実際、精神内的機能に関する専門用語が飛び交い始めると、ある情緒的な困難が回避されているのではないかという疑いが強まった。

そのようなセミナーのいくつかが一、二年ほど続いていたが、その頃には、セミナーの展開には、ほぼ共通して認められるパターンが存在することが判明した。発足当時、セミナーは一般開業医が慣れ親しんでいる学部や卒後の研修のようなものであろうと当然のごとく予想された。実際、リーダーがひどく非協力的に振る舞ったにもかかわらず、しばらくのあいだは、一般開業医たちはそのような馴染みの好機を再構築するべく相当の努力を払っていた。次のような考えを支持せんとする試みがなされた。つまり、リーダーは自分たちが学びに来た事柄の権

威で、その専門技能の一部を自分たちに譲り渡してくれる存在なのであり、先生の是認を求めるという、ある競争から生じうるものは仕方ない例外としても、予期せぬ苦痛に満ちた体験など起こるはずがない、という考えであった。このような馴染みのある状況を再現するべく奮闘するか、一般開業医たちは、個別に特徴的役割を分担するようになる。たとえば、聡明な少年、道化、無垢な少女、タフガイなどを。すべて年余にわたる正統的な医学訓練を通して十分に稽古を積んできた役割であった。

しかしながら、やがてメンバーたちは、リーダーがこの企てをほとんど支持しないために、リーダーに欲求不満を感じ、完全に幻滅することとなる。このプロセスがはっきりと目についたのは、通常、一般開業医が慢性の精神疾患をもつ患者の症例を提示し、そして専門家と目される人誰よりも説得力があるわけでもないとわかったときであった。この時点で、愛想をつかしながらもあきらめず、この度合の欲求不満に耐えることができたならば、一般開業医は、徐々に、仲間の開業医の意見を尊重することができるようになっていった。少なくともここにいる同僚は、自分たちが働いている状況に精通しており、理解を深めたいという欲望を共有しているのだから。一般開業の業務には種々雑多なやり方があり、それは各々異なる一般開業医のパーソナリティに備わる強さと限界に応じているということが明らかになった。次第にメンバーは、お互いに学び合い、ほかの人が示してくれたやり方を試すようになった。ある時点に達すると、ある一般開業医が「すごく驚いたんだけど、この患者に対して、自分がスミス医師みたいにやっているって気づいたんだ。……いや、ブラウン医師かな、云々」と言い放っている声が聞こえてきそうだった。

必然的に、こうした雰囲気のなかで、いつしか一般開業医は、議論全体のなかで最も有益な意見やコメントは自分自身が発したものであると体験するようになる。このことによって、一般開業のスペシャリストがいるとして、それはほかならぬ一般開業医自身であると痛感されたことであろう。さらに言えば、一般開業の実務に関し

て正しいやり方などはなく、ただ一般開業医とその患者という、関係をもつ特定のペアが利用できる最適なやり方があるだけなのである。このような移り変わりの結果、グループの士気は、飛躍的に向上し、メンバーたちは、自分たちを不安にさせている不確かな領域へとさらに前進するのをいとわなくなった。

セミナーの文化がはっきりと専門家教育の伝統のなかに位置し続けるために、そして、それがパーソナル・セラピーの様相をいつの間にか呈することのないように、リーダーはあらゆる努力を払った。この目的のため、セミナーは常にタヴィストック・クリニックが提供する心理療法サービス部門ではなく、数多く存在する訓練活動のうちの一つとして言及されていた。加えて、セミナーのなかで露見する一般開業医の患者に対する情緒的反応、つまり逆転移は、専門家としての努力という実務のなかで認識され、作業として取り組まれるのだが、その開業医の個人としての生における重要な要素として認識されたり取り組まれたりすることはなかった。患者に対する一般開業医の逆転移、あるいは、進行中の課題と関連して集団内に生起するリーダーやほかのメンバーへの転移は、リーダーの所作によってもっともなコメントを与えられ、それゆえ、集団文化のなかで公的な地位が与えられることになる。これら同様の情緒的な諸傾向が一般開業医のパーソナルな生にどの程度影響を及ぼしたかについては、セミナーのあずかりしるところではなかった。ときに、リーダーは、メンバーの個人的な問題について強い興味を示す集団をその問題から引き離し、臨床医が関心を抱くような事柄へと向かうよう促すために、相当強権的にならざるをえなかった。このような私的世界に対する反応から派生する問題を探求したいと思い続けた一般開業医がいたならば、別の場において治療関係を求めてみるように勧められた。きまってそうなるのだが、集団における相互作用の影響で、診療所の外で出会う人たちへの医師の意識や反応に変化がもたらされた。それは治療的な利益を受け取ったと言っても過言ではなく、ボーナスをもらったようなものだ。とはいえ、この訓練方法の成否は、一般開業医のスキルが日常臨床のなかで向上したかどうかでこそ判断されるべきである。

最初のセミナーの経過のなかで展開した議論に対する指針として、いくつかのキャッチフレーズを列挙するのが最善であろう。これらのキャッチフレーズは巷に流布し、のちにバリントの著作のなかで彫琢された。「薬としての『医師』」「一般開業医と専門医のあいだの匿名の共謀」[1]「一般開業医の使徒的機能」「自分自身の愚かさに勇気を持つこと」「一般開業医のパーソナリティにおける限定的とはいえ相当の変化」など。

セミナーの公式目標が一般開業医の研究兼訓練であったことと、当時のタヴィストック・クリニックのなかでセミナーが置かれていた状況を鑑みると、この方法が発展の一途を辿ったのは、主としてバリントの強い関心とリーダーシップのスタイルが作用したためであろう。この新しい仕事に向けてのバリントのアプローチは、学級担任というより、冒険家やスポーツ選手のようであった。バリントが作り上げた雰囲気は、階段式講堂というより、登山の野営やテニスコートの趣に近かった。バリントは、人々が奮闘努力し、死力を尽くし刺激を受けたと感じながら帰路につくことを望んでいた。バリントは魅力的な男だった。教養豊かで、活力に満ち、熱心であり、人の気をそり、そして挑発的であった。反依存counterdependencyがバリントの好んだスタンスであった。慣習に従う同僚や、布教する同僚には我慢ならなかった。この点で、バリントは、精神分析の世界の一部に認められる、こまをすりまくる雰囲気をも、一般開業医セミナーで起きる乱闘騒ぎのほうをはるかに好んだ。講義は彼の趣味ではなかった。むしろ、バリントは、成長への覚醒剤stimulant、それどころか起爆剤irritantとなることを楽しんでいた。

このバリントの性質は幅広く知れ渡り、多くの海外の教育機関から客員教授として招聘されることとなった。相当短期間の滞在であったが、そこでバリントは発見と自己評価のプロセスが進行するように状況を整えた。参加者はバリントの再訪を熱望したものだった。バリントの挑発的な態度が競争を促し、みなの堪忍袋の緒が切れなければ、非常に多くの独自の考えが生み出された。セミナーのメンバーが研究した論題の数や刊行した論文や著

作の数は圧巻である。

バリントのスタンスは、他人の考えに盲従するというものとは程遠いが、別の側面をもっていた。挑戦的なスタイルではあったが、バリントが、自分の目的だけでなく、目的を追求する方法を支持してくれるチームを必要としていたことも間違いのないことである。また、周囲の人たちはバリントの発言に必ずしも同意する必要はないのだが、少なくとも、流布している「真理」のようなものではなく、自分自身の経験に基づいて、バリントに立ち向かえる必要はあった。ときに、このような特徴が、バリントの意図的な目論見を超えて展開してしまい、献身的な弟子に加えて公然の敵を生み出してしまうこともあった。実際、バリントは、自分についてこない人たちのためにわざわざ時間を取るような人ではなかった。

いまでこそ周知のことであるが、グループ参加者のこころにしみついた概念に変化をもたらすのとは対照的に、参加者が見せる態度に変化をもたらそうとするならば、リーダーの振る舞い、つまり作業態度や参加者の扱い方のほうが、当のリーダー本人が表明した考えよりも大切なのである。それゆえ、バリントが自らの振る舞いを通して一般開業医の同僚たちに提供したモデルについて検討してみてもよいであろう。

第一に、傾聴する人というモデルを提示した。バリントは、前口上から、間断なく展開するお話、余談、取るに足らない発言、果てはジョークにいたるまで、話されていることのすべてに耳を傾けた。しかし、バリントは単に語られた言葉に聴き入っていたわけではない。バリントはセッションのいま・ここで展開するすべてのこと、すなわち沈黙、目配せ、雰囲気、をも受け入れ、その一切を理解しようとした。バリントは、いわゆる病歴が提示され、それがほかのメンバーに影響を及ぼしている際には、セミナーで進行している事態にまったく余念がない人の手本となった。「症例」は言葉で説明するだけでは不十分であり、そこから立ち上がる情緒的共鳴という点から理解されなければならないのだ。核心から離れた考えやグループ内のあらゆる関係も、提示された公的な情

報となんら変わりなく重大なものとして受け止められた。細部への注目が重要であり、通常の臨床問題に限定されることはなかった。医学生は困惑している患者から病歴を取るように教えられるものだが、そのような病歴聴取よりも、実際に友人が語った言葉に加えて、その友人の窮状を理解するというあり様に、これは近かった。

バリントが提示したモデルの第二の重要な側面は、自分が果たすべき仕事の境界を厳守したことである。前述のように、バリントは、議論されている症例に対して、その医師のなかにどのように情緒的な反応が生起しているのかを知りたいと思っていた。けれど、その目的は、この医師が臨床的理解を照らし出すことに限定されていた。さらに医師たちを自身の私的世界へ誘うような取り組みは慎まれた。このようにして、バリントは、押しつけがましく干渉的であると思われずに、可能な限り十全な理解を受け入れるというモデルを提示した。加えて、自分の用いる言葉でもって、バリントは、一般開業の世界と精神科の世界のあいだにある境界を堅固なものとして維持し続けた。バリントが正当と認めた語彙は、一般開業医たちが患者との体験を記述するために用意されたものであった。バリントは、自らの専門医としての経歴に由来する心理学的な用語ができるかぎり入り込まないように用心していた。

バリントの提示したモデルの第三の側面はより多くの問題を含むものであった。言ってしまえば、バリント自身はこらえ性がない心理療法家であった。さらに、心理療法の専門家がおこなうような言語による直面化や解釈を伴う「長時間面接」に乗り出したい一般開業医たちに励ましを与えるぶりをはっきりと見せていたものだった。ある程度だが、このために、ほかの設定に適しているはずのモデルが一般開業の領域に時期尚早にもただ込む結果となってしまった。しかしながら、バリントは、次第に、ここでは、自分が当然のごとく強い関心を寄せていた心理療法を必要とする以上に、より厳重に見守る必要のあるもう一つの境界があることに気がついていった。

一九六一年には多数の精神分析の訓練を受けた同僚が、バリントのこの仕事に参加し、タヴィストック・ク

ニックの内外で開催された同様のセミナーでリーダーシップをとるようになっていった。それゆえバリントは、スタッフ・セミナーのプログラムを始動させた。そのセミナーは、共通の関心を抱く同僚同士で、一般開業医セミナーを先導する仕事を探究することを目的としていた。このセミナーは参加者にとって重要な準拠集団となった。

ついでに言えば、このセミナーはバリント宅の居間で月一回の会合をおこなうというものであったが、コーヒーとケーキを頂けるというおまけ付きであり、楽しいものであった。マイケル・バリントは、このスタッフ・セミナーを、ふたたび彼ならではの特徴的なやり方で先導した。会合で取り上げられる素材として、スタッフ・メンバーが参加した一般開業医セミナーにおける一セッション分の未公表の逐語録が提供された。それから、ほかのスタッフ・メンバーは、できるだけ率直かつ自由にそれに応答するよう促された。初期の会合では、当然のことながら、そのように言われてもスタッフ・メンバーはかなり慎重になっていたし、用心もしていた。しかし次第に、一般開業医セミナーでもそうであったように、参加者がお互いに安心感を抱くようになるにつれて、雰囲気はより自由になり、コメントは広範囲に及ぶようになっていった。このスタッフ・セミナーに参加することは、骨の折れる仕事であり、しばしば重圧にさらされ、考え方全般が強くゆさぶられ、とりわけ自身のスタイルや先入観を再評価するように迫られた。筆者がいままで携わってきたなかで最も創造的な営みの一つであった。

バリントのとったリーダーシップのスタイルは確かに有効であった。しかし、自分の振る舞いについてどのように考えているのか、あるいは、集団において必然的に生起する力動がどのように新しい態度・スキルの習熟に役立つのか、といった質問には耳を貸そうとしなかった。バリントは集団力動のような問題にあまり関心がなかった。彼はただ単に熟達した実践家であったのだ！

さらに、この頃には、世界中のさまざまな地域で、バリント流の一般開業医との仕事に対する関心が高まっていた。この種の仕事に積極的に従事している人々が一堂に会して共通の関心事を議論できるように小規模の国際

会議がいくつか企画された。これらの大会の形態もまたバリントの集団との関わり方に大きな影響を受けており、それゆえに、相当の摩擦が生じる一方、そこからは多大な学びも生まれた。

　そして、バリントの探究の試みはこのようにますます組織化されていったのだが、その結果はどのようなものであろうか？　バリントが本来意図していた研究という要素がいくぶんなりとも希釈化される結果となった。特にバリントの著作『実地医家の心理療法』が刊行され、一般開業がもつ心理学的な特徴がますます明瞭に説明されるようになるにつれて、アヒラムに、かつて発見された事柄が、いまや教えられるものだ、というような意識が蔓延するようになっていった。もちろん、一般開業では予見不能な特徴がなお発見され続けており、新参の一般開業医や新任のセミナー・リーダーはみな、自分たちの前にはいまなお、いわば、自分たちに発見されるのを待っている世界が広がっていると思っていた。しかし、バリント自身の仕事はともかく、バリントの仕事仲間の活動においては、着実に教えるという要素が一層顕著になっていった。

　しかしながら、スタッフ・セミナーによって、専門家としての発展を推進するうえ集団を利用することに関して、多くの有益な理解が増進されるとともに、セミナーにおいてあらゆる分野に及ぶ精神保健従事者との仕事が一層洗練されたものとなった。このことを通して、セミナー・リーダーとセミナー・メンバーの専門分野の異同による有利・不利も浮き彫りにされた。リーダーとメンバーが同様の集団出身であれば、両者とも議論されている分野に精通していることになるが、ある程度は、特定の専門分野につきものの前提と価値の影響下にあり、それゆえに、新しい考えが促進されにくい状況となってしまうこともあるだろう。さらに、年功と専門技術がメンバーのひとりに影を落とし、メンバーが自力で発見することが一層困難となってしまうかもしれない。発見されるものは、しばしば、最初から朧気ながら知ってはいたが、いままで認識し活用することができなかった物事だったりする。気づきや自信が増大することで、それを用いることができるようになるのだが、そのためには、他

者を頼みにすることでなにかを発見できるという信念をある程度放棄する必要がある。つまり、なんらかの形で、こころのなかに巣くう他者の重要性を減少させる必要があるのだ。

ある経験豊富な老精神科医が若い精神科医を対象とするセミナーで指導にあたっているとしよう。若い精神科医が、老精神科医が自分と同じ立場に置かれたら、議論されている問題に自分よりもっとうまく取り組めるであろうと考えないとしたら、それは現実感の消失と言ってよいほどである。こうなると、若い精神科医の努力の感覚はやや影が薄くなるかもしれない。一方で、ソーシャルワーカーを対象とするセミナーでは、この精神科医は自分よりももっとうまくやれるだろうというメンバーの信念が、心地よい妄想として、すなわち、エディプス・コンプレックスの未解決の要素として、次第に露わになってゆくに違いない！　師弟関係を通した訓練には多くの利点があるが、必然的にいささかなりとも偽りの正統性が強化されてしまうところもある。自分の頭で考える自由には、常に苦闘がつきものである。リーダーが、是認できる地点に達したかどうではなく、苦闘のプロセスにより大きな関心を寄せるならば、苦闘することも苦でなくなるかもしれない。この問題に関しては、別のところで詳述している（ゴスリング、一九七八）。

最初からわかっていたことだが、バリントの作業方法は、一般開業医だろうが精神科医だろうが、万人向きではなかった。非常に不愉快であり、無秩序であり、露悪的であると感じる人もいた。同様に、セミナー・リーダーは、予期せぬ感情を体験することに相当防衛的である一般開業医が一部いることに気がついた。そのような一般開業医は、感情にそれ以上接触しても利益はないとして、セミナーに対して過剰なブレーキをかけるように振る舞った。欲求不満のために自発的にやめた者もいた。粘り強く格闘し続けた者もいれば、排除された者もいた。この作業方法とそのなかにいるさまざまなパーソナリティが、一般開業医全員のニーズを一律に満たすだろうとは誰も決して考えていなかった。その試みから多くのものを得るためには、そこにある一定の「合い性fit」が必要

であった。この点で、有益かもしれないモデルが一般開業医に提示された。そのモデルは、一般開業医が、治療を求めている広範囲の患者との関わりのなかで、自分自身になにが期待されているのかということと関連していた。

しかし、とどまった人はそこから何を得たのだろうか？　本質的に、残った人たちは自分のパーソナリティの一側面を発展させた。それらは、以前の訓練では見過ごされてしまった、実のところ抑圧されていた側面であった。彼らは、自分自身や関係する人々についてより一層の気づきを得て、自分たちのしている仕事に対する権威の感覚をますます得ることとなった。セミナーは、彼らが医学教育の副作用から若干でも回復するのに役立った。そして、彼らは「医学化」される以前にはもっていた人々の情動体験に対する普通の感受性を取り戻し、その結果観察可能となったものの価値を認めることができるようになった。

この覚醒した感受性が活動し始めるのは、通常、一般開業医が患者に対して抱く最も「専門家の名に恥じる」不快な感情が、実際には患者のパーソナリティや繰り返されるストレスを解明する手掛かりとなるということを、驚きをもって発見したときであった。次いで、自分自身の患者に対する情緒的応答をより一層の余裕をもって扱えるようになり、情緒的応答が診断スキルの相当有益な構成要素としての価値をもっていると見出し始めるのだ。自分の反応と、セミナーにいるほかの一般開業医の反応とを比較するなかで、自分たち自身の特性と性向についてのより明確な視点を獲得し始めもした。さらにこのことを通じて、一般開業医と患者双方に認められるパーソナリティの多様性をより深く理解することが可能になった。自分自身をより受け入れやすくなればなるほど、患者に対して一層率直になれることに気づき、それゆえ、患者をより深く理解し始めるのであった。もっと楽に耳を傾けることができるようになり、自分たちが直面している問題に一層の関心を寄せるようになったことに気づかされるのだ。

このような発展と並行して、参加者たちは、患者に対してとりうる応答が以前にも増して幅が広がっているこ
とにも気がついた。自身の資質から解き放たれた応答のなかで、医師の側の無鉄砲な行動化のエピソードももちろんあった。しかし、次
応答もある。この発展の経過のなかで、医師の側の無鉄砲な行動化のエピソードももちろんあった。しかし、次
第に、専門家としての仕事を追い求めるなかで、よりすぐれた判断力を発揮するようになっていった。このよう
な専門家としての裁量を獲得するプロセスは、パーソナル・セラピーとは異なり、セミナーが専門家としての発
展を主たる任務として開催されるという、断固たる姿勢によって強化された。

セミナーから得られた第二の大きな利益が、既述したものを含めて、そのほか一切の変化を支持するとともに、
エディプス・コンプレックスとの激しい苦闘も必然的に引き起こした。これらのセミナーに参加する医師の多く
は、「真の」医療とは、病院における訓練期間に学んだ類のものであり、専門医である先生が見本を見せてくれた
類のものであると深く信じ込んでいた。印象的な人物が魅力のある役割モデルとしてこころに宿っていたのだっ
た。しかし、一般開業という場で仕事をしているうちに、開業医たちは、あのように振る舞える機会はめったに
なく、直面するほとんどの仕事に関して訓練不足であることに気がついた。その結果、自分が二流の医師である
ように感じられ、どこかよそで実践されている「良質な医療」を思い浮かべた。実際に、一般開業医がセミナー
への参加申し込みをする時期として最も多かったのは、病院における訓練の終了後七年経ったときであることが
判明した。その頃までには、自分の仕事や見通しに幻滅するようになっているのであろう。そのとき、自分は「新
しい活動の場」への移住を考えていたのだが、試しにセミナーに参加してみようと思ったと語る人もいた！
セミナーにおいて、リーダーを知ったかぶりや知恵の分与者に祭り上げる企てが瓦解し始めると、強調点の変
遷が認められるようになってきた。一般開業医たちは、欲求不満を感じながらも、事態を収拾して、援助を求め
てお互いを頼るようになり始めた。このような雰囲気のなかで、家庭という設定で医療をどのように実践すれば

いるのかを知っている唯一の人間は、この室内にあって、ほかならぬ自分自身なのであるということがはっきりと理解された。ことによると、彼らの知識は不十分であったかもしれないが、その知識を実用できるようなものとして拡張できるのも彼らだけなのであった。リーダーは、洞察に満ちた意見を述べることができるときもあれば、できないときもあるだろうが、その意見を活用するかどうか、そうするとしてどのように活用するのかという問題は、まったく当の本人の判断に任せられていた。リーダーは、一般開業医との共謀に引きずり込まれないように最大限の努力を払っていた。それは、一般開業医が患者の治療法に対して抱く専門家としての十全な責任感が減弱しないようにするためであった。成功の度合いは人それぞれだったが、一般開業医は、自分自身が家庭医療の専門医であること、および、教師や病院で働いている同僚はその人たちの裁量のなかで有能なのであって、自分の遂行を判断する材料としては不適当であることに次第に気がついていった。このように超自我から自我へと支配力が移行すると、必然的に一般開業医の仕事においてエネルギー、熱狂、好奇心がはなはだしく解き放たれることとなった。こうなると通常、移住計画は忘却の彼方へ消えていく。

　この訓練要綱の価値は、一般開業医の専門的スキルの向上にいかに寄与したかという結果からのみ評価することができる。セミナーを受けた結果、ほとんどの一般開業医が自身の仕事を以前よりも楽しむようになり、自分がその仕事に以前にも増して貢献できると感じられるようになった。少なくとも報告を聞く限り、明白な行動上の変化が生じなかった人もいるようだ。しかし、患者の立場に立つと、医師は自分との仕事を楽しんでいるのであって、休暇を取ってゴルフ場に行きたいと願いながら、ただ単に我慢して付き合ってくれているわけではないという状況のほうが、患者からすればより良い治療を受けている気分になるに違いない。加えて、一般開業医は、病院医療の価値観や「キュア」第一主義の支配を脱してゆき、時間をかけ粘り強く、患者とその家族を「ケア」するべく奮闘努力してきたことに、自分に一層の誇りをもてるようになった。そして、大多数の患者がこの

事態を大きな変化として体験していたことは確実である。

しかしながら、患者の感情生活への一層の気づきを利用することで、自らの応答の幅を広げることができた人もいた。そうした人たちは、いまや、そのような応答を一層大きな裁量のもとに利用できるようになっているのだ。適切と思われることに従い、彼らは、寛大になったり、断固とした態度を見せたり、励ましたり、患者に自由に利用させたり、挑発的であったり、厳しかったり、などなど、するのだった。彼らが、ステレオタイプの行動様式をとることは減っていった。患者が陥っている苦境を解明できるよう意図された方法で患者と話す能力を発展させた人も相当数いた。それは、その設定と一般開業医のパーソナリティに適合されたある種の心理療法と言ってよいであろう。発展のあり様は多種多様であった。少数ながら、さらなる訓練ののち、心理療法家や精神分析家にまでなった一般開業医もいたが、解釈よりも直面化という手法が用いられることが多かった。使用された方法の中核には、患者が医師の診察を受けるために自分をさらけ出すのではなく、患者が自分自身を診察することができるように手助けするという考えがあった。

プログラムの初期には、バリントはある種の短期心理療法を作り出す希望を抱いていたが、その希望に適っていたのは、それを活用したいと思っている一般開業医だけであった。このような短期心理療法を練り上げる試みには膨大な時間が費やされた。この段階で目標とされたのは、専門的な心理療法家のスキルと似たなにかであった。しかし、バリントが情熱を傾けてこのことに取り組んだにもかかわらず、ごく少数の例外があるとはいえ、その目標は不適当であることがわかった。大多数の人たちは、このモデルを映し返して直面化を含む全範囲に及ぶ介入に適合させた。そのような介入のあり方は、一般開業の典型であるきわめて長期間にわたるより断続的な接触にうまく調和していた。

一般開業医たちが発展させたスキルの範囲は、セミナーから発刊された多くの報告書の一部を見ればわかる通

り、相当に広大である。たとえば、ホプキンス（一九六〇）、クリン（一九六一）、クリンほか（一九六三）、ラスク（一九六七b）、マイケル・バリントほか（一九七〇a）、イーニド・バリントとジャック・ノレル（一九七三）、エンダーとサミュエル（一九八七）が挙げられる。

この仕事がバリント協会の創立という形で結実したことは注目に値する。バリント協会は、このアプローチを維持しながら、その活用を拡張することに関心をもつあらゆる人たちで構成された団体である。バリント協会の中心的テーマは、移りゆく世界における一般開業という営為である。バリント協会はコミットする一般開業医自身によって運営されている。残念なことに、当の筆者は、その業績に関して最新の報告をする立場にない。

タヴィストック・クリニックのちのロンドンのユニバーシティ・カレッジ病院や個人開業におけるバリントの仕事と同時期に、英国の一般開業分野においても多くの重要な変化が生じていた。最も重要だった事柄は、英国一般開業医学会の設立であった。その学会は、病院の外来部門で求められるものとは異なり、この種の仕事には特別なスキルが求められている事実を公に認知させた。その学会は、家庭医を生業にするという考えを是認し、一般開業医とともに仕事をする補助員の増員を要求し実現した。増員の目的は、患者の訴えにより幅広い応答ができるよう体制を整えることであった。

この先重要となってくることは、一般開業における諸問題と技法、および若い医師が実践のなかで一人前になる前に目下必要とされる一般開業をめぐる一貫した卒後訓練に対して、医学部がより多くの時間を割き、一層の重きを置くことである。現在、ますます聡明な学生ほど、魅力ある病院の専門科よりも、一般開業を選択する傾向にあると言われている。

バリントの仕事がこれらの変化をもたらすうえで重要な役割を果たしたことは確実である。全分野に及ぶバリントの影響力を知りたければ、英国一般開業医学会や一般開業医の訓練要綱における要人がバリントのセミナー

の古い会員である割合に注目すれば事足りる。

　もちろん、バリントも、その時代の子であった。それゆえ、同時期の知的思潮における変化に、影響されることもあり、寄与することもあった。バリントは、パラダイム・シフトにおいてある役割を果たす以上の選択権をもっていなかった。私たちは、より還元主義的で機械論的なニュートン的伝統から因果論的ネットワーク、システム論、生態学的・全体論的概念、等々に取り組む方向へのパラダイム・シフトを経験しつつあるようだ。このような文化的思潮において、バリントの仕事は、とりわけ一般開業に対して三つの貢献をもたらしたことである。一つ目は、バリントが、一般開業医の仕事に新たな理解をもたらす視点と諸概念を活用できるようにしたことである。二つ目は、上手く活用される限りにおいて、ある程度情緒的に巻き込まれることは必要であることを、バリントが示したことである。三つ目は、バリントが、このような事態が生じることを許容する訓練法を考案したことである。

---

†訳注

［1］一般開業医はその業務の特性上、難しい症例を複数、一人で抱え込むことになる。そのときは専門家としての自信の喪失の危機である。そうした折に、ほかの専門医と協力することは自然なことである。しかし、その結果、その患者に対する責任の所在が曖昧になる場合もあり、こうした事態の背景には、こうした暗黙の共謀関係があるとの指摘。

第九章 一般開業医の訓練と精神分析

ロバート・ゴスリング

　一般開業医の仕事と精神分析の関係はどのようなものであろうか？　確かに、精神分析を体験し、その方法や意義に深く触れた人でなければ、このアプローチが首尾よく成し遂げられるとはにわかに信じ難いことだろう。おそらく、いまや技法を着実に使いこなせるようになっており、それゆえ、セミナーのリーダーとして効果的に機能することができる人たちもいる。現在、英国におけるこのような一般開業医セミナーは、この種の営みに参加したことがある経験豊かな一般開業医によって先導されているが、その大多数は精神分析家ではない。もっとも、このようなセミナーが、オリジナルの「バリント・メソッド」からどの程度かけ離れてしまっているのかについては不明である。しかし、こうして専門家としての卒後訓練における長年の伝統から逸脱し、あらゆる通常の「指導」を差し控え、当初グループ・メンバーから異議が唱えられ、精神分析の同僚は懐疑を示したにもかかわらず、このプロジェクトをやり遂げるためには、ほか設定を異にするパーソナルな経験からでしか得られない、このアプローチへの信念faithが必要とされたに違いない。しかし、精神分析とは異なる背景をもつ人物がこの仕事をやり遂げることができたかどうかに関係なく、バリントの仕事を精神分析の観点から吟味することはやはり有益であろう。

バリント・メソッドの顕著な特徴は、それが一つの探究であることにある。あるとき、ある一般開業医とある患者とのあいだにどのような事態が生起しているのか、このような事態が引き起こされる際に一定の役割を果たした要因とはなにか、といったことを探究していくのである。このアプローチは、バリントがプロジェクト開始時に掲げた名称、つまり、研究兼訓練という名称にその本質的な特徴が表れている。バリントは最大限に努力したが、それもむなしく、なんらかの指導を求める動きがほとんど唐突に訪れた。心理学の理論をやかましくせがまれるようになったとき、バリントは別の機会に講義中心のセッションを設定した。

けれども、それは研究でありつつも訓練なのであり、おそらく一般開業医は従来身に付けていなかったスキルを習得したのだろう。一般開業医たちが習得したのは、あるアプローチ、すなわち、常に自分たちの目前にある物事への新しい見方であった。そのアプローチには、その状況に関して従来見過ごされてきた特徴へ注目することが含まれており、そこには、ある状況に対する自身の反応も含まれている。

一般開業医の仕事を新たな方法で省察してみれば、誰にせよ、一般開業医には、それぞれ独自のパーソナリティがあり、特有の発達段階にあることがわかるだろう。すなわち、一般開業医は、各々、独自の発見をするより仕方なかった。もちろん、集団のメンバー同士で発見されたことが分かち合われることも多々あったが、ほかの人が発見したことがある人物のそのときの事態と適合すると思えない限り、その発見の受け入れを迫られることはほとんどなかった。その発見が受け入れられるためには、ジグソーパズルのピースのようにぴたっとはまる必要があった。

グループ内で進行していることへアプローチするなかで、バリントが伝えていたのは、ある深い確信であった。それは、**無意識のこころ**は患者だけでなく私たち全員のなかでも常に働いており、それゆえ、さらに学ぶべきことや驚くべきことは絶えず多くあり、したがって、私たちの発達の道筋も一層多様である、という確信であった。

このアプローチは、一般開業医やその仕事に対する心からの敬意と密接に関連していた。一般開業医の選択した仕事は、外的条件、訓練、自身のパーソナリティの限界という点で、利用しうる資源が限られている状況にあって、不可能に近い作業なのだ。しかし、バリントは自らの態度でもって、行く手を阻む障壁があろうとも、一般開業医たちは自分たちの扱っている事柄により一層の気づきを得て、その壁を克服できるだろうという確信も伝えていた。このあり様が、分析家がコンサルティング・ルームで作り出そうとする雰囲気にどれほど近似しているかについては、読者自身の判断にお任せしよう。

　バリントは、集団において顧みられることがないあらゆる発言、たとえば冗談や余談など、また姿勢や表情、沈黙、落ち着きのなさなどを通してなされる非言語的コミュニケーションに注意を払った。そのようなあり方が自由連想を頼みにする分析状況におけるバリントの経験に由来するのは明らかである。しかしながら、集団状況において、自由に漂う注意の行使が可能となるのはほんのひとときに過ぎない。あまりに多くのことが起こり、しかも雑多な方向から飛び交うために、通常リーダーは集中砲火を浴びているような気分になり、困惑してしまう。それにもかかわらず、通常、活発な状態から抜け出し放心状態になり、もの想いができるようになると、静けさを味わう瞬間が訪れるのだ。その際に、目下生じている事柄に対して新しく有益な視点が行く手に見出されることになり、一般開業医は、より視野を広げて、自分の仕事に取り組んでゆく励みをいささかなりとも得たのだった。このようなより開かれた受容性が一般開業で用いられることを通して、一般開業医は、従来の医学的指向性によって排除されてしまっていた可能性を考慮することが可能となった。たとえば、患者の「病歴」のなかに、一般開業医自身と患者の関係において発展する見込がありそうな事柄に注意すべき話があるかどうかを聞き取ること、あるいは、子どもの健康上の問題は、母親が自分の絶望と接触を保つために見出した唯一の方法であるかもしれないことを看取すること、あるいは、診療所の夜診の最後に、ためらいながら診察を求める患者は、

当初その切望に無自覚であるにせよ、もっと多くの時間をともに過ごしてくれることを求めていると理解すること、等々である。

　クライエントは、グループ・メンバーがこころの平穏のために時期尚早の終結に訴えたりしないで、自身の陥っている窮地をより一層探求するように激励した。また、困難な事態となっても責任を肩代わりせず、うわべだけで安心づけることもしなかった。そのようなクライエントのあり方に刺激を受け、折に触れて一般開業医自身も患者に同じ方向で励ましを与えた。すなわち、自身の苦境についてもっと深く考えてみなさい、と言ったのだ。「患者による診察」（一九六〇ｂ）と題された論文のなかでクライエントは、医師が患者と築くありがちな関係について新たな方向づけを仔細に説明している。すなわち、この関係性は、患者が医師の診察において我が身をさらすという通常の状況と対照をなしている。この転換は明らかに、分析的な営みにおいて治療同盟を中心に据える認識に由来していた。

　一般開業医が、この研究兼訓練に参加を申し出ると、すぐさま、このプログラムは通常の卒後研修ではないことが明らかとなった。時間が空費されて終わるのではないかという危惧はほとんど杞憂であった。よくある研修が受身的に情報を吸収するというものなので、そのような危惧によって示されていたのは、なにかまったく別のものが想定されていたということではないだろうか。一般開業医は、作業をおこなおうとしているのは自分たちであり、その作業には情緒的な参加が不可欠であることを理解した。対人関係への気づきとスキルを発展させるには時間が必要であり、そこには浮き沈みや揺れ戻し、反復、あらゆる範囲の反応が含み込まれているというメッセージが、力強く届くようになった。このメッセージを受け入れ、それどころか、そのメッセージに期待し、積極的関心を寄せることは、分析における徹底操作の経験に由来するものであり、ある種の授業というものが優勢にならざるをえないのであれば、うんざりしたものにはならなかった。「医師のパーソナリティにおける限定的とはいえ相

当の変化」という結果をもたらした一方、他方では、一般開業の実践では典型的な状況、つまり、医師との長期間にわたる接触を、患者を上手く使えるようになるかもしれないという見込みにもつながった。

　すべてのメンバーは似通った医学訓練を受けていて、それゆえ、仕事絡みの情動の攪乱から自衛するようによく訓練されていた。そのため、患者をまるで機械仕掛けの物体であるかのように語ろうとすることが多い。だがバリントが常に焦点を当てたのは、グループのなかで感情が揺さぶられる個所であり、この部分は顕著に回避されている場合もあれば露骨な場合もあった。バリントの考えでは、この点にさらなる探究を向ければ、限られているとはいえ有益である既存の視点に転換がもたらされる。症例を提示する医師は、記録を脇に置き、思いつくままに話をするように求められたものだ。グループのほかのメンバーが細部の究明に固執したり、お互いを明らかに学問的な議論に引き込んだりすると、バリントはメンバーにそれまで話されてきた内容を振り返るように求め、グループを出発点に差し戻そうとしたものだった。いま・ここで感情が動いている瞬間こそ、有益な作業がなされうるとバリントは信じていた。患者の病歴やいわゆる個人的神話［１］が不適切と考えられていたわけではない。右記の動きが現在生起している不安の核心からの退避として用いられないようにしたということであった。

　一般開業医はこのような特徴をさまざまな形で活用した。おおむね、そのことによって、開業医たちは、如才なく行い、包括的で深遠な事柄を発言する義務から解放された。そのおかげで、彼らは、理に適っただけではないその状況の心からの反応が、患者の援助に尽力するうえで自分たちを導いてくれると心置きなく信じられるようになった。彼らは、自身の下しうる診断はすべてが通常、作業仮説に過ぎないという事実を許容することができるようになり、対照的に、自分はそれでも患者にとってずいぶん役に立つ人物であると思えるようになった。少なくとも、専門医の報告書に見受けられる素晴らしい専門用語が提供するものよりもはるかに役に立つと思えるようになったのだ。こうした事態によって、もしなければどうしようもなく行き詰ってしまう状況に風穴

があけられた。

　バリントのとるリーダーシップはいつも挑発的であった。医療実践の根底にある想定や前提に挑戦したのだった。また、バリントは、自身についてもすべてを問題とし、再考していた。それはしばしば腹立たしいほどであった。とりわけ、一般開業医グループで作業している際、メンバーが意義深い発見をするためには、相応の欲求不満と憤激にもち堪えなければならないことは当然であるとバリントは考えていた。リーダーへの依存関係に対しても、あるいは、複数の仲間との共謀関係に対しても、バリントの作業は、絶えずリビドーの欲求不満という設定のなかでおこなわれていた。ほとんどの場合、欲求不満のおかげで、グループは自己満足による安住に陥らずにすみ、十分な慣りが喚起されることで、メンバーは好奇心や決意が刺激されることになった！　分析においてリビドーの欲求不満が用いられるのは、患者を焚きつけて、欲求不満により喚起されたパーソナリティの乳幼児的基盤と直面する決意を促すためである。一方、一般開業医らのグループにおいてリビドーの欲求不満が用いられるのは、医師が苦心惨憺の末に身に付けた、多くの場合はたいそう好都合である、習慣となった医療による防衛に直面させるためである。バリントは、リーダーから権威に満ちた見解を引き出そうとする退行的な切望には相当強い抵抗を示し、あらゆる誘惑的な策略にも負けず、断固として役割という境界を維持したのだった。

　精神分析界隈で理解されているように、集団における**解釈**の使用は、常に悩ましい問題にあった。しかしながら、俎上に載せられている医師―患者関係を探究する仕事をさらに推し進めることができそうな場合に限っては解釈の使用は適切であると、スタッフ同士のあいだで一般合意をみていた。それゆえ、多くのリーダーによる介入の目的は、一般開業医が一定の方法でさまざまな観察をまとめ上げ、医師―患者間で進行していることが理解できるように援助することであった。　患者が示す明白な偏りや葛藤が「疾病」の力動において重要な役割を果たしている限り、そうした偏りや葛藤を明確にする線に沿えば、このような開業医の理解は明確化という名に恥じ

ないだろう。したがって、リーダーの介入は、できればリーダー自身が解釈を提供するようなものではなく、集団が解釈を練り上げることを可能にするように先導するためになされると言えるかもしれない。しかし、これはいま・ここでの解釈というわけではなかった。もっとも、当該の一般開業医が、症例を説明する際、集団に対して自分自身のなかにあるなにかを否応なしに提示してしまった場合はその限りではない。

スタッフ・セミナーにおける主要な論点は、いつ、どのように、いま・ここでの解釈を用いるのか、についてであった。なるほど、グループのなかで進行していることが症例を解明する可能性が高いように思われたとき、直面化が用いられてきた。たとえば、出席している女性医師が沈黙を守っているような場合、討論されている患者が医師との接触から女性を排除することに、これは成功しているかということにグループは気づいていないということが示唆されるのかもしれない。だが、これをどの程度、解釈にまで進展させるべきかという問題は、依然として悩ましいものであった。たとえば、グループの男性はそれで結構楽しそうなのだが、女性はそれを我慢することに慣れっこになってしまうような場合。この時点で、焦点をあのとき・あそこでの[2]医師―患者関係に戻し、たとえば、その患者は医師との親密で独占的な関係を求めているとか、メンバーは女性を恐れていたり怒りを感じていたりすると示唆するリーダーもいた。一般的には、このような考えを生み出し、その考えをありうることとしてこころに留めておく能力を発達させることが望まれていた。けれど、どの程度、リーダーがそうした考えを与えるべきなのか、どの程度、メンバーからその能力が生じるのを待ち、残しておくべきか、については意見の一致をみなかった。バリントは前者を好む傾向があった。

リーダーへの転移を直面化したり解釈したりするべきなのかどうか、するとしたらそれはどのようなときであるべきか、という疑問はきわめて重要であった。概して、バリントは、提示されている症例の特徴が相当明瞭に反復されていない限り、一般開業医の注意を自身との関係性に向けることにあまり重点を置かなかった。たと

ば、グループが、医師の語る話によって絶望的な気分に陥り、クライントに相当強い圧力をかけ、ある種の魔法を使うように強要しようとしたら、クライントは、無能と感じさせられることにはとても耐えられそうにないとグループに対して述べるかもしれない。これは、かなり控えめで間接的な転移解釈とみなされるかもしれないが、この解釈には、いま・ここでの転移をさらに探究するという事態を招かないという利点があり、おそらく、苦境なかにいる一群の医師にとっては相当かかりやすい解釈であった。しかしながら、クライントだけに向けられた転移を解釈することによって、万が一そのときクライントが注意を払っていた症例の気づかれていない特徴に自分自身の注意を引っ張られてしまってはいけない。そこで、クライントは、グループで自分がどう見られているのか、あるいは、自分がどのように使用されているのかという点に絶えず目を光らせていた。同僚たちのなかには、この

ような一筋の光がリーダーから振ってわいたように神秘的に到来するとき、一般開業医は相当に感銘を受けることが多く、そのために内在する敬虔な依存が触発されるのではないかと考える者もいた。しかし、クライントは、このような議論にはそれほど感心しなかった。

　　一人の一般開業医が提示した医師—患者関係にあるさまざまな特徴が集団内で反響し、ほかのメンバーやリーダーとの接し方のなかで再現されるという事態がかなり頻繁に生じた。クライントはこれを「公共財産」と考え、これを自由に直面化させたり、解釈したりするようになった。それどころか、集団が経験をより深めていくにつれて、一般開業医が、最初にこの種の理解を提示することが頻繁になった。にもかかわらず、一般開業医の振る舞いと関連させてどこまで解釈を伝えてよいのかという点については一定の限度が設定されていた。開業医の振る舞いが、報告された患者との実務に悪影響を及ぼしており、その報告作業のなかで露見したならば、そのときに限って、そもそも一般開業医たちこそがこのグループに参加したのであって、そのことを吟味し解釈する機会を開業医たちが自分に提供してくれているのだとクライントは感じていた。しかし、一般開業医の振る舞いがそのパー

ンナリティに広く浸透している傾向であることが露骨な場合、より深い解釈をすることは正当なものとは言えなかった。バリントはこの規則の正しさに確信をもっていた。見守るよりも、言ってしまうほうが相当に楽なのだが、バリントがその規則を破ることはめったになかった。おそらく例外があるとしたら、グループの作業がその振る舞いのせいで妨げられ、彼が憤慨したときくらいであろうか。

　バリントが発展させた方法についての説明はこれくらいにしておこう。もちろん、バリントは前述したような分析的実態の鑑などではなく、しばしば、途方にくれたり、行き詰まったり、調子が悪かったりしていた。しかし彼は、しばしば困難に陥りながらも、多くのあやまちから学ぶことができ、バリントと作業をともにした人々の経験に残ったものは、精神分析の原則に対する信頼であった。

　ところで、これらのグループにおいてバリントがおこなった仕事の内容はどのようなものであったのだろうか？　バリントのアプローチに暗黙の裡に含まれていたのは、決して集団内では言語化されることはなかったがスタッフ・セミナーでは議論されていた一つの認識であった。つまり、この作業がおこなわれている領域は、エディプス・コンプレックスの領域であるというものだ。すなわち、一般開業医のこころのなかに存在する蒼古的な権威像が及ぼす影響力のために、一般開業医たち自身が知ったうえで、利用することもできる事柄が制止されているのである。専門家と見なされる人物の領域を一般開業医が侵食し、専門家が血の通った生身の人間に過ぎないことが露呈されることで、一般開業医は心地のよい錯覚を失うだけに留まらず、親殺しや尊大さと関連した不安を自分たちの内に掻き立てもした。しかしながら、このような前途多難な道を通過してはじめて、一般開業医は、「先達」への隷従から脱却することが可能となり、もちろん、グループの仲間たちの助けもあって、一般開業経験において独自の観察や判断を真剣に利用できるようになる。一般開業医に明らかとなったのは、自分自身の経験を基にして言われたことを取捨選択するという能力が最も価値ある財産であるということであった。一般開業医の

なかには、医学的訓練があまりに圧倒的であったため、現実検討能力がひどく損なわれてしまった人もいたようであった。そのような場合、そうした開業医の好奇心をふたたび覚醒させたり、かつての現実検討能力を向上させたりすることが、グループの仕事であった。可能ならばいつでも患者とのフォローアップ面接をグループのなかで報告するように、とバリントが強く勧めたことで、この仕事はさらに強化された。そのおかげで、ともに新たな発見をするという愉快な興奮は、専門家としての実践上の要請と結び付けられ、自己満足による錯覚が助長されることに歯止めをかけた。スタッフ・セミナーでは、いわゆる「バリント・グループ」を先導することに付随する艱難辛苦を解明するうえで大いに役立ったのが、エディプス・コンプレックスという定式化であった。

患者との関係性のある側面が、患者と一般開業医自身のどちらにも生起している反復強迫の産物であることを理解していくと、開業医の専門家としての仕事への関心は深まり、言外の含みとして心的現実の力が露わになっていった。しかしながら、これらがそれとして議論されることは決してなかった。使用された用語は、精神内的というよりは、よりサリヴァン的で対人関係論的であった。たとえば、内的対象や部分対象という概念が耳にされることは決してなかった。もっとも、スタッフ・セミナーにおいて技法について議論される際には、用いられることもあっただろう。

その作業の過程では、必然的に興奮と落胆の時期があった。元気がなく想いを巡らせている時期には、一般開業医は、患者とともにいても確かに無口であった。しかし、興奮の時期には、開業医は、なるほど、患者に対しても乱暴で侵入的になりがちであった。グループが訓練不足の乱暴な心理療法家を生み出しているという非難もあったが、それを完全な的外れとは言い難かった。長らく抑えつけられてきた洞察の夜明けの後に、恐ろしいまでに教義に傾倒する精神が現れないとも限らない。

初期の訓練要綱、つまり、バリントがまだ、一般開業医が心理療法の専門家のスタイルで作業方法を発展させ

ることは可能であると考えていた頃には、対面の長時間面接、すなわち、直面化や解釈を使用する心理療法に乗り出したいと思っている一般開業医には、スーパーヴィジョンが提供されていた。しかし、結局、これは決して満足のいくものではないことが判明し、多くの理由から断念された。次第に一般開業医は、いまや受け入れることができる範囲すべてに洞察を得ていった。たとえば、親切な忍耐、ユーモアのある受容、患者たちから一般開業医自身への断続的な映し返し、直面化に最適な瞬間の慎重な選択、ときどきの解釈投与、等々である。しかし、一般開業医が各々、自分の特性に適したものを見出してゆくプロセスに、より実験というものは、ときたまの嘆かわしい行き過ぎがつきものであった。すなわち、**行動化**は避けられないのである。

　精神分析の訓練を受けたリーダーは、自然と、医師の診療所や患者の自宅で進行しているような事柄に対して、時折すこぶる心地悪く感じざるをえなかった。専門家としての威厳が傷つけられ、彼は、痛みや苦しみは必ずしも軽率な介入によって生じるわけではないが、ときに言い過ぎることを恐れるあまり沈黙を守ってしまうことによっても生じることがあるということをしばしば忘れてしまうのだ。慎重さは、無謀と同じくらい損害を与えるかもしれないが、明白に恥となることは少ない。それにもかかわらず、このジレンマは、訓練プロセスについて重要な疑問を提起した。

　このような思慮の欠けた侵入的な振る舞いのエピソードは、一般開業医が、新たな理解がひらめくことで生じた自身の興奮により膨れ上がった精神分析家のイメージと同一化した結果と想定された。さらに、この分析家のパロディも、分析家の攻撃や勝利が意図されており、それらすべてがエディパルな闘争の過程のなかで生じることを予想しておくべきであろう。それでは、グループのリーダーは、このような状況にいかにして反応すべきなのだろうか？　専門家としての不品行か、価値ある発達プロセスにおける一歩なのである。

　精神分析の訓練では候補生は、いまや分析家に投影される内的権威像と格闘するのだが、その格闘は自身の分

析の材料となる。しかしながら、その候補生による患者との分析作業という設定では、このようにしていかなる行動化が起きたとしても、候補生のスーパーヴァイザーとのセッションのなかでその行動化を和らげることができるだろう。そのスーパーヴァイザーがこの事柄について明確な責任を負っている。理想的には、候補生の自身の分析中に、十分な作業がなされていけば、こうした遺漏物を臨床作業に作り変えることができる。だが、この

ような周囲の事情が理想的であることはめったにないのである。しかしながら、専門職の訓練グループで、リーダーは苦しい立場に置かれている。リーダーが介入し、行動化をやめさせようものならば、医師のなかにある戦場という無意識的幻想を確証する役割を担ってしまい、発展の可能性を止めてしまうことは避けがたくなる。かといって、リーダーがなにもしないとしたら、訓練要綱全体の世評を含み、関連するあらゆる事柄に損害を与えかねない状況にいる医師と共謀することになる。あるいは、リーダーが前述の力動の点から、医師の振る舞いを効果的に解釈したとすれば、医師の内的世界により一層の興奮を掻き立てる対象となる危険を冒すことになるのだが、そもそも解釈をしたこと自体の流れを取り上げることに関して不利な立場に置かれることになる。つまり、リーダー自身も乱暴な分析を実践したということになるのだ。

リーダーたちは、その集団における乱暴な分析の出現にどのように取り組むのかという点について意見を異にしていた。バリント自身が断固として目を逸らさなかった事実とは、一般開業医がそこにいるのは、自分たちが実際に関与している仕事について助けを受けるためであり、心理療法もどきのような不明瞭な中間地帯に引っ張り込まれるためではないという事実であった。結果として、乱暴な作業になりつつある局面でバリントはいつも、一般開業の文化という事実がふたたび主張されることを願って、ほかの一般開業医たちを鼓舞して、報告された事柄に応答するように促そうとしたものであった。あるいは、集団全体がふたたび地に足をつけるために、誰かほかの医師に別の症例を提示するよう求めたこともあった。バリントが正しく理解していたこととは、一般開業

医が、自身の困難極まる仕事の渦中にあって、何が有益で何が無益であるのかをめぐり、自らの専門的な判断力を信頼しはじめて、精神分析に対する空想に満ちた一時的関心から救い出される、ということもあった。

確かに、精神分析の訓練で用いられている方法に利点がいくつもある。候補生自身の分析は、その分析家が唐突にスーパーヴァイザーの役割を担うことで歪められるというようなことがなく、候補生のスーパーヴァイザーは、必要なら当人の臨床の仕事をかなり露骨に批評することも可能となる。スーパーヴァイザーにはそれをおこなう権限があり、候補生もその苦境について重々承知しているだろう。このような状況の後押しによって、候補生は、二人の分析家によって示されたように、精神分析の同一化を強めていくのだが、このあり方は、個人がその特定スキルを習得するうえではきわめて適切といえる。付言すると、このことが派閥や派がつきもの精神分析運動への恭順に少なからず寄与している部分があるかもしれない。しかし、一般開業医にとっては、このような同一化は災いの種となるであろう。バリント・メソッドを用いるなら、一般開業医がグループのなかで習得した新しい方法を、自らの経験と照合して有用であると認める限りにおいてのみ採択できるようになることを目指す。そして、あらゆる努力は、一般開業医が何をなし、何をなさざるのか、その権限を強化することに注がれていたのだ。リーダーの目標は、内在化される際に、この種の発達を促進するものの、一連の新奇で適合しない標準を押し付けることはない、というモデルを提供することにあった。つまり、リーダーは、超自我ではなく、自我に追加される人物になることを目的としていた。

しかしながら、バリントはこのように徐々に進むことでしか自分の道を発見できなかったと言わざるをえない。バリント自身は、毎日分析[3]を下回る設定でどのように治療することができるのかということに関して、多くの考えを抱く熱心な治療者であった。初期の訓練要綱は、この熱心さが衰えることはなく、ときに一般開業医の冷静な専門的判断を無理する実験が多くおこなわれた。バリントは一緒にいると刺激的で挑発的な人物であっ

た。それと同じ性質が、最初にこの計画を発火させ、その計画のなかにある研究要素を存続させたのだ。けれど、

バリントは経験から学ぶことができた。だから、一般開業医が、自分で得たものというのは実質的なものである

が、非常に多様なものであり、正式な心理療法とは似ても似つかぬものであることがほとんどであると気がつく

につれて、バリントはその目的を修正した。

　乱暴な心理療法や生半可な心理療法を助長しているという非難がそれなりに的を射ているのは、バリントが教

訓を学ぶ以前のことであり、その事態を助長してしまった技法的要因がリーダー同士の議論によって明確化され

る以前の初期段階のことであった。初期には、精神分析の仲間内で、相当の警鐘と批判が湧き上がったのだが、そ

のなかには一理ある意見もあった。しかし、困難を伴いながらも次第に、スタッフも自身の精神分析に対する熱

意を一般開業医の生活の現実に適合させていくことができた。発達というものは、なにも一般開業医のみに許さ

れた特権ではなかった。

　「乱暴な分析」ほど目立って注目されるものではないが、一般開業医が専門職として力量を発揮できない事態に

は、患者のニーズに対して従来はよく吟味された応答をしていたのに、一時的に応答ができなくなってしまうとい

う事実があった。集団作業の結果、最終的に一般開業医は、用途に合わせて、より慎重に修正した形の応答を取

り戻すことができたとはいえ、しばらくのあいだ、開業医たちは、強迫的なまでに受動性を保つ聴き手となる傾

向に追いやられていたようだ。しばらくは、緊急事態で実際に求められる可能性がある対応をほとんど耳にする

ことがなくなっていたものだ。つまり、医師が患者に対して取る毅然とした態度や、手厳しいとすら感じられる

ほどの支配的な応答である。リーダー自身が、一般開業医グループという馴染みのない設定に以前に比べれば慣

れてきたと感じ始めると、グループでの作業を以前よりもしっかりとマネージメントできるようになった。たと

えば、セラピーへの横滑りを止めること、「待っている患者はいない」かのごとくあまりにも多くの時間を取る参

加害を止めること、議論が高尚なものとなったり学術的なものとなったりすれば月並みな問題を挙げること、等々である。さらには、妨害となるような振る舞いがなかなか止まらず、リーダーの堪忍袋の緒を切らせたメンバーを排除することもあった。リーダーがグループでの自らの課題を見失ってしまうと、その仕事の現実や一般開業の状況および自身のパーソナリティの特異性から一般開業医が離れないように手助けすることはほとんどできなくなった。一般開業医のパーソナリティに変化が生じると、そこには必然的に情緒的混乱が伴うものだが、リーダーの技法は、一般開業医の専門家としての力量に情緒的混乱が及ぼす干渉を軽減するうえで重要な役割を果たす必要があった。分析とは異なり、このことは、適切な解釈を組み立てることにそれほど依拠していなかった。ただ、解釈がリーダー自身に向けたものであり、次にすべきことに関してリーダーの手腕を導いてくれる場合にはその限りではなかった。

バリントの仕事が正式の心理療法の間接的な教育の類ではないとすれば、多くの分析家が、医療実践においてその仕事から恩恵を得られそうなものが何たるかを理解することは難しい。しかし、バリントの仕事というのは、まったくそのようなものではないのだ。バリントの時代および以降、多忙な一般開業医がバリントの業績を利用できるやり方を記述している論文が多数刊行されてきた。たとえば、イーニド・バリントとジャック・ノーレル（一九七三）、エルダーとサミュエル（一九八七）である。多数あるうちの一例として、ある一般開業医の報告を第十章に収録した。同様に、バリントの仕事は、多くの方法と多くの設定のなかで前進していった。ときには、ここで記述されたバリント・メソッドからかけ離れ、バリントをあの世行きにさせるほどの迷走ぶりを見せていると言ってもかまはならない。通常、ある種の指導、つまり、よい一般開業の指導か学同士の精神病理学の指導に陥るという形をとる。

最後に、私たち名祖の遺産から何を生み出せるのか。バリント・メソッド、あるいはバリント・グループも

しくはバリント協会なのだろうか？　なるほど、便利な標語である。だが、これらは、バリントの貢献が十分に理解も消化もされていないということをも意味していないだろうか。十分に理解・消化されているのであれば、私たちは、バリントの貢献に言及する操作用語や専門用語に満足するのではないだろうか。そうであるとしても、バリントという名前を用いるなかで隠されたままの謎がいくつかあり、注意を怠れば、名前を語ることで、バリントがかくも誠実かつ断固として自らに課し追い求めた仕事から私たちが離れてしまうことになる。人心を惑わし、バリントをこころのなかに防腐処理するといういかがわしい歓びがそこにいつもあるのだ。

† 訳注

[1]エルンスト・クリスの用語。患者には、それぞれ特異的で個別的な反復の歴史があり、物語がある。こうした反復するストーリーはその人の世界観を構成し、容易な因果律では捉え難い。

[2]かつて・あそこthere and thenは、い

ま・ここhere and nowに対比される。フレッド・パインは、「鉄は冷めてから打て」として、支持的介入としては、あのとき・あそこでの介入はきわめて有効であるとしている。

[3]毎日分析とは週五回以上の設定でおこなわれる精神分析のことで、フロイトは月曜日から土曜日までの設定で分析をしていた。日曜日が休みなのは、被分析者の多くが教会に行くためである。

第十章　変化の瞬間

アンドリュー・エルダー

　私たちの研究の舞台は、一般開業における日常世界であった。患者はありとあらゆる想像できうる限りの症状や悩み、痛み、不安、対人関係上の困難、あるいは病いを抱えて次々にやってくる。そして医師とのあいだに強烈な感情が渦巻く世界が展開される。そのような感情は、初回面接の始まる前から患者が抱いていた期待から生起することもあれば、医師と患者とのあいだで時の経過とともに発展する場合もある。あまたある身体症状のなかには、医師により取り除かれるべきものもあれば、そっとしておいたほうがいいもの、また、症状が改善されなくても医師が落胆して患者を拒絶したりすることなく、何度も失敗する覚悟をもって応答しなければならないものもある。あるときは医師の気を引くために、まだあるときはもっと悪いなにかから患者を守るために病いが形成されることを、医師は理解する必要がある。この世界で医師は、ときにからだにすがまれたり、患者を時々ちょっと診るだけですまそうとしたり、深く立ち入りすぎぬように注意したり、患者との丁度いい距離を見出すことに甘んじたりする。医師が主導権を握ろうとすることもあれば、自らを律し、医師－患者関係に展開するパターンが出現するのを辛抱強く待つこともある。

　患者の出入りには一定の流れがあるが、医師は比較的一定不変な存在である。医師に会う場所や方法はおお

ね決まっているし、多くの医師は専門家人生のほとんどを同一のコミュニティで過ごす。一方で、医師自身の世界もまた当然のごとく変転してゆくものである。特定の患者や問題に対する反応の仕方は、医師によって千差万別である。病いや苦しみ、加齢、そして死に向かう態度もそれぞれであり、患者と同様、人間関係における得意・不得意もある。すべての患者を治そうと意気込んで臨む一般開業医はやがて疲弊し、現実を目の当たりにするかもしれない。一般開業医は、多くの医師と患者たちの期待に反して恐ろしく変化に乏しい世界で患者とともに生きるすべを身に付けなければならない。あらゆる変化の余地を残しておくためには、こうした変わらなさや不確かさからくる欲求不満に耐えなければならないのである。

私たちが取り組んでいる研究の論点の一つは、二人の人間のあいだに理解が生起するとき、その二つの世界、すなわち医師と患者それぞれの世界がどの程度交差するのかということである。ほとんどの場合、そのような接触が求められることはない。一般開業における日常業務は、医師の診療スタイルと患者が抱える問題にしたがって遂行されている。しかしときには、患者がより切実に理解を求めてくる場合もある。症状を訴えることを通して、自分自身の重要な側面や彼らが体験している困難を打ち明けているかもしれない。はたしてそのとき、医師は患者に十分波長を合わせ、有益な関係を築くことができるだろうか？

患者にとって身近な存在であることは、一般開業医の仕事の一部である。また今日では、コンサルティング技法においても個人として近づきやすい存在でいるという一般的なスタイルがより重視されてきている。患者が気楽に話したり質問したりできるように、医師はくつろいだ雰囲気で歓迎する態度を示すべきである。訓練要綱のなかでは、いくつものコンサルテーション場面を記録したビデオを用いて、このようなアプローチが教授されるのが一般的である。それにより自分の振る舞いを検証することで、コンサルテーションのスタイルを一時的に修正することはできるだろう。しかし、修正されたスタイルが医師個人のパーソナリティとしっくりいかないこと

もある。そのような場合、医師のもつパーソナルな世界はどうなるのだろうか？「ビデオ」は医師が自身の振る舞いに限らず、患者に応答するなかで示す反応や感情をモニターする第三の目として、医師の頭のなかにも必要とされる。それにより医師は、自分のパーソナリティをより自由に、そして十分に活用して患者と関わることができるようになる。それは、外部のものを模倣することによって身に付けたものとは異なり、自身のもつあらゆる可能性を解放するということである。

　患者には患者の「みせ方」がある一方で、医師にも専門家としての「スタイル」や「技法」がある。するとそのような場において、どれほど真のコミュニケーションがなされているといえるだろうか？　医師はどれほど患者の世界を真に理解することができるのだろうか？　そして、ほんのひとときでも真の接触が生起したのならば、その後の関係に及ぼす影響はどれほどのものだろうか？　いったい誰のなかで、どのような変化が生じるのか？　いかなる設定で研究したとしても、これらの問いを検証することは困難である。接触が束の間で移ろいやすいものである以上、一般開業のなかで検証するのはなおさら難しい。そしておそらく、これほど感情を揺さぶられ、人間が多様な営みをする場をほかに見出すこともできないだろう。

　イーニド・バリントとジャック・ノーレルの『六分間対話療法：実地医療における対話とフラッシュ（ひらめき）』には、新たな技法として次のような説明がある。

　　もはやその医師は、患者がなぜそのように話したり、考えたり、感じたり、振る舞ったりするのかということを、第一義的に理解しようという作業からは免責されている。……医師がまずするべき基本的作業は、患者が提示するごく小さなサンプルから、患者がどのように話し、考え、振る舞うかを読み取り、しかもそれらが患者に痛みをもたらすのはなぜなのか、その理由を観察することである。……患者が本当に医師の注意

を引こうとしているのは何なのだろうか。

このような文章に続いて本書の著者らは、その研究成果を「ひらめき flash」技法として説明している。「ひらめき」は医師と患者がその共同作業の意味をふいに「見出した」瞬間に訪れるものであった。

（イーニド・バリント [1]）

が、そうでない場合でも、その医師と患者のあいだの関係性はひらめきによって変化する。[2]

医師は面接中、何かが起こるはずであるという思い上がる自分の気持ちを、放棄するときの不快な思いに耐えて、患者の苦悩に「同調 turn in」しなければならない。ひらめきは医師と患者の関係性をもとに生じる

この技法の主眼は、秘密を解明することでも、過去と現在を関連づけることでもない。大切なのは患者に主導権をもたせつつ、一般開業に馴染んだ時間の枠組みのなかで最大限の成果を挙げることである。それはつまり、長期的な流れを汲みつつ短時間の接触をおこなうことを意味する。「私たちが考えるこの治療とは、継続的接触が可能で、しかも医師も患者も自尊心を放棄しなくてよいような設定において、医師と患者のあいだに生ずる、独特かつ濃密なひらめきが生じ、理解が深まることである」[3] とイーニド・バリントは述べている。

私たちの研究グループは、こうした先人の知見や技法が一〇年後、どのように活用されているのかを検証することに関心をもっていた。研究素材には、医師と患者の関係が突如変化したとみられる面接記録を基に選んだ。グループの医師たちはなにかが「起こったように見える」症例、または「ある一定の変化」が生じた症例をもち寄り、それを題材に議論を交わした。

程度の差はあろうとも、コンサルテーションのなかでは患者がコミュニケートしていることを医師が正しく聞

き取り、波長合わせをする瞬間が数多くあるだろう。しかしまれに、医師の患者に対する見解が一八〇度変わってしまうような、より意義深い面接となる場合が見受けられる。たとえるならば、灯台の光が突如として新たな像を照らし出すことがはかり似ているだろう。その像は以前からずっとそこにあったが初めて光を浴びたことで突然浮かび上がり、それより景色の見え方がすっかり変わってしまうのである。着目すべきは、目に見える行動上の変化が起こる瞬間ではない。むしろよりつかみどころがないなにか、すなわち心理的な事象であり、患者または医師のなかで、あるいはその両者のあいだで生じるものを検証するのである。それは関係性の変化が生じるきわめて重要な瞬間といえる。

　簡単に測れるようなものになんの興味もなく、最も知りたいものほど測ることができないというのはよくある話である。医師と患者のあいだでなにが変化するような重要な瞬間を察知したとき、私たちはどうやってそのことを立証できるのだろうか？　変化をどのように定義し、それをいかに重要な瞬間と関連づければよいのだろうか？　仮説の正しさを確かめ、確固たるものとすることで私たちの仕事の妥当性を示すには、不確かなことがあまりに多すぎた。そこで代わりに私たちは、自分たちの研究手法が博物学者のそれに近いものであると考えるようにした。すなわち、出来事をありのまま記述するように努め、その作業が有益なものとなることを願うのである。

事例1　ラルフ・Y

　医師の一人が、ある患者との面接を報告した。患者はいろいろな意味で「回復の見込みのない症例」と思われた。その女性医師はちょうど二、三日前に患者と会い、二〇分ほどの面接をおこなったところであった。

　患者はYさんという六三歳の男性です。え␣と、彼は四年前に治療を受け始めて、近所の病院の肝臓内科へ不定期に出入りしていました。ずいぶん前からアルコール依存症を患っていたと思います。当初、彼のことは数回しか診察したことがありませんでしたが、どことなく難治性の依存症だろうという感じがして、治療にはあまり気が進みませんでした。……それで、彼は診察に訪れたのですが……咳が出ると訴えてきました。……最近彼は胃潰瘍による出血で短期入院していました。……それで、身体はまったく異常ありませんでしたが、その日、飲酒していたことは明らかでした。ですから私は咳の処置だけをして、あまりほかのことには手を出さないつもりでいました。……とりあえず形式的に胸の診察をして、抗生物質の処方が適切だろうと考えていたときのことです。どういうわけか私のなかに、もう一度飲酒について話し合わなければならないのではないかという考えが浮かんできたのです。それで……彼は次のように話しました。一九七八年、彼がひどく調子を崩してしばらく入院していた頃のことです。……院内にはアルコール依存症のグループがありました。彼はそのグループに二年以上定期的に参加し、そのあいだは支援を受けることで、なんとか酒を断つことができていました。でも、グループを運営していたスタッフの異動により、そのグループはなくなってしまったのです。……それ以降、ふたたび酒におぼれるようになったということでした。その理由は彼自身にもわからないようでしたが、禁断症状がひどく、マティーニのボトルなしではやっていけない状態でした。……それでも彼は、とにかく胸が苦しくて息ができない……自分はもう余命いくばくもないとわかっていると訴えるばかりだったのです。……思うに彼は、実際のところ必死に酒をやめたいと願っていたのでしょうが、夜ごと窒息死する恐怖に襲われ、ひどく怯えていたのでしょう。……そこで彼がとった行動は、夜までは酒のボトルを買わずに我慢するということでした。夜にボトルの四分の三を飲み、残りの四分の一は次の朝に飲むことにしたのです。つまり、夜を乗り切り、朝また一日を始めるために必要だったということで

しょう。……いつの間にか私は、これまでになく彼にシンパシーを抱き始めて、そして彼もまた、いくぶん気持ちが和み、話しやすくなったようでした。……そして自分が同性愛者であること、心理士からロンドンにある同性愛者グループを紹介されたことを語りました。……それはアルコール依存とはなんの関係もない、ただ参加してみてもよさそうな支援グループでした。彼はそれをとてもよい考えだと思っていました。だから私も賛同しました。……ＡＡ［4］を試したことはありますかと尋ねると、「ある」と言いましたが、さほど興味はないようでした。……ただ、もう一度断酒に専念する覚悟はできているようでした。そこで断酒に伴う現実的な問題について話し合うを試みたのです。私は断酒のためにふたたび入院するつもりがあるかどうかを確かめました。……ところが彼は、いまは職を失うかどうかの瀬戸際にいるため、入院は当面難しいだろうと言うのです。彼は倉庫を管理する職に就いていました。家族経営の会社に長く勤めており、そこの経営者たちは彼をよくわかっていたので酒の問題には長年目をつぶってきたようでした。しかしその会社がたたまれることが決まり、次の月曜日からは別の職場で新しい仕事に就くことになっていたのです。そして、六三歳にして新しい仕事に就けるなんてまったくありえないことで、この仕事はきっと自分のために用意されたもの、私の前の雇い主が工面したものだと想像するのですが、出社するのが不安で仕方ないと訴えるのでした。彼の禁断症状が悪化するにつれて、ヘミネブリン Heminevrin［5］を数日間服用せれば……それは私自身も使い慣れておらず、使用にはあまり気が進まない薬だったのですが……彼は一、二週間ぐらいならもち堪えられるかもしれないと思いました。……彼を治療につなぎとめるために私は、翌週の月曜日か火曜日に再診する方向で話を進めようとしました。……先ほどの同性愛者グループに話を戻し、彼に家族がいないと知っていることを前置きしたうえで、私は「誰か友達または交流のある人はいますか？」と尋ねました。すると、唯一友達と言えそうなのは、以前働いていた職場の人たちだと言います。……さらに同性愛者

の友人か知人はいますかと尋ねると、そのような人はおらず、それが少し辛いと語りました。言うまでもな
く、彼はとても孤独だったのです。また、これまで警察の世話になったことがあるかという質問に対しては、
十五年ほど前にたった一度だけあると答えました。……月曜日に電話でその後の様子を教えてほしいと伝え
ると、彼もそれに同意しました。そして彼が帰り支度をしているときに、薬を処方するつもりであった咳の
ことをお互いすっかり忘れていたことを彼は穏やかに告げてくれました。　私は胸部症状に対して抗生物質を
追加しました。　退室間際、彼は「先生の時間をたくさんとってしまった」というようなことを言いました。そ
して実際に二〇分が経過していたのです。彼はとても嬉しそうな表情で出ていき、私もそれを非常に嬉しく
感じました。彼が退室した診察終了時には、少しだけ希望が見えたような気がしたのです。でも、どうなの
でしょう。……これは私の後知恵かもしれないですね。

　一見するとこの症例では、きわめて順調にことが運んだように思われる。患者を診察する医師は、求められた
処置だけをしてそれ以上のことには首を突っ込まないと心に決める。この女性医師が抱いた第一印象は、回復の
見込みがない症例のようだ、というものであった。「予後の悪い慢性アルコール依存症に伴う胸部感染症」と診断
することだってできたかもしれない。しかし彼女自身がのちのグループ検討会で語っているように、「長い飲酒歴
をもつほかの患者とも、ここのところうまくやれていた」ことが、ある局面で自分のなかに見出した温かな気持
ちとともに、彼女を後押ししたのだろうと思われる。いくつかの質問を投げかけた彼女は、アルコールが新しい仕
事を続けていくためにどんなに大事かという患者の訴えを少しだけ聞き入れることができた。そして彼女のなか
にはシンパシーが芽生え、医師としての良識が目覚めたのだ。彼女は次のように語っている。「その患者の言葉を
聞いて、そう、彼が抱える大きな問題から故意に目をそらし、些細な問題だけに取り組むことなんてできなかっ

たのです」と。

　本症例では、関係性に劇的な変化が生じたわけでも、決定的瞬間があったようにも見えない。医師の世界と患者の世界というものは特段近いわけではないようだが、面接のなかには確かに動きがある。それは「肝不全を患った孤独な同性愛アルコール依存症患者」という当初の見解から離れ、医師に「ただのアルコール依存症患者ではない。だからもし彼がまた酒を飲んで戻ってきたとしても、彼はあくまで一人の人間であり、私は彼の力になろうとするだろう」と言わしめるような人物理解と向かうものである。Yは生涯にわたって他者から拒絶される体験を繰り返していた。それでも、医師の個人的な気を引こうとしておきながら、いざ注目されると恥じ入ったり圧倒されたりしてしまう類の患者ではなかった。検討会のなかである医師は、「この人はずっとのけ者にされてきたのではないでしょうか？ でも目に見える傷はそれほどひどくなかったから、周囲も彼が繰り返しのけ者にされるのを黙認してきたのでしょう。……でもあなたは、傷が**それほどひどくない**患者でも放っておかないのですね！」と指摘した。多忙な医師が午前診の遅れを取り戻すため、そのような症例を手早く処置してしまおうとすることは想像に難くないだろう。しかしこの症例を提示した医師は、この男性患者にあきれはてることも、彼を変えようと過剰な熱意を燃え立たせることもなかった。躍起になって断酒を促すことも、同性愛について根掘り葉掘り尋ねることもしなかった。彼女は彼を受容し、これまでの経験豊かな一般開業医も試さなかったやり方で彼を支援しようとしたのである。

　グループでの症例検討が展開してゆくにつれ、この医師が患者とともに成し遂げたものは意義深いという共通理解が形成されていったようだった。たとえば「こうして良い雰囲気が醸成されたことにより、このような作業のなかで患者とつながることができたのでしょう。患者のほうは『あぁどうしよう、先生はさっき飲んだ酒の話をしているよ！』と思っていたかもしれませんが」という発言もみられた。

それと同時に、この症例検討には絶えずある疑問がつきまとっていた。それは、この二人のあいだにいまだに到達していない、より緊密な接触の領域が存在しえただろうか、というものであった。もし存在したとすれば、それは私たちが研究しようとしてきたものにより近い領域だろうか？

検討会においてこの別テーマの口火を切った医師は、次のように述べた。「もしあなたが彼に断酒を促すことばかりに注力していれば、真に重要な仕事、すなわち未開拓領域に達するという潜在的な仕事を取り逃してしまうでしょう。そうなっていたかもしれないと思うと、暗澹とした気持ちになります」と。

表面まで浮かび上がりつつも、実際に展開することはなかったこの潜在的仕事は、夜に患者を襲う恐怖、窒息するような感覚と関連しているように思われた。この作業の行く先には、強力で切迫した感情が待っていることだろう。「思うに彼は、日中働いているあいだはどうにかやれていても、夜となればどうあがいてもそれに耐えることはできないという事態を共有する必要があったのでしょう。彼がともかく酒なしで眠りにつこうとしなかったのは、まさにそういった訳なのです」と医師は語った。

孤独で恐怖に怯えたその患者は、死と隣り合っていたのである。彼は暗闇や暮夜、そして一人ぼっちになることに生涯怯え続けてきたようだった。はたしてそうした気持ちを共有することなどできるのだろうか？　共有するためには、医師のこころのなかで何が起これはよいのだろうか？　真の接触の瞬間を現出させるためには、このことを患者の体験の一側面として知的に理解するだけでは不十分だろう。

私たちは日頃からよく検討会で「ギア・チェンジ」や「かかわりの水準」を話題にしてきた。本症例には、おそらく三つから四つの「ギア」または「水準」を見出すことができるだろう。

Ａ医師は一瞬で状況を目算し、最低限求められたことだけに応えようと決め込む。彼は意識的にそうした選択をおこない、それをさほど悪いこととも感じていない。彼はすべての患者になにもかもをしてやることはできな

いとわかっており、一見してあまり回復が見込めないようであれば、その患者に深入りしないようにする。この症例の女性医師は患者を診察し始めた当初、おそらくA医師と同じ姿勢であっただろう。

B医師は、しかし、胸部感染症を治療への「入場券」とみなし、アルコール依存症、あるいは同性愛こそが「真の問題」であって、一般開業医として経過観察および「マネージメント」をすべきであると即断するかもしれない。B医師は数々の「適切な」ステップ――まずアルコールを断ち、それからソーシャルサポートを提供し、同性愛カウンセリングをおこなう、など――を踏み、人間そのものにはあまり着目することなく教科書的なマネージメントをおこなうだろう。夜間咳える患者と向き合い、酒瓶をつかみ取りながら「酒を飲んでもらうことはない、もうやめたほうがいい」と言って取り上げようとするかもしれない。そんなB医師の姿は、いくぶん親のようであるだろう。

C医師はまた別様である。彼は不幸な男の境遇にいくらか同情し、患者に時間と人間らしく生きる余地を与える。彼は将来この患者に役立つ医師になれるよう、足場を固めるところから始める。C医師のなかにある親心は、「あなたが多くの問題を抱えてアルコールを必要としていることはわかります。それは納得できるし、おおよそほかの生き方はできないだろうということも理解できます。もしほかの生き方ができるならそれはいいことですが、できないとしても私はここに居続けます。あなたがうまくやれるなら私はそれを後押ししますし、失敗してもあなたをひどく責めたり、拒んだりすることはありません」と語りかけるのだ。これは症例のなかで実際におこなわれたマネージメントに近いものと考えられる。

D医師の意見は、グループ検討会で出た意見と似ている。この場合、前述のように患者に寄り添いつつ、さらに患者の主たる訴え――おそらくは恐怖感――をその瞬間に医師が十分体感し、自らの死や一人ぼっちで置き去りにされる恐怖を感じることを許容する。そのような体験をともにして、医師と患者の関係に変化をもたらすか

もしれない。医師は患者をより生き生きと感じ、一層豊かな視点から応答することができるようになる一方で、おそらくは患者も医師を異なる角度から体験するようになるだろう。議論の後半である医師は、次のように述べている。「たとえば依存症が再発して彼がほろ酔い状態で出勤し、社用車をぶつけてだめにするとする。あるいは、まあともかくそれでまたアルコールにのめり込んでしまうとしましょう。それでも彼は、たとえ一時であったとしても、苦難を抱えた一人の人間として理解され、耳を傾けてもらえました。なによりそのことが、この仕事を価値あるものたらしめていると私は思うのです」と。

　こうした瞬間は作り上げたり処方したりできるものではない。むしろマネージメントの考え方や、「物事をより良くしよう」という思いから医師のこころが最も遠いときにこうした瞬間が訪れやすいようである。

　この症例は説明のために選ばれた一つの例に過ぎない。日々、精査のもと営まれている医師の仕事の断片、ある午前の一コマである。とはいえ、こうした症例は何を目指すべきかという議論も数多くなされてきた。医師が違えば、対応の仕方もまた異なっていたことだろう。こうした問題に対して考えうる一つのアプローチは、コンサルテーションの場において医師がこころのなかであらゆる可能性を吟味できる自由を十分確保しておくことである。

　フォローアップ・レポートは、医師がこの孤独で不幸な男にとって、助けを求め頼れる人となったことが鮮明に映し出されている。彼は確かに新しい仕事でトラブルを起こし、その後大量の酒を飲むようになった。しかし彼は、おそらく以前の彼にはない早さで受診し、「断酒」のために入院したのである。そして「飲酒の問題」にますます焦点が当てられるようになっていった。彼は頻繁に受診し、最後のフォローアップ・レポートの時点では年に二十七回の面接を行っていた。二人は優しい医師と不幸な男という関係に落ち着いたようであった。あるフォローアップ・レポートからは、患者が昏睡状態で発見され、死んでいると誤解されて生き埋めにされる恐怖

を抱いていたこともわかった。

　グループに所属する医師のなかに心理療法の訓練を受けた者は一人もおらず、パーソナル・セラピーや個人分析の経験をもつ者もほとんどいなかった。しかし医師たちは全員、一般開業において広く用いられているものとして心理療法のスキルを使用することにかけては熟達していた。このようなスキル自体がどのような効能をもつかを記述することに、私たちの関心はなかった。心理療法のスキルは聴診器や検眼鏡、薬局方と並んで、熟練医師の技術的な道具の一つに過ぎないのである。それよりも私たちが関心を寄せていたのは、患者〈の医師の対応一つひとつにおける波長合わせについて研究することであった。医師が変わるためにおおむね、きわめて特異な出来事、なんらかの衝撃が必要なのである。ほとんどの場合、医師は、自分のお決まりの巧技を試し尽くし、もてるスキルを使い果たしてしまう。というのもその効能は、その時点における医師－患者関係によって左右されるからである。両者がより一層の接触を果たすためには、なんらかの変化が必要なのだ。もとより医師はそのときの理解に焦点を当て、それなりに効果的な仕事をしているだろう。そこには関係性の進展にも役立つ、多様な心理的スキルを用いたかかわりも含まれる。しかし、ここで描こうとしている仕事における変化は、その焦点自体の急激な拡大なのである。そのとき、医師の理解の全電圧が一気に上がるのだ。重要なのは医師－患者関係の質的な変化ではなく、むしろ流れの急変なのである。

事例二　スチュワート・M

　この男性医師は四年前にM氏と出会い、グループでその症例を提示することとなった。男性医師は普段からMに対し、割とイライラさせられる患者という印象をもっていた。Mとの当初の関係を、彼は次のように表現して

いる。「言いたいことがわからずイライラするんですよ。どこかうさん臭くて高慢な感じに見えました。私はいつも彼に『揺さぶりをかけている』ような感覚でした」と。そうした感覚は治療に使われることなく、それよりも彼は過剰な注意を払いながらMの治療に携わっていた。まるで「腫物に触る」かのように。そしてそれまでの関係性のパターンが変化したと思われる面接を二つ報告した。それらのあいだは約一カ月開いていた。

Mは背が高く、割と無表情で、とても高慢で、やや細身な男でした。……初めて会ったとき、彼は学生で……彼がいくつかの試験を受けなければならなかった一九七五年のことを話したほうがいいですね。……彼は試験が近づくと高まる不安をさまざまな形で呈し、結局それらの受験を取りやめてしまうのでした。私が思うに、同様のことが少なくとも二、三回はあったと思います。いつも非常によく似たパターンで、彼は不眠と情緒不安定になり、来たる試験に完全に特化した不安症状のようなものをいくつも呈するのでした。

この医師はこの問題に取り組もうとしたが、一向に治療効果は感じられなかった。試験が近づくと診察の頻度を上げ、最終的にはMが急にひきこもって自宅に戻り、いくぶん落ち着いた状態になる次年度まで、異なる種類の、より強力な精神安定剤を処方し続けるしかなかった。そのサイクルを二、三回繰り返したのち、医師は自分自身に絶望し、同じヘルスセンターで働く女性カウンセラーに患者をリファーしたのであった。

実際、その女性カウンセラーは一年間にわたって毎週Mに会い、私たちは時折彼について話し合いました。……Mは面接の場を、試験をやり過ごすための道具としてしか利用しませんでした。……そしてまったく同じサイクルが反復されたのです。……Mは面接の場を、試験をやり過ごすための道具としてしか利用しませんでした。……大学を中退し、学位を取得することはできませんでした。その後、地

元企業に臨時職員として採用され、運転手としてそこで働くことになりました。それから二年が経ちますが、いまもそこに勤めています。

その後、この医師がMを診察したのは、彼に虹彩炎が見つかり、徹底的に検査して十分な治療を受けるまで雇用しないと会社から通告されたときだった。Mは不安症を訴え、常連の患者になっていた。医師が直近の面接について語りはじめたのは、こうした状況のもと、この症例に行き詰まりを覚えていたという背景があってのことだった。

Mはまるで、私の診察などほとんど受けたことがないかのように、さまざまな身体症状を説明し始めました。……退屈極まりない、細かすぎる話で、ひどく遠まわしでした。そこには、相当に抑制された、医師や物事への攻撃性が込められていて……いくつもの些細な身体症状に関する長い話でした。それは次のようなものでした。彼は悪寒を感じたので会社の医務室を尋ねると不安が原因だと言われ、次に救急病院へ行くとバリウムValium［6］を渡されたのでした。そう言うと彼はひどく見くびった様子で、その薬を私の机の向こうへと放り投げました。……本当は私のところに通っていたにもかかわらず、その後彼は両親に相談し、両親のかかりつけ医を受診したのです。そこでアティバンAtivan［7］を処方され、またもや見当違いな対応をされたということでした。

患者というものは、こんな風に医師の尽力を無下にすべきではなく、この治療的な試みにもっと早く反応してもよいはずだ、と医師は確信していた。しかしこの患者の気持ちは違っていた。Mは、自分が孤立無援の状態で誰

も助けてくれないと感じていた。そしてその感情を首尾よく医師に投げ込んだのである。医師は高まる怒りを次のように表現した。

　私はMに対して心底怒りを感じ、実際に彼に……激しい非難のようなものを、やや婉曲にではありますが、浴びせたのです。つまり私はこう言ったのです。誰かを信じるのがいかに難しいことかとかよくわかったでしょう、そしてあなたを助けられない役立たずの医者に診られてどんなに不愉快なことか、だからそんなにも孤立無援な気持ちになるに違いない……と。彼はひどく驚いた様子で、不安なことはなにもありませんと言いました。なにも不安はないのだと。そこで私はこう言ったのです。もし不安があったとしてもそれは必ずしも悪いことではないかもしれない……あなたが恐れるほどの大惨事にはならないでしょう……さもなければ、ずっと不安の上で漂い続けるだけです……と。そう言われた彼はかなり愕然としていたので、私は後からとても悪い気がしてきて……こう付け加えました。……私たちはあなたの症状を真剣に受け止め、注意深く身体の検査をしなければなりません、と。……その時点で丸々三〇分が経過していました。

　その後、患者が相談のためにふたたび医師のもとを訪れるまでには、一カ月の間隔が空いた。前回の面接は医師のこころのなかで、そして患者のなかでも生き続けているようだった。というのも患者は二度ほどその診療所を受診し、それぞれ別の医師の診察を受けたのだが、どちらの医師もMに関する伝言をその医師に伝えてきたのである。それはMが、距離をとっておく必要がある一方で、いまも自分が近くにいるということを彼に知らせようとしているかのようであった。再会後、患者は最近の予定と症状について話すことから始めた。まるで以前の試験期間のようだけど今回は試験はないですね、と医師はコメントした。患者は仕事について、そしていまもそ

の仕事を続けていることについて少し不安があること、また、会社の女主人ともめごとがあったことを話した。Mはその会社が好きで、仕事を楽しいと感じていた。「そこにいる人たちは楽しいんです。でも両親は心配していて、ええ、まあ、あなたがいらならそれでいいんじゃない？　と言います」と語った。

　私はMに、ご両親はいつもそんなに理解があって……寛大なのかと尋ねました。……彼はいくぶん驚いた様子で私を見て答えました。はい、その、もちろんです、と。……彼はうつむき少し話してから言ったのです。そうですね、たぶん私が本当に求めているのは、少しばかりの叱咤激励なのかもしれません、と。

この発言は前回の面接を思い出させ、笑知として、関係を築く手がかりになったのである。

　私は言いました……それはまさに、前回私がやったことではないかと思います。あなたはときにあのような激励を乗り切れることもあるのかもしれない、と。なぜあなたの父親は一度もそういうことをしなかったのでしょうか？　と私は尋ねました。彼は……たぶん……父は恐れていたか抑えていたか、なにかでしょう、と答えました。

　医師は、自分がかなり慎重に、自制しながらMと関わっているという認識があった。彼はMに、時折Mに対してかなりの脅威を感じること、そしておそらくMが自身で思っている以上に物事に対して支配的なところがあることを伝えた。この介入に対してMは明らかな反応を示した。それはそれまで彼が見せたどんな反応とも異なるものであった。

……この、彼が威圧的あるいは支配的であるという指摘はMに確実に衝撃を与えました。その後、彼は少し笑ったのです。この男が実際になんらかの感情を出したのは、初めてのことでした。そして彼は受け止めることができませんでした。完全に動揺していたのです。……よくある抵抗というやつでしょう。彼は言いました。「何だって?!　この僕が?!　支配的?……威圧的?……まったくもってありえない……」と。それから彼は、両親の子どもたちに対する接し方が——彼は四人きょうだいだったのですが——いかにそれぞれ異なっていたかについて語りました。……彼のなかには、これまでにはなかった自分に対する見方がしっかりと残ったようでした。……というのが、そのときの面接でした。

一体ここで何が起こっていたのだろうか?　薬の処方やリファー、あるいはその背景を理解することで患者を変えたり、矯正したり、癒したりしようという医師の努力はなんの役にも立たなかった。患者は頑なによそよそしい態度を崩さなかった。Mは症状という形で高まる不安を携えて現れては、あたかも自分は関係ないかのように高慢に振る舞い、どうにかしろと医師に丸投げするのであった。医師はいとも簡単に引っかかり、高まる怒りを感じつつも自分がもてるすべての方法を試して懸命に働いた。そのなかで徐々に患者の寄る辺ない不安を体感していったのだ。そんな医師の様子をMは冷ややかに見下していた。そしてついに医師にも限界が訪れる。医師が皮肉という手段でにわかに自分の感情を解き放ったことにより、不意に関係が反転し、シーソーの上下が突如入れ替わったのである。患者は自分の感情を解き放ったことにより、二人の関係の前に身体検査を持ち込むことでいくらかバランスを取り戻そうとしたのである。このシーソー的上下関係においては、相反する強烈な空想が展開されていた。患者は二つの状態のいずれか一方に振れているようだった。一方は医師の診察を受けるときのように、過剰に謙虚で孤立無援な様子、そしてもう一方は支配的で尊大な様子である。イライラさせ

るような皮肉はこの見解をもたらし、実際は後者が真の姿であることを教えてくれているようであった。しかし患者が高みの見物をしているうちは、医師の努力は茶番にすぎないのである。医師が突然感情を解き放ったことは確かにある種の重要な瞬間であったが、それにも増して重要なのは、一カ月後、ふたたび同じテーマがもち上がってきたとき、前回の面接の余韻をまだ感じることができたということである。そして今度こそしっかり患者に波長を合わせることができたのだ。医師はより注意深くなり、怒りも静まっていた。医師はかつてのように不安を抱えながら患者に迎合する代わりに、時折この患者がために抱いていた恐れや孤立無援な感情を認めることにしたのである。患者がずっと求めてきたものがこのように突然言葉として発せられたことは、患者にとっては行き過ぎであった。その瞬間、ブレーキが外れたのである。疑念が溢れ出し、不信感が募っていった。それは治療過程においては歓迎すべきことであった。重要な瞬間が共有されたのだ。二人はいまや、より平等かつ現実的な立場で、シェリー関係にしばらくとどまることができるようになった。二人のあいだには、一層の温かさと、より広大な交流の空間が生まれたのである。

　私たちはいくグループで、医師−患者関係における変化と患者の日常世界における変化の違いについて議論してきた。医師の仕事の目標が通常後者であることは明白である。一方、変化の観察という点では、前者の方が容易といえる。それはコンサルテーションの雰囲気や医師の感情、患者が訴える症状、あるいは受診頻度を通して観察される。そうした変化がどのように患者の日常生活に反映されているかについては、常に不確かさが付きまとう。そこには絶えず、物事に影響したかもしれないほかの要因が存在しているからだ。しかしひとつとすると、私たちが普段観察または了解している以上のつながりが両者にはあるのかもしれない。この症例では、医師−患者関係になんらかの変化が起こったようだが、それはいったいどんな変化だろうか？　その変化はどれくらい続くのか？　そして患者の生活にもなんらかの変化をもたらすのだろうか？

最初のフォローアップ面接はちょうど一週間後に医師からの依頼で、すなわち前の週におこなった私からの一方的な提案により設定されました。患者は、症状が完全に消失したことを報告しました。「あなたは私に再診を指示しましたが、私は一〇〇％大丈夫です」と。彼は大学での失敗がどんなに辛かったことかを話しました。それから私たちは前回の面接の内容について少し話をしました。ただ私は、自分が情報を集めているだけで、いまこれ以上患者にできることはなにもないと感じたのです。それは短く、充足した「申し分のない」面接であり、おそらくは不必要な面接でした。次の面接は約六週間後に、患者からの要望でおこなわれました。

このときMは、虹彩炎の目薬を追加で処方してもらうために受診しました。彼は依然としてなにもかもが順調であり、あのときの痛みは何が原因だったのか皆目見当もつかないと言いました。……それから私はいくつか医学的な質問をして、私を困らせました。私は少し戸惑いながら答えました。……そして私は彼がどこか尊大な患者を演じていて、私がいくぶん慎重になっていると気づいたのです。だってほら、ただ質問に答えるだけなのに。……彼は少し転職を考えだしたのだと言って……キャリアアドバイザーに相談するという一歩を踏み出していたのです。新しい仕事は確か、マイクとラジオに関係する、ラジオ関係のなにかだと言っていたと思います。……ラジオ番組に関する調査をするのだけど……彼自身がラジオに出るわけではないのだと、自己卑下するような独特の言い方で話しました。……まさか自分がそんなことを、世間の眼にさらされるようなことをすることになるなんて夢にも思わなかった。ああどうしよう。人に笑われるなんてまっぴらごめんだ……と。私たちは自己卑下する背景と失敗への恐怖感について少し話をしました。彼は苛立ちながら、しかしお馴染みのわざとらしい敬意を示しながら、私の部屋の扉を閉めました。バタンと閉まりやすい扉を極端に丁寧に閉めたその行為は、心遣いというよりはむしろ嫌味のように私には感じられま

した。この出来事は、私たちの交流のあり方という点では大してなにも変わっていないのではないかという感覚を私に残したのです。

変化ということについてグループはこの医師以上に確信をもっていたので、彼の悲観的な考えは、メンバーをいささか苛立たせた。

　……だって変化はあったんですよね？　彼の症状は軽快したと……。

　……私はあなたの態度に少し戸惑っています。……あなたは彼がずっと謙虚になったと感じていて、それは……それは素晴らしい変化ですよ……。

　……今回と前回の面接の内容は関連していると考えてよいのでしょうか？　そう言ってよいのかどうか、私にはわかりません。でも良い意味での揺らぎがあったのは確かですよね？

　……彼は医師からもらった薬を過量摂取する危険があったのではないかと私は思います。

　……思うに私たちは、少しえこひいきしているのではないでしょうか？……つまり彼は、症状について質問することであなたを苛立たせた……ひどく苛立たせたと。……しかし今回に関しては心から喜び満足してもらうはずです。私ならそうしていたでしょう。私はこの、一般開業医がなにかしらのことを成し遂げた

きに適切な状況判断ができなくなる現象について検証したいと思っていたのです。というのは、その、これ

は一つの例なのですよね……？

……はい。でもこれは、患者は変わったにもかかわらず医師は未だにその人のことをあまり好きにはなれ

ないという症例です……。

そこには、なにかが変わったという合意はあるようだった。患者は症状を手放し、医師とともにより開かれた

アプローチに応じられるようになっていた。Mは、大学での失敗後に体験した落胆や拒絶の感覚、また、表舞台

に立ち能力を発揮することを妨げてきた失敗への恐怖について語っている。以前に比べて高慢さは薄れ、医師と

の距離も縮まったようだった。それでも医師は自分の成果を過小評価し、さらになにかを求めているようで、そ

の様子がむしろ傲慢にも見えた。そうした医師の考えにグループは賛同せず、医師は満足すべきだとメンバーは

考えていた。

患者は平均して二カ月に一回の頻度で医師の診察を受けていた。報告される面接にかつてのような激しさはな

かったが、患者にとって有益な関係は進展しているようだった。新しいパターンへ移行する前には、関係性の変

化を伴いつつ、ふたたび激しさが増した時期もあったようだった。

もしこの報告された医師とM氏との面接において、より激しさを増していく動きがあったのならば、その変化

を長きにわたって妨げていたのはなにかという疑問が湧くだろう。そこには欠かせない要素があるように思われ

る。なぜそんなにも長いあいだ、堅苦しく、むしろ不満足な関係性にとどまっていたのだろうか？　何がそのと

き、医師を自由にしたのだろうか？　あるいは逆に、彼を引き留めていたものは何だろうか？　W・H・オーデ

ンの詩『ミス・ジー』[8]のように、医師が「粗末なバックペダル式ブレーキ」を作動させて患者と然るべき距離でしっかりと固定しておくというのはよくある話である。ブレーキは医師の日々の業務がつつがなく進むよう、医師自身の感情を抑制するのである。患者の困難な状況と関連して、医師になんらかの強い個人的な感情が湧くことも珍しくない。そうした感情と親しみ、繋がりをもつことには代償が伴うのだ。面接が終われば、患者はなんらかの考えを放棄したり、後から感情を発散させたりすることができる。しかし医師はそうしたものを一旦払いのけ、ふたたび次の患者との作業を始めなければならない。こうして専門家が装備することになった内的装置［すなわち「粗末なバックペダル式ブレーキ」］を緩め、医師がより自由に感じ、考え、患者に応答できるようになるためには、なにか起こる必要がある。そのためには、診察時間中に自分の感情世界を体験するとともに利用できるようになるため、想像力を働かせ、十分にリラックスする努力が求められる。

一体何がこの変化をもたらし、患者にどう影響するのかという問いは、これまで度々議論されてきたものである。

事例三 〈ナ・>

ある医師は次のように症例を紹介した。「ええと、私が提示する症例は……私の患者に対する見方が変わったと思われるものです。ただ、彼女自身の自分への見方が変わったのかどうかはよくわかりません。」

ええ、彼女は七一歳のご婦人で……一九三〇年代にドイツから移住してきた人々のうちの一人で……名前はナと言います。現在の夫は彼女にとって三人目の相手です。最初の夫とのあいだには、三人の子ども

をもうけていました。どうしてそういうことになったのか、経緯については聞いていません。現在の夫自身にとっても再婚です。彼はハナよりも七つか八つ年下です。二人とも、もうかれこれ八年か一〇年、いや一五年くらい前から、私が主治医を務めています。そのとき彼女は変形性関節症のために、人工股関節置換手術を二度受けていました。私はいくつかの医療的な処置を彼女に施しました。

そして去年、彼女が抑うつ症状を示したので、私は良質で、妥当で、純正の、きちんとした薬で[笑う]治療したのです。彼女は適切な治療を受けたので、当然のごとく良くなりました。……先ほども言いましたが、夫は妻である彼女よりも若かったのです。……私は息子にも会ったことがあります。上の娘とは会ったことがありません。数年前にはじめてこの家族に会ったとき、息子はまだ同居していて、「気色悪い」感じの人だったということを覚えています。彼はかつて性感染症を患っていて……それで彼は、私にそのことを忘れるように頼み、自分の面倒を見てくれる人を手配するようにこちらへ求めてきたのです。私が言いたいのはつまり、彼は実に苛立たしく、気色悪かったということです。……でも驚くべきことに、その後彼は結婚し、まっとうな市民となったのです。……そのことはいいとして、ハナはちょうど私が休暇に入る前にふたたびやってきて、抑うつと不眠、一日のうち朝方の気分が悪く、夕方以降まるになることを訴えました。彼女がそれ以上言わずとも原因は明らかでしょう？　だから私はいくらか薬を出し、その二、三週間後、私が休みに入る直前にもう一度彼女と会いました。そして私が留守のあいだは代理の医師の診察を受けられるよう手筈を整えたうえで、薬を増量しておいたのです。それで彼女はいくぶん回復し、私が休暇から戻ると診察にやってきました。……私は彼女に対して、少々身体が不自由なご婦人というイメージをもっていました。彼女ははじめうつによる症状を変形性関節症によるものだと考え、その薬を飲んでいたのです。そののちに抗うつ薬を手渡されたのでした。私が休暇に入る前、私たちは休暇について話しました。……患者家族は旅行代理

店を営んでいたので……ちょっとしたおしゃべりをして、割と和やかな関係でした。私が不在のあいだ、代理医師の診察を受けていた彼女は、私が戻ると喜びました。ところが彼女の調子は悪く、それはひどい状態だったのです。ひょっとすると彼女は私が処方した薬を飲まずに、元々飲んでいた薬を服用していたのかもしれません。しかし私は問い詰めることなく、ただ「そうですね、もし調子が悪いのなら、それはどうしてなのか教えてください」と言いました。すると彼女は突然「決して誰にも言わないでください」と言ったので。そして彼女の夫が職場の誰か、秘書か何かと浮気をしていたと……それについて彼女は……自分の方がずっと年上だから夫がそうするのも無理ないと感じていることを打ち明けました。夫はまだ六四歳で自分たちは久しく性的関係をもっていない……彼がそうしたいと思わないわけがないのではないか……だ一方で、そんなことは不当だとも感じていました。私は「そんなことがあったなんて、どんなに辛かったことでしょう」と伝えました。すると彼女は「何ですって？」と聞き返しました。そのとき私は、彼女が補聴器を付けているということに初めて気づいたのです。その瞬間、彼女は人生のすべてを失いつつある老女であり、私はそのことにまったく目を向けていなかったということに気がつきました。いつしか彼女に慣れてしまっていた私の前に、突如としてその姿が現れたのです。それは孤独で、絶望の淵に立つ、難聴で、恵まれない女性の姿でした。夫にも見捨てられ、子どもすでに家を出ていました。その瞬間から私には、彼女が抱える困難と彼女の未来、あるいは未来に希望がないということしか見えなくなりました。私はにわかに、これまでまったく見落としていた途方もないほどの、ああ、ひどく不快な気持ちと罪悪感に打ちのめされたのです。私のこの感情が補聴器という垣根を越えて彼女に伝わったのかどうかはわかりません。そこで何が起こったのかもわかりません。ただわかるのは、私が突然そのような衝撃を受けたということだけです。

この医師の描写からは、友好的で実直ともいえそうな関係性の一面が窺える。彼は休暇について話をし、自分がいないあいだに患者が代理医師の診察を受けられるよう慎重に段取りをした。ただそれと同時に、医師は彼女とのあいだに一定の距離を確保し、彼女を寄せ付けないようにもしていたのである。それはおそらく彼女が抱える悲惨さを直に感じないようにするため、あるいはこころのどこかにあった「ひどく不快な」息子の記憶が警鐘を鳴らすのに従ってのことだったのだろう。彼はこのときまでハナが語られる機会を与えていなかったようだ。表面上は「良い」関係だったが、そこには距離があったのである。記述のそこかしこには、皮肉が散りばめられている。たとえば「彼女は適切な治療を受けたので、当然のごとく良くなりました」のように。その少し後になって初めて、この患者がどう感じているかという恐ろしい着想が突如私たちを衝いたのだ。それは拒絶され、絶望する感覚である。医師は愕然とした。突如として彼の眼に「孤独で、絶望の淵に立った、難聴で、恵まれない女性の姿」が映ったのである。彼女は夫にも見捨てられ、子どももすでに家を出ていた。それは衝撃だった。医師はその面接を整理し、意味づけたが、重要な瞬間の衝撃の後には、おそらく考えることができなかっただろう。

　息子に対する感情があったので、この家族を避けていたのだと思います。また私は、身体の障害のことで彼女をどこか気の毒にも思っていました。

　いままで彼女はそのことを隠していました……あなたに知られたくないなにかがあったのではないでしょうか……おそらく、想像するにですが。

　彼女は自制し、用心深く自分を保っていました。おそらくあなたが留守のあいだもそうしていたのでしょ

う。だからあなたが戻ったとき、あ、いや、もう自分の本当の姿をみせてやろう、と思ったのかもしれません。

世代間のギャップはあったのでしょうか……違いというか……あなたが突然二人の年齢の差に衝撃を受けるような？

長いあいだ、あなたは相手をおよそ自分と同じ年齢と考えていたのでしょう。そこには二〇歳の年の差があったにもかかわらず。そしてあるとき突然、相手が違う世代の人になってしまった。

それくらい突然崩壊するようなことでした。そして彼女の絶望に直面する体験でもありました。私はおそらく彼女を薬でなんとかなるうつ病患者としか見ていなかったのです……そしてなんの前触れもなく、途方もない純粋な絶望を目の当たりにしました。

私が残念に思うのは、もっと前にそのことを話す機会を与えられなかったことです。彼女はさまざまな代用品〔夫、子ども、股関節など〕をもっていて、歳を取り、薬で満足していた。そしてあなたもそれでよしとしていた。しかし突然、二人ともそれで満足とはいかなくなった。私は、彼女が夫にセックスをせなかったことで、ほかにどんな変化があっただろうかと想いを巡らせます。でも彼女はあなたに率直に話しています。これまでの彼女は決してその話をしませんでした。つまり私が自問するのは、「なぜ彼女は突然あなたに話したのか？ なぜこれまでは話さなかったのか？ なぜいまなのか？」ということです。

　彼女は夫の前で若作りするのと同じように、医師の前でも行儀よく振る舞う癖がついているようだった。また、誰かに拒絶されたときには、自分のせいにするところもあった。たとえば「私の方がずっと年上だから夫がそうするのも無理ありません……もっともなことです」のように。ただこの面接の際には、不当だという思いが普段よりも意識の表面に浮かび上がってきていた。彼女は、夫がほかの女性に夢中になっていて最悪な気分であることと、そして医師が戻ってきてうれしく思っていることを告げた。彼女の感情が高まっていたタイミングでの医師の不在はあまりに酷だったようだ。それ以上耐え忍ぶことはできなかった。

　この瞬間まで医師は、きわめてリラックスした状態でゆったりと漂っていたようだった。彼はこなれた様子で、なぜひどい気分なのかを話すように患者を促し、その話に対して「そんなことがあったなんて、どんなに辛かったことでしょう」と応えた。しかし彼が共感を伝えようとしたその言葉は、「何ですって？」という難聴の壁に突き当たっただけだった。彼女が置かれた状況の真の凄まじさ、そしてそれに対する自分の反応が彼の胸を衝いたのは、まさにそのときだった。それまで患者との治療において効かせてきたブレーキはいくらか緩まり、患者の体験が存分に流入してくるのを受け入れたことで急激な変化が起こったのである。医師はいままでの患者のイメージが変わることを望んでいなかったようだが、それは彼女自身の望みでもあるようだった。しかし突如それは両者にとって満足いくものではなくなったのである。よりリアルな関係性の相貌が現出したのだ。

　この症例では、医師の認識 perception に劇的な変化を見て取れる。しかし、それによって何らかの影響があるとすれば、患者に、あるいは二人の関係性に、どのような事態をもたらすのだろうか？

　もちろん彼女が自分の苦難を語る場面はきわめて重要なのですが、面白いのは、重要な瞬間はそこではなく、医師が衝撃を受けたというところだということです。……では、医師の衝撃は患者にどのような影響を

与えたのでしょうか……これこそが本当の問いのように私には思えます。

　この現象はどの患者とのあいだにも起こりえるものだと思います。それまでにも患者がひどい状況にあることはわかっていたのに、突然彼らに対する見方が変わり、目に見える確かな変化が起こる……というのが私たちがいつも議論している現象ではないでしょうか。

　しかし、それは双方にとって有益な事態であると考えてもよいものなのでしょうか？　それが問題です。

　そのことを考えたくて、この症例を提示したのですよ……彼女はまったくなにも認知していなかっただろうというのがまったくの実情だと思われます。しかしこの先、彼女に対する私の見方が変わるだろうということはまず間違いありません。

患者は何を感じているだろうか？　この疑問をある医師は、「さあ、もし彼女がこのセミナーにいたら、グループに向かって何と言うでしょうか？」と提起した。
　一カ月後、ハナは重篤なうつ状態で医師のもとを訪れた。

　彼女は実は一〇月に戻ってきており、入室すると、夫とサファリに行っていたから一カ月来ることができなかったのだと説明しました。夫は旅行代理店を営んでいて顧客のためにツアーを組む都合上、オフシーズンになるとこうして翌年の商品の視察に行くのでした。それで夫とともにアフリカのサファリ旅行に行っ

ていたのだと話しました。そして、戻ってきてまず私と話したかったと。えぇと、それから彼女は抑うつ的になっていたこと、私が処方した薬はまったく役立たずだったように思うことを語りました。彼女は、そのサファリ旅行を自分が台なしにしてしまうのではないかと恐れていたということでした。彼女は、その後夫は彼女をたいへん気遣うようになり、優しくなったのでした。それで彼女は、自分が落ち込んでいてひどい気分でいることが、休暇中に関係を修復できるチャンスをつぶしてしまうのではないかと恐ろしくなったということでした。とんでもないことだと……もしそれが彼にとって一世一代の恋だったとしたら、それをこの手で台なしにせざるをえないのはひどいことだと言いました。しかし一方で、最初に婚約した際に彼女は、歳の差がある自分たちは婚約すべきでないかもしれないと彼に告げていたのです。彼はしばらく間を置いてから一緒に住んで結婚しようと彼女を説得したそうですが、その記憶が蘇るにつれて、彼女の目には涙が溢れていきました。……そして愛人がいなくなってから、彼との関係がとても苦しいことを語りました。彼はすべてをきちんとこなしている一方で、彼女には指一本触れようともしないらしいのです。セックスはもちろんのこと、キスすらもしないと。私はこれまで、彼らのセックスは終わり切ったものだと思っていましたが、それは間違いでした。臀部の手術やその他もろもろのことが落ち着いた後、この不倫関係が突如始まってしまうまでは、どうやら通常の夫婦生活を再開させていたようなのです。ただ彼には一切思いやりがありませんでした……確かに正しく通常の夫婦生活を再開させていたようなのです。ただ彼には一切思いやりがありませんのでした。……確かに正しく振る舞ってはいるのですが、それは心のこもったものではなかったのです。そして彼女もまた、彼の行動をとんだまやかしだと感じていました。彼は強いて正しく振る舞うようにしていただけなのです。彼女は言うように「どうしたら……こんな私みたいな老いぼれた女が……彼をまた夢中にさせることができるのでしょう？　私はいまも彼を愛しているけど、彼は違う。ひどい話です。

もうどうしたらいいのかわかりません」と。そこで私は言いました。「こんなふうにあなたを裏切った夫に相当腹を立てているのではないですか？」と。すると彼女は「腹は立っていません。私です。私が邪魔者なのです。若い女性に恋をすることをどうして咎めることができるでしょうか？」と言うのです。私はこの面接における私の理解は、まったく妥当なものであると非常に強く感じました。それは……誰か私と彼女の理解は、ぴったり歩調の合ったものではありませんでした。ただ浮気が発覚した頃には彼女にもそういう理解が生じ、私がそれを取り上げると肯定したのです。私たちが話し合っていたことはすなわち、彼女の怒りについてではなく、彼女の世界が崩壊したときの絶望感についてでした。それから彼女は言いました。「彼は努力して……彼に思いやりがないのです。テレビだって、フットボールの番組しか見せてくれないのですから」と。ええと……彼女はその不満を彼にぶつけられないと言いました。「うまく説明できないのですが、言葉が出てこないのです」「どういうことですか？」その、彼女には強いドイツ語なまりがあるのです。彼女は言いました。「英単語を思い出すことができなくて、それどころかドイツ語でも思い出せないのです」と。それから私たちは、次のツアーの後でふたたび会う約束をしました。彼女は夫との関係の行く末に相当な不安を抱えたまま旅立ちました。

　このフォローアップ面接によって、セミナーで出たいくつかの見解の正当性が裏付けられたようである。今回彼女は、自分が以前にも増してはっきりと医師にかかっていることを表していた。以前ほどの礼儀正しさはなく、医師にもらった薬が効いているふりをする代わりに、薬が無益であることを率直に伝えている。彼女は惨めな思いをしていたが、あまり抑うつ的で怒ることもできず、代わりに自責的になっていたのである。「私です。私が邪魔者なのです」という言葉に見て取れるように。自分が物事を台なしにしてしまうのではないかと恐れて

いたのだ。ただし今回は、そうした考えに苛まれる辛さを言語化することができた。医師はバランスをうまく保っていた。患者の考え方が変わったわけではないが、いまの彼女には、自分の声を聴けるよう調整した補聴器を携えた医師がいるのである。それに対して以前の医師――患者関係は、夫との関係上の困難を映し出しているようでもあった。医師は紳士的だったが距離があり、自分から患者に「触れよう」とはしなかった。そして彼女は物事を台なしにする恐怖から、医師の負担にならぬよう自制していたようだった。しかし両者ともいまはそうではない。以前に比べて、患者は医師に拒絶されないという確信を強めているようであり、医師は患者のより深く、より不幸な感情にもよく耳を傾けることができるようになっている。

その医師はこう言う。

いまは以前ほどの絶望を感じていません。前回はそれによって完全に麻痺させられるような感覚があったのですが。今回はとてもリアルな……作業を……していると感じました。思うに以前は……ただ薬を適当にしつらえて、ときどき、短時間だけ、やさしくする医師だったのでしょう。私は、私たちがそれぞれの想いや彼女とその夫との関係についてきわめて真摯に語り合えるようになることを、どこかで予期していたように思います。そして私の役割は、うつを経験しているあいだ彼女を支え、またある意味、彼女を落ちぶれた廃人としてではなくリアルな一人の人間として尊重することになっていくのだと思います。

医師はこの度、患者がかねてより抱いていたある自己理解にとうとう波長を合わせることができた。この症例では、おそらく今後、医師の助力のもとで患者は変わることができるだろうし、医師の患者に対する「感じ方」も変わってゆくだろう。医師の患者に対する想定のマトリックスが変化したのである。このような体験

によって新しい洞察が生まれたわけだが、洞察を「与える」こと自体が目的ではない。それよりも、このようにゆっくりと関係性を築いていくことにより、よりリアルで十分な接触をもち、そのときの真実に近づくことのほうが重要なのである。その結果として患者は、自分自身をより十全に体験できるようになるのだ。それは患者が「変化」するための後押しとなるだろう。しかしそうであったとしても、これはほとんど偶発的なものなのである。

✦ 訳注

[1] 表記はないが、三五ページ／邦訳：四六ページからの引用。

[2] 三九ページ／邦訳：六〇ページから引用。

[3] 三二ページ／邦訳：四二ページから引用。

[4] Alcoholics Anonymous の略でアルコール依存症者の自助グループを意味する。一九三五年にアメリカ合衆国で初めて立ち上がり、世界各国へ広がった。

[5] クロメチアゾール Clomethiazole の商品名。おもに鎮静薬、睡眠薬、抗痙攣薬として用いられる。

[6] ジアゼパム Diazepam の商品名。おもに抗不安薬、抗痙攣薬、鎮静薬として用いられる。

[7] ロラゼパム Lorazepam の商品名。おもに抗不安薬として用いられる。

[8] イギリス出身の詩人 W. H. Auden が一九三八年に制作した詩。詩に登場するミス・ジーは「粗末なバックペダル式ブレーキ」付きの自転車に乗っていたために、雄牛から逃げきれず襲われそうになる夢を見る。その後ミス・ジーは不調を感じつつも早期受診をためらい、発見が遅れたことで癌によって亡くなる。夢の「粗末なバックペダル式ブレーキ」は消極的なミス・ジーの性格、雄牛は癌を象徴するといわれている。

解題

1 はじめに

　本書は英国精神分析の独立派を代表するハロルド・スチュワートとその同僚アンドリュー・エルダーとロバート・ゴスリングによる『Michael Balint: Object Relations Pure and Applied』(London/ New York: Routledge, 1996)の全訳である。原題を直訳すれば『マイケル・バリント:純粋対象関係と応用対象関係』となるのだろうが、バリントについての解説書という性質を鑑みて、本訳書では『バリント入門:その理論と実践』と題した。「なぜいまさらバリントなのだろう」。本書を手に取りながら、このように訝しんでおられる読者の方々も多いのではないだろうか。

　バリントは不遇の人である。大恩ある師フェレンツィの影響か、あるいはその生来の気質によるものか、ついに彼は精神分析サークルの中枢に馴染むことができなかった。対象関係論の礎を築いた人物として、クラインやウィニコット、ビオンと並び称されながらも、バリントが単独で取り上げられることはほとんどない。

　バリントは不幸の人である。日本屈指の精神科医である中井久夫や、心療内科成立の功労者である池見酉次郎によって、積極的に訳出・紹介がなされ、国際的にも高い評価を得た「甘え」(土居健郎)と共通の理論的基盤を

225

もっているにもかかわらず、現在の日本の心理臨床の世界でその名を見聞することは少ない。

バリントは不屈の人である。彼は失った故国に想いを馳せつつも、不慣れな異国語で自身の考えを再び発信し始めた人である。また、精神分析の政治的な世界から距離を置き、地を這うような臨床を展開した人である。そして、心理臨床に内在するある種のロマン主義には傾倒せず、あくまでリアリズムに徹した人である。純金を志向する分析原理主義とは一線を画し、実直でリアルな心理臨床を展開しているところにこそ、バリントの現代的意義がある。屋上屋を架す解題は避けたいと思う。この小論では、本書ですでに言及されたトピックには触れず、既存の文献で展望されてきたポイントとは違った視座でバリントの一面を浮き彫りにしたい。

二 ブダペストの遺児バリント：フェレンツィから対象関係論へ

中井久夫の伝聞によれば、バリントは英国精神分析サークルにあって、一際浮いた存在であった。バリントが学会中に発言をしても、その声は誰に届くこともなく、黙殺され、宙を漂っていたという。斯界のタブーとも呼べるフェレンツィ[1]の衣鉢を継ぐバリントにとって、この異国の地に寄る辺など、はじめからなかったのだ。

A・バリントから見た「フェレンツィ・シャーンドル」

精神分析の歴史は多くの悲劇で彩られている。フェレンツィは、そうした悲劇の最たる例である、とバリントは語る。フロイトとアブラハムは成熟した「成人」であったが、フェレンツィは才気溢れる「子ども」であった。両者のあいだは乗り越えがたい壁で隔てられている（一九四九）。フェレンツィは、卓抜した観察者であり、重要なアイデアの宝庫であった。その着想は、ときに仲間たちに称賛をもって迎え入れられ、ときに人々を困惑に陥れ、その取り扱いを困難なものにした。

フェレンツィという偉大な人物をただ一語で言い表さなければならないとすれば、彼は端的に「医者」であった、とバリントは述懐している（一九三四b）。ただし、「その一語の、最も繊細で、最も豊かな意味において」と言葉を紡いでいる。思い起こせば、「概念」としての転移の発見権はフロイトに帰せられるとしても、その転移という「現象」の荒波に揉まれていたのは間違いなくアナ・O．とブロイエルであった。転移と逆転移は常に現場here and nowで起きている。フェレンツィは紛れもなく現場の人であった。

　フロイトをして「治療狂」と揶揄されたフェレンツィの臨床魂は、実践論、とりわけ技法論において開花した。実験室を経由したフロイトと、即現場に放り込まれたフェレンツィをバリントは対比させている（一九三四b）。「積極技法」、「弛緩技法」、そして「相互分析」に至る一連の大実験はついに失敗に終わった。バリントは、この結果を真摯に受け止めたうえで、独自の対象関係論を構築する（一九六八）。しかし、その実践論の通奏低音には、「分析技法の果たす主要な役割は想起ではなく反復にこそ向けられる」（フェレンツィとランク、一九二四）というフェレンツィの洞察が流れていた。

　フェレンツィと出会った頃のバリントは血気盛んな若者であった。その当時、フェレンツィの講義に出席したバリントは、その日のうちに彼の部屋を訪ねた。泣き崩れ取り乱した女性と入れ違いになった。フェレンツィに分析を受けていたクラインであったという。バリントは、部屋に入るなり、フェレンツィに対して講義で気に入らなかった点を指摘した。フェレンツィはその指摘を優しく受け止めてくれた、とバリントはインタビューで回想している（スワードロウ、二〇〇二）。

　バリントは、最期まで師の歩みを足掛かりに臨床を営んだ。生前、ついに刊行を見届けられなかった『臨床日記』の序に、彼が遺した文章がある。

再構成された幼児期性的外傷をその細部のすべてにわたって事実と受け入れるかどうかは別にして、そこから生まれる結果に関する理論的考察、とくに**抑圧**の詳細なメカニズムに関しては、今日なお妥当であり、その意義は失われていない。　外傷の結果として自我に生じる変化に関してもまったく同じことが言える。

（一九六九）

B.　アリスとイーニド：「純粋精神分析」と「応用精神分析」

　一九一七年、バリントは、とある女性からフロイトの『トーテムとタブー』を受け取った。女性の名はアリス。バリントを「純粋精神分析」へと誘ったのは、ほかでもないこの女性なのである。アリスの両親、フレデリークとヴィルマは、フェレンツィと親交をもつ分析家で、ハンガリーの分析サークルで中心的な存在であった（ハイナル、一九八八）。

　アリスは、一八九八年にコヴァーチ家の長女として生まれ、当初は数学を専攻し、民族学博物館で人類学の研究に従事していた。両親の影響もあり、次第に精神分析を己の道と決めていったようだ。アリスは、ザックスとフェレンツィから分析を受けて訓練を終えた。豊潤なアイデアを生み出し、論考としてまとめ始めていたその矢先、亡命先のマンチェスターで早すぎる死を迎えてしまった。教育学にも造詣が深い彼女の論文は、『A Gyerme-kszoba Pszichológiája』として編纂され、多くの言語で翻訳されている（デュポン、二〇〇五）。

　アリスの死は対象関係論の発展にとって喪失であった。というのは、世に示されることなく、アリスの考えの多くが埋没してしまったからである（フュレプ、二〇〇〇）。最愛のアリスの死は、バリントにも相当の衝撃をもたらした。亡命先での困難な生活も相まって、彼にとって苦難の時期となった。ひとときの安らぎを求めるかのように、自身がかつて訓練分析を施した分析家エドナ・オークショットと再婚するが、長続きしなかったようだ。

一九五三年、マイケルとイーニドは夫婦となる。奇しくも、アリスの論文が収められた『一次愛と精神分析技法』の出版年と同じ年である。バリントは、アリスの喪の作業を、アリスとの想い出が添えられた本書を上梓することでもっておこなったと思うのは私だけだろうか。このときをもってイーニドとの「応用精神分析」の試みが始動することになる。

　一九〇三年にロンドンで生を受けたイーニド・アルバは、ソーシャルワーカーとしてその経歴をスタートさせた。文献学教授のロバート・アイゼホリッツと一九二五年に結婚し、三人の娘をもうけた。戦時中には家族福祉協会の設立に貢献し、英国社会福祉の分野では著名な存在となっていった。しかし、戦火の混乱から、精神分析の研究に関心を示すようになり、一九四八年にリックマンに分析を受け始める。バリントと出会うのはこの時期である。一九五一年のリックマンの死後、続けてウィニコットの分析を受けた。この分析はウィニコットの死が訪れる一九七一年まで続くことになった。イーニドの業績の多くは、『Before I was I: Psychoanalysis and the Imagination』という論文集に収められている。

　イーニドの研究分野は、精神分析固有の問題はもちろん、夫婦関係や家族力動、世代間伝達、そして一般開業医としてのバリント・グループまで多岐にわたっている。「精神分析家とは、ある意味では、家庭医なのよ」とイーニドは語っており、一人の患者や被分析者の背景や無意識にうごめいている無数の力動を扱う必要性を説いていた。イーニドは、自分が適切な分析をおこなえていないと感じたとき、その事態に気づくことができるかどうかが肝要であるとし、相手の言葉遣いを学ぶプロセスこそが分析過程であると示唆している。

　さて、バリントに甚大な影響を及ぼしたフェレンツィ、アリス、イーニドについてこれまで述べてきた。現代のバリントの意志を受け継ぐジョナサン・スカラーは、バリントの最期の著書『治療論からみた退行』は未完であると指摘し、それを補うピースがアリスとイーニドにあると述べている（スカラー、二〇一七）。興味や関心を

もった読者はぜひこれらの文献にもあたり、自分なりのバリント読解を形成してほしいと思う。

三　バリントの精神分析臨床の実際：ある匿名の被分析者の報告から

バリントの臨床実践とはどのようなものであったのだろうか。本書でも触れられているが、バリントは臨床例をほとんど提示することがなかった。

しかし、今から一〇年ほど前、大変興味深い報告がオーストラリアのある雑誌に投稿された（匿名、二〇〇七）。投稿者（以下、X）は、バリントとの分析をかつて経験し、そのパーソナルな思い出を綴ったエッセイを寄せたのであった。X氏は、結婚数十年を迎えた外科医で家族医を生業としていたが、投稿時は引退している。バリントとの分析を受けた当時の主訴は「親密性を恐れること」であった。X氏は、敬虔なプロテスタントの父親の家庭で育った（母親には言及なし）。地元の名士で医師でもある父親は、婚前性交に強く否定的で、「そんなことをする奴は売春婦と関係をもつような『好色家』だ」と非難的だった。X氏は、思春期以降、性衝動と父の教えの狭間で葛藤し続けた。三〇歳になりそろそろ身を固める時期を迎えたが、「好色家」という言葉が頭をよぎり、結婚にまで至ることはなかったという。こうした考えに異常さを覚えて苦しみ、抑うつ的になったX氏は、同胞の勧めもあり、バリントの元を訪ねることにした。以下、そのエッセイを要約してみよう。

一九五八年八月、恐れと不安を抱きつつ私（X）は来談しました。初回面接には対立的 confrontational なものがありました。私は自身の主訴などを伝えました。バリントは、「いま八月だ。十二月までは付き合おう。その後、私と会っていくか決めるといい。」と言ってくれました。週四回、カウチ設定で会っていくことになりました。

父親の恐怖がベリントへ転移しているという事態に気づくのに、私は数カ月を要しました。けれども、時間の経過とともに、不幸なアイルランド人である父親とは対照的に、ベリントを良性の父親像として体験するようになりました。

　セッションの時間を確保するために、私は周囲に少しばかり嘘をつかなくてはなりませんでした。自習のために居留守にする、とか。でも、半分は嘘ではないのです。事実、ベリントは、最終試験をパスするのを助けてくれたのですから。

　十二月頃には、抑うつは改善し、「好色家」という不安も落ち着きました。病棟ナースともうまくやれるようになりました。ベリントの言葉を借りれば、そのナースのおかげで「一皮剥けた」のです。しかしながら、ときおり、やはり「好色家」という言葉が首をもたげるのでした。

　一九五九年末に、外科医訓練の試験を終えました。ある医師から自分の診療所でパートナーシップを組まないかと誘われました。数年間の専門医訓練を受けるためにロンドンに残留するという条件付きでしたが、これは好機のように思えました。しかしほぼ同時期、父が地元で交通事故のために帰らぬ人となりました。飲酒運転のトラックがぶつかって来たのでした。私は葬式に出席しました。そこで、性愛と関係する抑うつが立ち戻り、私はウイスキーをかなりの量飲みました。勢いで若い女性と婚約を取り付け、ロンドン行きも約束しましたが、結局それは破談になりました。けれども、その後、ロンドンの病院で働きつつ、そこで出会った医学生と恋に落ち、六カ月ほどの交際を経て結婚しました。これは、私にとっても、ベリントにとっても、まさに偉業でした。結婚後、私たちはオーストリアに戻りました。職業生活は良好で、結婚生活も調和的なものでした。

　分析での想い出を少し。笑い時期、ベリントはリクライニングを倒して横になり、よく膝掛けをかけてい

たものです。定刻通りにセッションを始め、バリントは休むことなくセッションを用意してくれました。バリントには優れたユーモアのセンスがありました。年度途中、バリントは、家具の配置を入れ替え、カウチも移動させたことがありました。バリントは「私たちの立場も入れ替わったみたいだね」と言いました。またあるとき、私はパイプの灰を落として、床のカーペットを焦げ付かせてしまいました。バリントは、それを「儲けもの」として受け取ってくれました。ほかには、私がセッションに遅刻したときがありました。バリントはうたた寝をしており、イビキをかいていました。私は愚直なものですから、寝たフリをしてくれていたと思い、その行為を褒めたのです。するとバリントは自身の非礼を詫びました。

外科学のチューターとの関係が良好とはいえない時期がありました。バリントに相談すると、「あなたが恐れているように、彼もあなたを恐れているのかもしれない。」と言われました。しかし私にはピンと来ませんでした。「今度機会があったら、素直に褒めてみてはどうだろう。何が起こるかな。」とバリントは続けました。ややあって、チューターの論文が雑誌に掲載されたことがありました。その折、私が彼に素直に賛辞を送ると、わだかまりが解け、以降私とチューターは良い友となったのです。

こうした振る舞いが、分析規則を破っているのは確かなのでしょう。バリントは私に自分の一人息子を重ね、もう一人の息子として接してくれたのではないかと、今は思うのです[2]。一人息子と私は同い年でしたから。バリントは、父親のように、助言を多くしてくれました。それは、彼の性格に由来するものなのかもしれませんが、現代の分析作法からすれば、技法的に言って良くないことなのかもしれません。私が試験で不安なとき、バリントは自身が試験に落ちたことがあったことを打ち明けてくれました。

バリントは緑内障のため視力が低下しており、そのため車の運転ができませんでした。セッションには、タクシーや公共交通機関、徒歩で来ていました。また、右手親指もなかったので、署名するときなにかと大変

そうでした。

　分析終了後、私たちは何度かやり取りをしていましたが、一九七〇年、バリントが心臓発作に襲われたのです。なんとか持ち堪えてくれました。その後、私たちは会話のやり取りもできたのです。しかし、手術を控えた数日前に、発作がまた起き、バリントは亡くなりました。私は、相当ショックを受け、ほかの分析家に再度分析を受けたほどです。

　私は、バリントとの分析が完璧だったと言うつもりはありません。また、その仔細をすべて語るつもりもありません。ただ、バリントとの分析が大変意味のあるもので、私の助けになったという事実は確実なものでしょう。

　これは、ある被分析者の断片的な回想であるため、その受け取りには注意が必要であろう。ここに転移性治癒を読み取り、陽性転移によって本文が染め上げられていると看取することも容易なことだろう。しかし、このエッセイを読む限り、バリントとの分析がX氏にとって有益であった点に疑いの余地はない。カーンバーグ（一九九五）が指摘するように、誰かと恋に落ちるということは、深い対象関係の構築と性願望の理想化の結びつきが不可欠である。その意味では、この分析によってX氏の親密性をめぐる問題は、ついにワークされたと言えるのではないだろうか。読者の方々は、この記述から、バリントの実践をどのように思い描くだろうか。

四　応用精神分析：訓練、バリント・グループ、焦点心理療法

バリントにとって精神分析とは、安楽椅子に腰かけて営まれる知的ゲームなどではなく、なによりも実践の学であった。それゆえ、「精神分析という方法論をどのようにさまざまな分野に応用するのか」という問いは常に念頭に置かれている問題意識であった。その典型例こそがバリント・グループであり、その応用や活用の基盤として想定されていたのが訓練の問題であった（オッペンヘイム＝グルックマン、二〇一五）。

A・　訓練と教育

心理臨床に従事する者たちは、訓練という通過儀礼を避けて通れない。特定のインスティテュートが提供するトレーニングコースを修めると「訓練を終えた」と言えるかもしれないが、本質的には学びのプロセスは永続的に旋回を続けていく。

それゆえに訓練の問題を考えることは、専門家としての発達過程を根底から吟味するということになる。バリントが熟慮していたのは、（一）精神分析に見られる訓練制度、またそのプロセスで生起する諸問題、および（二）精神分析過程を体験していない臨床家たちが精神分析的な理解を応用できるのかという課題、である。後半の（二）の問いへの答えは、バリント・グループへと結実していくことになる。

まずは（一）からみていこう。英国での訓練コースが分かたれたように、派閥と訓練課程とは密接に絡み合っている。受けた訓練によって自らの専門家としてのアイデンティティが形成されるとするならば、その学派が自身の準拠集団となるのは必然であろう。己を滋養し、成長させてくれた人たちに愛着を抱き、その居心地の良さに安堵を覚え、次第に、その学派を特徴づける「神話」を再生産するようになる（シェイファー、一九八三）。だか

らこそバリントは、「大論争」の最中、訓練についての問題を誰よりも真剣に取り上げて議論したのだ（キングとシュタイナー、一九九一）。このような再生産の機序の背景に、「自我機能の弱化」と「特殊な超自我の強化」があると看破したのは、まさにバリントの慧眼であった。

従来の訓練モデルに沿えば、訓練生はまず個人分析を受けることになる。分析過程のなかで、訓練生の自律性や無党派性は、分析家への強烈な帰依の危険性にさらされることになる、とバリントは摘示した。結果、訓練生は分析そのものを理想化し、自身の学派を信奉し、教師たちに盲従し、異なる思考を異端視することになる。「分析家」としての矜持は芽生えるだろうが、そこに「臨床家」としての自律性はあるだろうか。実践のなかで自ら考え、選択し、行動する必要性を当然の事として強調したのがバリントであった[3]。

B. バリント・グループ

一九五〇年代からバリントは一般開業医を中心にした症例検討のセミナーを開始した。このセミナーは、手探り状態、まったくの試行錯誤のなかで始まった。精神分析の思考や知見を、一般開業という日常臨床の現場にどのように活かすかという問題意識をもってスタートし、紆余曲折を経て、それは「バリント・グループ」へと逢着した。いまでは、その対象は、一般開業医や看護師などの医療関係者に留まらず、教師や聖職者、産業関係者にまで広がりを見せている。

現在、最も影響力の強い精神分析家の一人と目されているトーマス・オグデンは、過去にバリント・グループを経験したことがあった（二〇〇九）。彼は、このセミナーで学ぶことは非常に多かったとして、ある印象深い場面を語っている。彼がかつて「参与観察者」の立場でグループに参加していたときのことだった。ある一般開業医が、自身の女性患者とその年老いた母親のエピソードを語った。その医師があるとき、患者から呼び出される

と、母親がベッドで亡くなっていた。医師は手際よく死亡を確認し、その後の手配を手伝った。医師が以上の報告を終えた。すると、リーダーは「なんでそうしたの?」と問いかけた。医師は怪訝そうに「母親は死んでいましたから」と応じた。「なんで、娘さんとお茶の一杯でも一緒にしなかったの?」とリーダーはさらに問いかけたのだった。オグデンを含めメンバー全員が唖然とした。しかし、「なぜ患者はこの医師を呼んだのだろうか」と疑問に思えば、あるいは「無言となった母親と共にしていたあいだ、患者が何を想い、何を感じていたのか」と思いを巡らせれば、このリーダーの発言も奇をてらったものとは言えないことがお分かりと思う。

ウィニコットは、バリント同様、精神分析の応用を志向した人物であった。その好例は『子どもの治療相談面接』(一九七一)に提示されている。ところが、精神分析の利用には精神分析の訓練が不可欠である、とウィニコットはその序で述べているのだ。つまり、少なくとも個人分析を受けるなどの訓練課程を経てからでないと、分析の理解の応用は困難であると示唆された。これは当然と言えば当然なのだが、正式な精神分析を受けることが難しい本国の実情に照らしてみれば、この指摘は非常に重いものとなり、分析の理解を現場で一般の臨床家が応用する道は閉ざされることとなる。

高度な訓練を受け非常に高い感受性を備えた臨床家が求められるウィニコットの治療相談。これとバリントのアプローチには差異もあるが、驚くほど類似点が多いとバリントは示唆する(一九七三)。精神分析の訓練を受けていない一般開業医による「六分間対話療法」をはじめとするバリント流のアプローチには、思わしくない過酷な状況bad workにあって最善を尽くそうとする臨床家たちのすべてが参照すべき鉱脈が眠っていると私は信じる。

C. 焦点心理療法

　本書でも記されているが、バリントは当初、一般開業医の心理療法の可能性を模索していた。しかし、結果は芳しくなかった。バリントは乱暴な心理療法家を育成しているとして嘲弄され、一般開業医たちも自身の限界に落胆することとなった。バリントの計画は加筆修正を余儀なくされた。一日の限られた時間で多くの患者を、しかも疾患の別にかかわらず診察しなければならない。そうした一般開業医の実情に即していく形で、焦点心理療法 focal psychotherapy というアプローチが醸成されていった。

　『焦点心理療法』（一九七二）は、ウィニコットの『ピグル』（一九七七）にも匹敵するような、バリント唯一の治療報告である。妻の浮気を疑うパラノイド気質のベイカー氏をクライエントとした短期療法の報告（一九六〇年十一月〜一九六二年三月：計二七セッション）だが、そこでも精神分析家マイケル・バリントの臨床スタイルを彷彿とさせる記述を散見できる。ベイカー氏が自身の猜疑的な空想のストーリーを朗々と語った後、それらを友好的ながらも払いのけ、「で、あなたは何を感じているんだ」と詰め寄るバリントの姿。自身の同性愛傾向に気づきはじめたベイカー氏が、ペニス恐怖をめぐる夢を報告したセッションで、躊躇なくおこなわれる転移解釈の介入。セラピーに要するセッション数を常に勘案しながら、一期一会の姿勢でベストを尽くそうとしている描写もある。

　さまざまな面接経過を経て、最終的にベイカー氏のパラノイド気質はなりを潜め、夫婦関係は良好なものへと変質した。ベイカー氏自ら希望し、バリントがそれを引き受ける形でセラピーは終結した。その後のフォローアップの報告からは、ベイカー氏の改善は持続していることが確認された。ただし、分析的にみて、問題がないわけではない。先のX氏と同様、ベイカー氏からもバリントは良好な父親像としてスプリットされているようなのだ。これは、バリント自身の特性なのかもしれない。あるいは、彼がクライエントに終生抱いていた陽性転移のなせる業なのかもしれない。

もちろん、一介の臨床家がこのような焦点心理療法を敢行するには、相当の訓練が必要なのは論を待たない。定期的なワークショップで本事例が報告され、同僚からの（ときに手厳しい）批判をバリントも受けていた事実を忘れてはならない。自分一人では感知しづらい事態を仲間の助けを補助線としながら模索していくバリントの姿勢をここに垣間見ることができる。また、この焦点療法を受けるクライエントには、良好な対人関係・対象関係の歴史を基盤とした一定の自我強度が求められる。その焦点となる症状や治療目標も、必然的に識別可能な領域を形成し、自我違和的な側面を有している必要がある。しかしながら、これらの厳密な基準によるアセスメントとは豊富な臨床経験があれば、焦点療法の実験結果に私たちが利用できる臨床知を見出すことは可能だろう。

五　愛について

死の受容段階で著名なエリザベス・キューブラー＝ロスは、晩年のインタビューのなかで、愛について尋ねられた。愛とは何なのだろうか。「言葉にできない。あなたにあればわかるし、なければわからない。」彼女は、人生で大事なことが二つあると述べた。愛することと、愛を受け入れること。「人は愛について、多くを学ばねばならない。」フロム（一九五六）もまた、「愛するということとは技術」であり、学ぶべき芸術であると指摘している。

精神分析の文献を見渡してみると、攻撃性や破壊性、死の欲動などには出くわすものの、「愛」を目にすることが極端に少ないことに気づかされる。「愛」としては単純に言及されず、性愛やリビドー、はたまた倒錯として表現されることもあり、それはまるで愛というタームがタブーであるかのようである。ミッチェル（二〇〇二）は、さまざまに含意のある愛の複雑性が、解体され還元されてしまっていると嘆いている。

現在の精神分析臨床において、死の欲動という視座を援用している最たる集団は、おそらくはクライン派であろう。転移─逆転移が織りなす治療関係のなかで、患者やクライエントの攻撃性や破壊性に肉薄し、その死性を

取り扱おうとする姿勢には確かな臨床的有効性があるのかもしれない。しかし、死への接近の結果、死人が実際に出てしまっては臨床とはならないだろう。彼らは死を取り上げつつも、生き続けることの痛みに触れ、逆説的ながら生きること、誰かを愛していくことを援助しているようにも見える。

かつてフロイトは、人生にとって重要な事柄として「愛すること」と「仕事をすること」を挙げたという。フロイトは、自身の名前の綴りFreudと「喜び」Freudeが類似しているために幼少時からからかいの対象になったという。ドイツ語によるフロイトの格調高い名文にあって、ラテン語のlibido（ドイツ語でFreude）は異彩を放っている。Freudeではなくlibidoを選択した背景には、こうしたフロイト個人の事情があるのかもしれない[4]。このフロイトの金言に沿えば、精神分析では「愛」Liebeこそが取り扱われなければならない。バリントは、愛の優しさを強調した最初の人物であった（カーンバーグ、一九九五）。彼は、さまざまな反論や異説を併置しながらも愛の原初性を証明しようとし、成熟した愛から甘受できる幸福を追求しようとした。恥じらいも躊躇いもなく、それらの一切を徹頭徹尾、透徹した眼差しで見つめ続けたのだった。

「人はまず愛されたいと望んでいる」という一次愛の状態は、まさに母子関係の素描であり、「水魚の交わり」と表現して差し支えないだろう。魚にとって、水はあって当然で破壊不可能な「一次物質」である。この至極当然で、かつ、現実離れしたほどの調和が「母の愛」であり「母への愛」なのである。そして、これこそ、バリントが生涯をかけて探究し続けたアルケーなのである。彼は言う、「愛に限界はない」と。

バリントは愛の人である。

六 訳出や翻訳に関して

バリント関連の用語に関しては、中井久夫や池見酉次郎らの既訳を全面的に採用した。また、専門用語や人名表記は、『精神分析事典』（岩崎学術出版社）を適宜参照した。

本書は初学者からベテランまで幅広く読者層を想定しているため、訳注を多く付している。初歩から些細なことに至るまで記しており、煩雑であることを避けられなかった。

入門書ということもあり、訳出にあたっては、原文に忠実であるのは当然として読みやすさを重視したつもりである。なるだけ誤訳は排そうと心掛けたが、思わぬ誤りがあるかもしれない。読者諸兄姉の忌憚のないご叱正、ご指導をいただければ幸いである。

七 おわりに

今回の訳業には多くの方々から有形無形のサポートを受けました。個別には申し上げませんが、ここに記して感謝します。魚類は水を失うと、窒息死すると言います。親を失った子ども、あるいは子どもを亡くした保護者の心中は、まさに窒息状態の苦痛と表現してよいでしょう。当然の環境としての水中を提供し、愛情を注いで私を生かせてくれた両親に感謝します。親からは「愛されるということ」を教わりました。最後に、「愛するということ」とは何なのかを教えてくれた妻と子どもに感謝します。

二〇一八年九月　東山魁夷『夢の詩Ⅶ「水魚の交り」』を前に

筒井亮太

文献

Anonymous (2007). My experience of Michael Balint: A patient's anonymous bequest. *Australasian Journal of Psychotherapy*, 26.

Dupont, J. (2005). Balint-Szkely-Kovacs, Alice. In de Mijolla, A. (Ed.), *International Dictionary of Psychoanalysis*. New York: Macmillan Reference, 149-150.

Ferenczi, S. & Rank, O. (1924). *Entwicklungsziele der Psychoanalyse: Zur Wechselbeziehung von Theorie und Praxis*. Wien: Internationaler Psychoanalytischer Verlag.

Fomm, E. (1956). *The Art of Loving*. New York: Harper & Brothers. (鈴木晶訳 [1991]. 新訳版 愛するということ 東京：紀伊國屋書店.)

Fülöp, M. (2000). ハンガリーの精神分析の歴史と現在 精神分析研究, 44, 101-121.

Haynal, A. (1988). *The Technique at Issue: Controversies in Psychoanalysis from Freud and Ferenczi to Michael Balint*. London: Karnac.

Kernberg, O. F. (1995). *Love Relations: Normality and Pathology*. London: Yale University Press.

Kernberg, O. F. (1996). Thirty methods to destroy the creativity of psychoanalytic candidates. *The International Journal of Psycho-analysis*, 77, 1031-40.

King, P. & Steiner, R. (Eds.) (1992). *The Freud-Klein Controversies 1941-45*. London: Routledge.

Mitchell, S. A. (2002). *Can Love Last? The Fate of Romance over Time*. New York: W. W. Norton. (池田久代訳 [2004]. 愛の精神分析 東京：春秋社.)

森茂起 (2018). フェレンツィの時代：精神分析を駆け抜けた生涯 京都：人文書院.

Ogden, T. H. (2009). *Rediscovering Psychoanalysis: Thinking and Dreaming, Learning and Forgetting*. London: Routledge.

Oppenheim-Gluckman, H. (2015). *Reading Michael Balint: A Pragmatic Clinician*. London: Routledge.

Rachman, A. W. N. (Ed.) (2016). *The Budapest School of Psychoanalysis: The Origin of a Two-person Psychology and Empathic Perspective*. London: Routledge.

Schafer, R. (1983). *The Analytic Attitude*. New York: Basic Books.

Sklar, J. (2017). *Balint Matters: Psychosomatics and the Art of Assessment*. London: Karnac.

Swerdloff, S. (2002). An interview with Michael Balint. *The American Journal of Psychoanalysis*, 62, 383-413.

Winnicott, D. W. (1971). *Therapeutic Consultations in Child Psychiatry*. New York: Basic Books.

Winnicott, D. W. (1977). *The Piggle: An Account of the Psychoanalytic Treatment of a Little Girl*. London: International University Press.

† **注**

[1]現代では事情が異なってきている。
フェレンツィ・ルネサンスと言われて久
しい。フェレンツィをはじめとしたブダ
ペスト学派を取り上げた書籍の出版が国
内外で相次いでいる（森, 2018; Rachman,
2016）。

[2]バリントの息子のジョン（一九二五〜
二〇一六）は、総合医療分野で重要な貢
献をしたことで知られる。

[3]同様の事が「精神分析訓練生の創造

性を破壊する三〇の方法」で指摘されて
いる（Kernberg, 1996）。

[4]實川幹朗の示唆による。

あとがき

　実のところ、私が最初に読んだ精神分析の臨床をめぐる著作はマイケル・バリントの『治療論からみた退行：基底欠損の精神分析』中井久夫訳（金剛出版）でした。もっとも、哲学少年であった私は中学高校時代にフロイトの著作をいくつか読んでいましたし、京都大学文学部に在籍していた際は、当時のニューアカデミズム・ブームに乗って、ラカンやフランスの精神分析関連書も読んでいました。しかし、それは専ら学問的関心からの読書体験であって、そこに臨床の視点はあまりありませんでした。私が『治療論からみた退行：基底欠損の精神分析』に触れたのは、私が医学生時代と研修医時代を過ごした神戸大学医学部精神神経科の教授が同書の翻訳者であったことが直接的なきっかけです。この辺りは相当以前の話なので、私の記憶が曖昧であり、もしかしたら誤っているかもしれませんが、確か、私が医学部の臨床実習で精神神経科に配属されたときの参考図書に『治療論からみた退行：基底欠損の精神分析』が挙げられており、それを手に取り読んだのが私のバリント体験の原点だったと思います。そのときはまだ医学生に過ぎず、精神科臨床や心理臨床についての実践経験がなかったので、その本の内容を十分に理解できたとは言えそうにありません。ただ、強い印象を受けたことは間違いありません。そして、研修医として臨床実践を積み重ねる中で、困難な状況に遭遇するたびに私は『治療論からみた退行：基底欠損の精神分析』を繰り返し読みました。若き日の私を支えてくれた著作の一つです。ちなみに中井久夫

先生は、精神分析に関しては必ずしも好意的な人ではありませんでしたが、バリントやウィニコットを高く評価していました。私は中井先生に同一化しているわけではありませんが、気づけば中井先生と同じようなスタンスになっており不思議な感じがします。

日本の精神分析サークルにおいて精神分析原理主義の趨勢が強くなっているように感じます。そのような流れの中で、バリントやウィニコットのような柔軟性や現実主義を打ち出す精神分析臨床家の評価は、精神分析サークルの中で決して高くありません。むしろ、不当に軽視されていると言ってもよいくらいです。精神分析というマイナー文化が現代社会で生き残るためには、原理主義に傾かざるを得ないという事情は理解できますし、その由連想）を実践できる恵まれた臨床家は数少なく、それを受けることができる経済的にも時間的にも相当の余裕があるクライアント・患者も数少ないという現実を考えると、ほとんどの人は純粋精神分析ではなく、応用精神分析を行っている、ないし、受けていることになります。その現実を直視するならば、バリントの業績は原理主義に与しない精神分析臨床家や精神分析サークルの外側にいる多くの心理臨床家にとって有用であると私は信じます。バリントの主著はそのほとんどが翻訳されているにも関わらず、なぜかバリントから直接の影響を受けた臨床家の手になる本書は、バリントの業績を知ません。そのような状況下で、バリントから直接の影響を受けた臨床家の手になる本書は、バリントの業績を知り、その本質を理解する上でとても有益なものです。バリントに馴染みのない読者のみなさんは、本書を読んだ後、是非、バリントの著作に触れていただきたいと思います。すでにバリントの著作に触れているみなさんは、本書を読んだ後に、再度バリントの著作を精読していただきたいと思います。本書はひとつのバリント読解を示したものです。本書の内容はバリント読解の唯一の正解ではありません。読者のみなさんには、バリントの著作に触れ、本書の内容に喚起され、自分なりのバリント読解を生成していただけたらと思います。本書の内容はバリント読解の唯一の正解ではありません。

私にとって思い入れの深いバリントの入門書を出版することができて私はとても幸せです。特に『治療論からみた退行：基底欠損の精神分析』を出版した金剛出版から刊行されるという事態には運命的なものを感じています。私は本書の翻訳出版をかなり以前から考えていました。今このように刊行に至るためには、もう一人の監訳者である筒井亮太君と金剛出版の弓手正樹氏の尽力が必要でした。私一人の力では成し得なかったと思います。二人にはこの場を借りて感謝したいと思います。また、私にバリントに触れる最初の機会を与えてくれた中井久夫先生にも深謝したいと思います。本書の刊行を通して、ほんの僅かとはいえ、中井先生に恩返しができたかなと思っています。

　二〇一八年七月　道端に咲くツユクサを眺めつつ

細澤　仁

Medical.

1965   *Primary Love and Psychoanalytic Technique* (2nd, rev. and enlarged edn), London: Tavistock Publications.…①

1966a   (with Enid Balint, R. Gosling and P. Hildebrand) *A Study of Doctors*, London: Tavistock Publications.

1966b   'Psychoanalysis and Medical Practice', *International Journal of Psycho-Analysis* 47(1): 54-62.

1968   *The Basic Fault: Therapeutic Aspects of Regression*, London: Tavistock Publications. …⑤

1969   'Trauma and Object Relationship', *International Journal of Psycho-Analysis* 50: 429-36.…⑥

1970a   (with N. Hunt, D. Joyce, M. Mainker and J. Woodcock) *Treatment or Diagnosis: a Study of Repeat Prescriptions in General Practice*, London: Tavistock Publications.

1970b   'La Genèse de mes idées', *Gazette Médical, France* 77(3): 457-66.

1972   (with Enid Balint and P. H. Ornstein) *Focal Psychotherapy - an Example of Applied Psychoanalysis*, London: Tavistock Publications.

［邦訳］

①森茂起・枡矢和子・中井久夫訳（1999）．一次愛と精神分析技法　東京：みすず書房．

②池見酉次郎ほか訳（1967）．実地医家の心理療法　東京：診断と治療社．（第二版［1981］. プライマリ・ケアにおける心身医学：バリント・グループの実際　東京：診断と治療社．）

③中井久夫・滝野功・森茂起訳（1991）．スリルと退行　東京：岩崎学術出版社．

④小此木啓吾監修・山本喜三郎訳（2000）．医療における精神療法の技法：精神分析をどう生かすか　東京：誠信書房．

⑤中井久夫訳（1978）．治療論からみた退行：基底欠損の精神分析　東京：金剛出版．

⑥森茂起・大塚紳一郎・長野真奈society訳（2007）．外傷と対象関係　In　精神分析への最後の貢献：フェレンツィ後期著作集　東京：岩崎学術出版社．

⑦山本喜三郎訳（2005）．6分間対話療法：実地医療における対話とフラッシュ（ひらめき）新潟：考古堂．

1955b	iour: *Classic Essays in Humanistic Psychiatry*, New York: Liveright, 1956, pp.188-97. 'The Doctor, His Patient, and the Illness', Lancet: 683-8, 2 April 1955. Reprinted in *Problems of Human Pleasure and Behaviour: Classic Essays in Humanistic Psychiatry*, New York: Liveright, 1956, pp.198-220.
1955c	'Friendly Expanses - Horrid Empty Spaces', *International Journal of PsychoAnalysis* 36(4-5): 225-41.
1956a	*Problems of Human Pleasure and Behaviour: Classic Essays in Humanistic Psychiatry*, New York: Liveright, 1956.
1956b	'Pleasure, Object and Libido: Some Reflections on Fairbairn's Modifications of Psychoanalytic Theory', *British Journal of Medical Psychology* 29(2): 162-7. Reprinted in *Problems of Human Pleasure and Behaviour: Classic Essays in Humanistic Psychiatry*, New York: Liveright, 1956, pp.281-91.
1956c	'Perversions and Genitality', in *Perversions, Psychodynamics and Psychotherapy*, New York: Random House, pp.16-27. Reprinted in *Primary Love and Psychoanalytic Technique* (2nd, rev. edn), London: Tavistock Publications, 1965, pp.136-44.…①に収録
1956d	'Sex and Society', in *Problems of Human Pleasure and Behaviour: Classic Essays in Humanistic Psychiatry*, New York: Liveright, 1956.
1957a	*The Doctor, His Patient and the Illness*, London: Pitman Medical Publishing.…②
1957b	'The Three Areas of the Mind: Theoretical Considerations', *International Journal of Psycho-Analysis* 39(5): 328-40. Reprinted in *The Basic Fault: Therapeutic Aspects of Regression*, London: Tavistock Publications, 1968, pp.3-31.…⑤に収録
1959a	*Thrills and Regressions*, London: Hogarth Press.…③
1959b	'The Doctor's Responsibility', *Medical World* 92(6): 529-40. Reprinted in *Psychotherapeutic Techniques in Medicine* (with Enid Balint), London: Tavistock Publications, 1961, pp.104-15.…④に収録
1960a	'Primary Narcissism and Primary Love', *Psycho-Analytic Quarterly* 29(1): 6-43. Reprinted in *The Basic Fault: Therapeutic Aspects of Regression*, London: Tavistock Publications, 1968, pp.34-76.…⑤に収録
1960b	'Examination by the Patient', *Excerpta Medica* 53: 9-14. Reprinted in *Psychotherapeutic Techniques in Medicine* (with Enid Balint), London: Tavistock Publications, 1961, pp.47-60.…④に収録
1961	(with Enid Balint) *Psychotherapeutic Techniques in Medicine*, London: Tavistock Publications.…④
1962	'The Theory of Parent-Infant Relationship', *International Journal of Psycho-Analysis* 43(4-5): 251-2. Reprinted in *Primary Love and Psychoanalytic Technique* (2nd, rev. and enlarged edn), London: Tavistock Publications, 1965, pp.145-7.…①に収録
1963a	'The Younger Sister and Prince Charming', *International Journal of Psycho-Analysis* 44(2): 226-7.
1963b	'The Benign and the Malignant Forms of Regression', *Bulletin of the Association of Psycho-analytic Medicine* 3(2), pp.20-8. Reprinted in *The Basic Fault: Therapeutic Aspects of Regression*, London: Tavistock Publications, 1968, pp.117-56.…⑤に収録
1964	*The Doctor, His Patient and the Illness* (2nd, rev. and enlarged edn), London: Pitman

Journal of Psycho-Analysis 31(3): 196-9. Reprinted in *Primary Love and Psychoanalytic Technique*, London: Hogarth Press, 1952, pp.236-43, and (2nd, rev. edn) London: Tavistock Publications, 1965, pp.223-9.…①に収録

1950b   'On the Termination of Analysis', *International Journal of Psycho-Analysis* 31(3): 196-9. Reprinted in *Primary Love and Psychoanalytic Technique*, London: Hogarth Press, 1952, pp.236-43, and (2nd, rev. edn) London: Tavistock Publications, 1965, pp.223-9.…①に収録

1951a   'The Problem of Discipline', *New Era* 2: 104-10. Enlarged version in *Problems of Human Pleasure and Behaviour: Classic Essays in Humanistic Psychiatry*, London: Hogarth Press, 1957, pp.34-48.

1951b   'On Punishing Offenders', in G. B. Wilbur and W. Muensterberger (eds) *Psychoanalysis and Culture*, Reprinted in *Problems of Human Pleasure and Behaviour: Classic Essays in Humanistic Psychiatry*, New York: Liveright, 1956, pp.86-116.

1952a   *Primary Love and Psychoanalytic Technique*, London: Hogarth Press, *International Journal of Psycho-Analysis* Library.…①

1952b   'New Beginning and the Paranoid and the Depressive Syndromes', *International Journal of Psycho-Analysis* 33(2): 214-24. Reprinted in *Primary Love and Psychoanalytic Technique*, London: Hogarth Press, 1952, pp.243-65 and (2nd, rev. edn) London: Tavistock Publications, 1965, pp.230-49.…①に収録

1952c   'On Love and Hate', *International Journal of Psycho-Analysis* 33(4): 355-62. Reprinted in *Primary Love and Psychoanalytic Technique*, London: Hogarth Press, 1952, pp.141-56 and (2nd, rev. edn) London: Tavistock Publications, 1965, pp.121-35.…① に収録

1952d   'Notes on the Dissolution of Object-representation in Modern Art', *Journal of Aesthetics and Art Criticism* 10(4): 323-7. Reprinted in *Problems of Human Pleasure and Behaviour: Classic Essays in Humanistic Psychiatry*, New York: Liveright, 1956, pp.117-24.

1952e   (with S. Tarachow) 'General Concepts and Theory of Psychoanalytic Therapy', *Annual Survey of Psychoanalysis* 1: 227-40.

1954a   'Analytic Training and Training Analysis', *International Journal of Psycho-Analysis* 35(2): 157-62. Reprinted in *Primary Love and Psychoanalytic Technique* (2nd, rev. edn) London: Tavistock Publications, 1965, pp.275-85.…①に収録

1954b   'Geza Roheim: an Obituary', *International Journal of Psycho-Analysis* 35(4): 434-6. Reprinted in *Problems of Human Pleasure and Behaviour: Classic Essays in Humanistic Psychiatry*, New York: Liveright, 1956, pp.256-60, under title 'Geza Roheim, 1891-1953'.

1954c   '*The Life and Ideas of the Marquis de Sade* by G.Cover' (book review), *International Journal of Psycho-Analysis* 35(1): 78-83. Reprinted in *Problems of Human Pleasure and Behaviour: Classic Essays in Humanistic Psychiatry*, New York: Liveright, 1956, pp.251-5.

1955a   'Notes on Parapsychology and Parapsychological Healing', *International Journal of Psycho-Analysis* 36(1): 31-5. Reprinted in *Problems of Human Pleasure and Behav-*

pp.37-58.

1936a 'The Final Goal of Psychoanalytic Treatment', *International Journal of Psycho-Analysis* 17(2): 206-16. Reprinted in *Primary Love and Psychoanalytic Technique*, London: Hogarth Press, 1952, pp.188-99, and (2nd, rev. edn) London: Tavistock Publications, 1965, pp.178-88.…①に収録

1936b 'Eros and Aphrodite', *International Journal of Psycho-Analysis* 19(2): 199-213. Reprinted in *Primary Love and Psychoanalytic Technique*, London: Hogarth Press, 1952, pp.73-9, and (2nd, rev. edn) London: Tavistock Publications, 1965, pp.59-73.…①に収録

1937a 'A Contribution to the Psychology of Menstruation', *Psycho-Analytic Quarterly* 6: 346-52. Reprinted in *Problems of Human Pleasure and Behaviour: Classic Essays in Humanistic Psychiatry*, New York: Liveright, 1956, pp.174-81 (enlarged version).

1937b 'Early Developmental States of the Ego: Primary Object-love', *International Journal of Psycho-Analysis* 30(4): 265-73. Reprinted in *Primary Love and Psychoanalytic Technique*, London: Hogarth Press, 1952, pp.90-108 and (2nd, rev. edn) London: Tavistock Publications, 1965, pp.74-90.…①に収録

1939a (with Alice Balint) 'On Transference and Counter-transference', *International Journal of Psycho-Analysis* 20(3-4):223-30. Reprinted in *Primary Love and Psychoanalytic Technique*, London: Hogarth Press, 1952, pp.213-20, and (2nd, rev. edn), London: Tavistock Publications, 1965, pp.201-8.…①に収録

1939b 'Ego Strength and Education', *Psycho-Analytic Quarterly* 11(1): 87-95. Reprinted in *Primary Love and Psychoanalytic Technique*, London: Hogarth Press, 1952, pp.200-12, and (2nd, rev. edn) London: Tavistock Publications, 1965, pp.189-200, with the title 'Strength of the Ego and its Education'. (In both editions the Table of Contents lists this title as 'Strength of the Ego and Ego-pedagogy'.)…①に収録

1942 'Reality Testing during Schizophrenic Hallucinations', *British Journal of Medical Psychology* 19(2): 201-14. Reprinted as 'Contributions to Reality Testing', in *Problems of Human Pleasure and Behaviour: Classic Essays in Humanistic Psychiatry*, New York: Liveright, 1956, pp.153-70.

1948a 'On Genital Love', *International Journal of Psycho-Analysis* 29: 34-40. Reprinted in *Primary Love and Psychoanalytic Technique*, London: Hogarth Press, 1952, pp.128-40, and (2nd, rev. edn) London: Tavistock Publications, 1965, pp.109-20.…①に収録

1948b 'On the Psychoanalytic Training System', *International Journal of Psycho-Analysis* 29(3): 163-73. Reprinted in *Primary Love and Psychoanalytic Technique* (2nd, rev. edn) London: Tavistock Publications, 1965, pp.253-74.…①に収録

1948c 'On Szondi's *Schicksalsanalyse* and *Triebdiagnostik*, *International Journal of Psycho-Analysis* 29(4): 240-9. Reprinted in *Problems of Human Pleasure and Behaviour: Classic Essays in Humanistic Psychiatry*, New York: Liveright. 1956, pp.261-80.

1949 'Dr Sandor Ferenczi, Obit. 1933', *International Journal of Psycho-Analysis* 30(4): 215-19. Reprinted in *Problems of Human Pleasure and Behaviour: Classic Essays in Humanistic Psychiatry*, London: Hogarth Press, 1957, pp.243-50.

1950a 'Changing Therapeutical Aims and Techniques in Psychoanalysis', *International*

マイケル・バリント：著作目録

1925   'Perversion or a Hysterical Symptom?', in *Problems of Human Pleasure and Behaviour: Classic Essays in Humanistic Psychiatry*, New York: Liveright, 1956, pp.182-7. (Translation from Hungarian of a paper given in Berlin, 1923.)

1927   'I.P.Pavlov', in *Problems of Human Pleasure and Behaviour: Classic Essays in Humanistic Psychiatry*, New York: Liveright, 1956.

1932   'Psychosexual Parallels to the Fundamental Law of Biogenetics', in *Primary Love and Psychoanalytic Technique*, London: Hogarth Press, 1952, pp.11-41, and (2nd, rev. edn) London: Tavistock Publications, 1965, pp.3-30. (Translation of paper originally published in German, *Imago*, 1930.)…①に収録

1933a   'The Psychological Problems of Growing Old', in *Problems of Human Pleasure and Behaviour: Classic Essays in Humanistic Psychiatry*, New York: Liveright, 1956, pp.69-85. (Translation from Hungarian of a paper given in 1933.)

1933b   'Two Notes on the Erotic Component of the Ego-instincts', in *Primary Love and Psychoanalytic Technique*, London: Hogarth Press, 1952, pp.42-8, and (2nd, rev. edn) London: Tavistock Publications, 1965, pp.31-6. (Translation of a paper originally published in German, *International Journal of Psycho-Analysis*, 1933.)…①に収録

1933c   'Character Analysis and New Beginning', in *Primary Love and Psychoanalytic Technique*, London: Hogarth Press, 1952, pp.159-73 and (2nd, rev. edn) London: Tavistock Publications, 1965, pp.151-64. (Translation from Hungarian of a paper given in 1932.) …①に収録

1933d   'On Transference of Emotions', in *Primary Love and Psychoanalytic Technique*, London: Hogarth Press, 1952.…①に収録

1934a   'The Adolescent's Fight against Masturbation', in *Problems of Human Pleasure and Behaviour: Classic Essays in Humanistic Psychiatry*, New York: Liveright, 1956, pp.49-68. (Translation of a paper originally published in German, *Zeitung Psychoanal. Pädagogik*, 1934.)

1934b   'Dr Sandor Ferenczi as a Psychoanalyst', *Indian Journal of Psychology* 9: 19-27. Reprinted in *Problems of Human Pleasure and Behaviour: Classic Essays in Humanistic Psychiatry*, New York: Liveright, 1956, pp.235-42.

1935a   'A Contribution on Fetishism', *International Journal of Psycho-Analysis* 16 (4): 481-3. Reprinted in *Problems of Human Pleasure and Behaviour: Classic Essays in Humanistic Psychiatry*, New York: Liveright, 1956, pp.171-3.

1935b   'Critical Notes on the Theory of the Pregenital Organizations of the Libido', in *Primary Love and Psychoanalytic Technique*, pp.49-72, and *Problems of Human Pleasure and Behaviour: Classic Essays in Humanistic Psychiatry*, New York: Liveright, 1956,

Rayner, E. (1991) *The Independent Mind in British Psychoanalysis*, London: Free Association Books.

Rickman, J. (1951) 'Number and the Human Sciences', in *Selected Contributions on Psycho-analysis*, London: Hogarth Press (1957).

Riviere, J. (1952) 'On the Genesis of Psychical Conflict in Earliest Infancy', in *Developments in Psychoanalysis*, London: Hogarth Press.

Spillius, E. B. (1983) 'Some Developments from the Work of Melanie Klein', *International Journal of Psycho-Analysis* 64: 321-32.

Stern, D. (1985) *The Interpersonal World of the Infant*, New York: Basic Books. （小此木啓吾・丸田俊彦監訳 [1989／1991]．乳児の対人世界　理論編／臨床編　東京：岩崎学術出版社．）

Stewart, H. (1989) 'Technique at the Basic Fault: Regression', *International Journal of Psycho-Analysis* 70: 221-30, and in *Psychic Experience and Problems of Technique*, London and New York: Routledge (1992).

Stewart, H. (1992) 'Clinical Aspects of Malignant Regression', *Contemporary Psychotherapeutic Review* 7: 25-41 and in *The Legacy of Sandor Ferenczi*, L. Aron and A. Harris (eds), Hillsdale, NJ and London: Analytic Press (1993).

Sutherland, J. D. (1980) 'The British Object Relations Theorists: Balint, Winnicott, Fairbairn, Guntrip', *Journal of the American Psychoanalytic Association* 28: 829-60.

Winnicott, D. W. (1952) 'Psychoses and Child Care', in *Collected Papers: Through Paediatrics to Psychoanalysis*, London: Tavistock Publications (1958). （岡野憲一郎訳 [2005]．精神病と子どもの世話　In 北山修監訳　小児医学から精神分析へ：ウィニコット臨床論文集　東京：岩崎学術出版社．）

Winnicott, D. W. (1954) 'Metapsychological and Clinical Aspects of Regression within the Psychoanalytical Set-up', in *Collected Papers: Through Paediatrics to Psychoanalysis*, London: Tavistock Publications (1958). （岡野憲一郎訳 [2005]．精神分析的設定内での退行のメタサイコロジカルで臨床的な側面　In 北山修監訳　小児医学から精神分析へ：ウィニコット臨床論文集　東京：岩崎学術出版社．）

Winnicott, D. W. (1963) 'The Development of the Capacity for Concern', in *The Maturational Processes and the Facilitating Environment*, London: Hogarth Press (1965). （牛島定信訳 [1977]．思いやりの能力の発達　In 情緒発達の精神分析理論：自我の芽ばえと母なるもの　東京：岩崎学術出版社．）

Winnicott, D. W. (1969) 'The Use of an Object', *International Journal of Psycho-Analysis* 50: 711-16. （橋本雅雄・大矢泰士訳 [2015]．対象の使用と同一化を通して関係すること　In 改訳　遊ぶことと現実　東京：岩崎学術出版社．）

Winnicott, D. W. (1987) *The Spontaneous Gesture: Selected Letters*, F. R. Rodman (ed.) Cambridge, MA and London: Harvard University Press. （北山修・妙木浩之監訳 [2002]．ウィニコット書簡集　東京：岩崎学術出版社．）

文献

Ferenczi, S. (1924) *Thalassa: a Theory of Genitality*, London: Karnac Books (1989). (小鳥俊明訳 [1970]. タラッサ：性生活の起源の精神分析　In 全集　現代世界文学の発見 7　性の深淵　東京：學藝書林.)

Ferenczi, S. (1932) 'Notes and Fragments', in *Final Contributions*, London: Hogarth. (森茂起・大塚紳一郎・長野真奈訳 [2007]. 「断片と覚書」In 精神分析への最後の貢献：フェレンツィ後期著作集　東京：岩崎学術出版社.)

Ferenczi, S. (1933) 'Confusion of Tongues', in *Final Contributions*, London: Hogarth. (森茂起・大塚紳一郎・長野真奈訳 [2007]. 大人と子どもの間の言葉の混乱：やさしさの言葉と情熱の言葉　In 精神分析への最後の貢献：フェレンツィ後期著作集　東京：岩崎学術出版社.)

Ferenczi, S. (1988) *Clinical Diary*, J. Dupon (ed.), Cambridge, MA: Harvard University Press. (森茂起訳 [2000]. 臨床日記　東京：みすず書房.)

Freud, S. (1914) 'Remembering, Repeating and Working-through', SE 12 (*Standard Edition of the Complete Psychological Works of Sigmund Freud*), London: Hogarth Press. (藤山直樹監訳・鈴木菜実子訳 [2014]. 想起すること、反復すること、ワークスルーすること [精神分析技法に関するさらになる勧めII] In 藤山直樹・坂井俊之・鈴木菜実子編　フロイト技法論集　東京：岩崎学術出版社.)

Freud, S. (1919) 'Lines of Advance in Psychoanalytic Therapy', SE 17. (本間直樹訳 [2010]. 精神分析療法の道　In フロイト全集 16：1916-19年　東京：岩波書店.)

Freud, S. (1937) 'Analysis Terminable and Interminable', SE 23. (藤山直樹監訳・山田聡子・岡田裕子・謙城賢志訳 [2014]. 終わりのある分析と終わりのない分析　In 藤山直樹・坂井俊之・鈴木菜実子編　フロイト技法論集　東京：岩崎学術出版社.)

Friedman, L. (1962) *Virgin Wives*, London: Tavistock Publications.

Gosling, R. (1978) 'Internalization of the Trainer's Behaviour in Professional Training', *British Journal of Medical Psychology* 51: 35-40.

Greenberg, J. R. and Mitchell, S. A. (1983) *Object Relations in Psychoanalytic Theory*, Cambridge, MA: Harvard University Press. (横井公一監訳 [2001]. 精神分析理論の展開：欲動から関係へ　京都：ミネルヴァ書房.)

Haynal, A. (1988) *The Technique at Issue*, London: Karnac Books.

Hopkins, P. (1960) 'Psychiatry in General Practice', *Postgraduate Medical Journal* 36: 323-30.

Khan, M. M. R. (1969) 'On the Clinical Provision of Frustrations, Recognitions and Failures in the Analytic Situation', *International Journal of Psycho-Analysis* 50: 237-48.

Khan, M. M. R. (1972) 'Dread of Surrender to Resourceless Dependence in the Analytic Situation', *International Journal of Psycho-Analysis* 53: 225-30.

Lask, A. (1966) *Asthma, Attitude and Milieu*, London: Tavistock Publications.

Little, M. (1985) 'Winnicott Working in Areas where Psychotic Anxieties Predominate: a Personal Record', *Free Associations* 3: 9-42.

Malan, D. (1963) *A Study of Brief Psychotherapy*, London: Tavistock Publications.

Morse, S. (1972) 'Structure and Reconstruction: a Critical Comparison of Michael Balint and D. W. Winnicott', *International Journal of Psycho-Analysis* 53: 487-500.

Pedder, J. (1976) 'Attachment and New Beginning: Some Links between the Work of Michael Balint and John Bowlby', in G. Kohon (ed.) *The British School of Psychoanalysis: the Independent Tradition*, London: Free Association Books.

文 献

Balint, A. (1939) 'Love for the Mother and Mother Love', in M. Balint, *Primary Love and Psychoanalytic Technique*, London: Hogarth Press (1952).（森茂起・枡矢和子・中井久夫訳 [1999].　母への愛と母の愛　In 一次愛と精神分析技法　東京：みすず書房.）

Balint, E. and Norrel, J. (eds) (1973) *Six Minutes for the Patient*, London and New York: Tavistock Publications.（山本喜三郎訳 [2005].　6分間対話療法：実地医療における対話とフラッシュ（ひらめき）　新潟：考古堂.）

Balint, E., Courtenay, M., Elder, A., Hull, S. and Julian, P. (1993) *The Doctor, the Patient and the Group*, London and New York: Routledge.

Bion, W. (1962) 'A Theory of Thinking', *International Journal of Psycho-Analysis*, 43: 306-10.（中川慎一郎訳 [2007].　考えることに関する理論　In 松木邦裕監訳　再考：精神病の精神分析論　東京：金剛出版.）

Bion, W. (1963) *Elements of Psychoanalysis*, London: Heinemann.（福本修訳 [1999].　精神分析の要素　In 精神分析の方法 I：セブン・サーヴァンツ　東京：法政大学出版局）

Bollas, C. (1987) *The Shadow of the Object: Psychoanalysis of the Unthought Known*, London: Free Association Books.（館直彦監訳 [2009].　対象の影：対象関係論の最前線　東京：岩崎学術出版社.）

Bowlby, J. (1969) *Attachment and Loss*, vol. 1, *Attachment*, London: Hogarth.（黒田実郎・大羽蓁・岡田洋子・黒田聖一訳 [1991].　母子関係の理論 I：愛着行動　東京：岩崎学術出版社.）

Bowlby, J. (1973) *Attachment and Loss*, vol. 2, *Separation*, London: Hogarth.（黒田実郎・岡田洋子・吉田恒子訳 [1991].　母子関係の理論 II：分離不安　東京：岩崎学術出版社.）

Bowlby, J. (1975) 'Attachment Theory, Separation Anxiety and Mourning', in D. A. Hamburg and H. K. Brodie (eds) *The American Handbook of Psychiatry*, vol. 6, New York: Basic Books.

Bowlby, J. (1980) *Attachment and Loss*, vol. 3, *Loss*, London: Hogarth.（黒田実郎・吉田恒子・横浜恵三子訳 [1991].　母子関係の理論 III：対象喪失　東京：岩崎学術出版社.）

Clyne, M. (1961) *Night Calls*, London: Tavistock Publications.

Clyne, M., Hawes, A. J., Lask, A. and Saville, P. R. (1963) 'The Discontented Patient', *Journal of the College of General Practitioners* 6: 87-102.

Courtenay, M. (1968) *Sexual Discord in Marriage*, London: Tavistock Publications.

Elder, A. and Samuel, O. (eds) (1987) *While I'm Here, Doctor*, London: Tavistock Publications.

Fairbairn, R. (1953) *Psychoanalytic Studies of the Personality*, London: Routledge.（山口泰司訳 [1992].　人格の精神分析学的研究　東京：文化書房博文社.）

Fairbairn, R. (1963) 'Synopsis of an Object-relations Theory of the Personality', *International Journal of Psycho-Analysis* 44: 224-5.（栗原和彦訳 [2017].　人格の対象関係論概観　In 相田信男監修　対象関係論の源流：フェアバーン主要論文集　東京：遠見書房.）

――は対象希求的 71
良性退行 19-20, 40, 104-105, 138
ロンドン・ユニバーシティ・カレッジ病院 12, 149, 173

わ

ワーキングスルー（徹底操作）........... 19, 40, 83, 90, 101, 178,

そ

最終快感 46
最初の訴え 26

自我 47, 53, 57, 71, 79, 90, 96, 114, 117-118, 129, 139, 187
自我心理学 116
自我変容(フロイト) 114
自体愛 42, 44, 95
使徒的機能 26, 69, 163
自由に漂う注意 177
自由連想 58, 177
州区プレストン児童相談クリニック 10
症例検討セミナー 11-12, 152
新規蒔き直し 19, 22, 37, 39-40, 42, 61, 101-102, 104-105, 130-131
侵襲(ウィニコット) 22
身体 - 自我 54
心的現実 184

スキル 79
スタッフ・セミナー 165-168
スチュアート・M(症例) 203-213
スリル 47, 75-88
遊園地と―― 76-77

●性格 23, 38, 40-41, 87,129
 [▶オタンフィリア、フィロパティズムも見よ]
性格神経症 59
精神性的医療研究所 12, 152
成人言語 90, 92, 97
成長する子どもを夢で見続ける患者(症例):バリント 40
症候作業 55-56
生物学的偏向・生物学的偏向 36
生理快感 46, 49
前駆対象 23, 94
●蒼古的愛 [▶一次愛、一次対象愛、受身的対象愛]
蒼古的対象関係 52-53, 64
相互分析 100, 108

創造領域 23, 93-94, 109

た

退行 18-19, 20, 37, 71, 97, 99-100, 105-106, 108, 134
――治療的 24-25, 40, 52, 127
――の定義 100
対象関係 ...... 18, 19-21, 23, 41, 42, 50, 55, 63, 65, 72, 76, 78, 106, 108, 116, 14...
――一次的 43, 50, 57, 84
――への偏向 59
対象関係論(学派) 5, 41, 57, 85, 131, 138, 141, 160
対象としての母親(ウィニコット) 45-46
タヴィストック・クリニック 11, 12, 17, 131, 149, 155, 156, 158, 162, 165-166, 173
タヴィストック人間関係研究所 11, 152
タヴィストック夫婦研究所 12, 149, 152, 156
短期心理療法 27, 131, 149, 172
チズルハースト児童相談クリニック 10
超自我 53, 58, 114, 187
超自我圧入(フェレンツィ) 116-118
超心理学 68, 92
超治療 119-122
調和的渾然一体 21, 81-82, 95
直面化 140, 165, 181, 182, 185
治療同盟 178
償い(クライン) 19
転移 24, 47, 54, 58-59, 65, 85, 94, 103, 104-105, 107, 120, 162, 181
いま・ここでの―― 182
陽性―― 18, 36
変化をもたらす―― 54
――抵抗 99
転移境界精神病 135
転移神経症 135
●投影 44, 60, 75, 82, 98, 130
投影同一化と取り入れ同一化 103

た

- ドルマンディ, オルガ Olga Dormandi ... 10

な

- ノーレル, ジャック Jack Norell ... 149, 153, 173, 189, 193

は

- バーグスマン, エミー ... 7
- ハイナル, アンドレ André Haynal ... 7, 147
- パヴロフ, イヴァン・ペトローヴィチ Ivan Petrovich Pavlov ... 71
- バリント, アリス Alice Balint ... 7, 10, 48, 52, 54
- バリント, イーニド Enid Balint ... 10, 26, 87-88, 149, 152, 156-157, 173, 189, 193-194
- ハル, サリー Sally Hull ... 153
- ハルトマン, ハインツ Heinz Hartmann ... 103
- ハント, ジョン John Hunt ... 149
- ビオン, ヴィルフレッド Wolfred Bion ... 22, 94, 103
- ヒルデブランド, ピーター Peter Hildebrand ... 149, 158
- フェアベアン, ウィリアム・ロナルド・ドッズ William Ronald Dodds Fairbairn ... 23, 41, 57, 71-72, 85, 130-133
- フェニヘル, オットー Otto Fenichel ... 67
- フェレンツィ, シャンドール Sándor Ferenczi ... 8, 17, 20, 25, 36, 38, 43, 46, 57, 65, 71, 90, 98-100, 107-108, 114, 119, 133, 147, 155
- フリードマン, レオナルド Leonard Friedman ... 149
- フロイト, アナ Anna Freud ... 103
- フロイト, ジークムント Sigmund Freud ... 10, 17, 18, 35, 36, 38, 51, 57, 71, 90, 95, 98, 113, 119, 133-134, 147
- ペダー, ジョナサン Jonathan Pedder ... 130-131
- ヘッケル, エルンスト Ernst Haeckel ... 36
- ベラ・クーン Béla Kun ... 8
- ヘルマン, イムレ Imre Hermann ... 48
- ボウルビィ, ジョン John Bowlby ... 51, 131
- ホプキンス, フィリップ Philip Hopkins ... 173
- ボラス, クリストファー Christopher Bollas ... 138-139

ま

- マーラー, マーガレット Margaret Mahler ... 7
- マラン, デーヴィド David Malan ... 149, 151
- ミッチェル, スティーヴン Stephen Mitchell ... 132-134
- モース, ステファン Stephen Morse ... 128-130

ら

- ラスク, アーロン Aaron Lask ... 149, 173
- リヴィエール, ジョーン Joan Riviere ... 43, 47
- リックマン, ジョン John Rickman ... 10, 60, 94
- リトル, マーガレット Margaret Little ... 135
- レイナー, エリック Eric Rayner ... 150-151
- ローハイム, ゲザ Géza Róheim ... 67, 71

索 引

著者略歴

Harold Stewart｜ハロルド・スチュワート：：一九二四─二〇〇五

英国精神分析協会所属の訓練分析医、スーパーヴァイザー。一九二四年にロンドンのユダヤ系移民の家庭に生まれ、生粋のロンドン子として育った。ユニバーシティ・カレッジ・ロンドンやユニバーシティ・カレッジ病院（UCH）で教育を受け、一九四七年に医師免許を得た。当初は、一般開業医として出発し、十七年ほど国民健康保険（NHS）で業務にあたった。初期の研究対象は催眠であったが、次第に精神分析の道を志すようになった。一九六一年に精神分析家の資格を得た後、一九六三年には英国精神分析協会会員となった。一九六五年、訓練分析家とスーパーヴァイザーの資格を取得した。一九八九年の引退まで、UCHやNHS、タヴィストック・クリニック、パディントン心理療法センターでの要職を歴任した。夢や催眠状態の研究をはじめ、転移外と転移内における技法の差異、エディプス神話の解釈など、多岐にわたる主題を研究した。二〇〇五年に八十歳で没。

主要著書として、本書のほかに『心的経験と技法問題』（Psychic Experience and Problems of Technique, 1992：未邦訳）がある。既訳の論文として、「ヒステリー性幻覚症患者を精神分析する際の操作上の諸問題について」（堀川公平訳 in 西園昌久監訳『一九九二 英国独立学派の精神分析：対象関係論の展開』岩崎学術出版社）がある。

監訳者略歴

細澤 仁｜ほそざわじん

一九六三年生。一九八八年、京都大学文学部哲学科卒業。一九九五年、神戸大学医学部医学科卒業。医師、臨床心理士。二〇〇一年、神戸大学大学院医学系研究科助手。二〇〇七年、兵庫教育大学大学院学校教育研究科教授。二〇一〇年、椙山女学園大学人間関係学部教授。二〇一二年、関西国際大学人間科学部教授。現在、フェルマータ・メンタルクリニック、アイリス心理相談室。

主要著書　『解離性障害の治療技法』（みすず書房、二〇〇八）、『心的外傷の治療技法』（みすず書房、二〇一〇）、『実践入門 解離の心理療法』（岩崎学術出版社、二〇一二）、『実践入門 思春期の心理療法』（岩崎学術出版社、二〇一三）、『実践 学生相談の臨床マネージメント』（岩崎学術出版社、二〇一五）、『日常臨床に活かす精神分析』（編著、誠信書房、二〇一七）

筒井亮太｜つついりょうた

関西大学大学院心理学研究科修了。臨床心理士。大阪大学大学院精神医学教室、大阪府摂津市教育センターなどを経て、現在、たちメンタルクリニック、大阪府スクールカウンセラー、社会福祉法人海の子学園。公立南丹看護専門学校非常勤講師。

訳者略歴

星野修一（ほしのしゅういち）
一九八三年生。神戸大学大学院総合人間科学研究科修士課程修了。臨床心理士。新田塚医療福祉センター、福井病院での勤務を経て、現在、大阪バイオメディカル専門学校、カウンセリングオフィスおうみ。

岡田康志（おかだやすし）
一九八三年生。仁愛大学大学院人間学研究科修了。臨床心理士。現在、仁愛大学附属心理臨床センター、長浜バイオ大学学生相談室など、聖泉大学、滋賀医科大学非常勤講師。

前川由未子（まえかわゆみこ）
一九八九年生。名古屋大学大学院教育発達科学研究科博士課程修了。博士（心理学）。現在、金城学院大学国際情報学報学部講師。主要著書『産業・組織心理学実践：個人と組織を支える』（共著、ナカニシヤ出版、二〇一六）

澁木尚子（しぶきしょうこ）
一九八二年生。上智大学大学院総合人間科学研究科心理学専攻修了。臨床心理士。現在、駒木野病院に勤務。

豊田佳子（とよだよしこ）
一九七九年生。中京大学大学院修了。臨床心理士。岐阜南病院での勤務を経て、現在、特定医療法人共和会共和病院。主要著書『発達障害の臨床的理解と支援４ 思春期以降の理解と支援』（共著、金子書房、二〇一〇）

関真粧美（せきまさみ）
早稲田大学博士課程中退。臨床心理士。現在、南青山心理相談室に勤務。日本精神分析協会認定心理療法士。主要著書『精神療法家として生きること』（共訳、岩崎学術出版社、二〇〇七）『精神分析と出会う』（共訳、みすず書房、二〇一〇）

パレット入門
その理論と実践

2018年11月20日 印刷
2018年11月30日 発行

著者────ハロルド・スチュアート
監訳者───細澤 仁
　　　　　筒井亮太
発行者───立石正信
発行所───株式会社 金剛出版
　　　　　〒112-0005 東京都文京区水道1-5-16 電話 03-3815-6661
　　　　　振替 00120-6-34848

印刷●新津印刷　製本●誠製本
装幀◎岩瀬 聡　©2018 Printed in Japan　ISBN978-4-7724-1662-7 C3011

新装版
治療論からみた退行
基底欠損の精神分析

[著]＝マイクル・バリント
[訳]＝中井久夫

● A5判　● 上製　● 292頁　● 本体 5,800円＋税

治療困難な患者の特徴を「基底欠損」ととらえ、
その治療論を展開、
「退行」の治療的意義をも説く。

新装版
再考：精神病の精神分析論

[著]＝ウィルフレッド・R・ビオン
[監訳]＝松木邦裕
[訳]＝中川慎一郎

● A5判　● 並製　● 200頁　● 本体 4,200円＋税

精神分析と精神病理論の論文に、
自らが再び思索を深め、詳しく解説を加えた、
今日の精神分析を理解する上で不可欠の重要文献。

精神分析過程における
儀式と自発性
弁証法的－構成主義の観点

[著]＝アーウィン・Z・ホフマン　　[訳]＝岡野憲一郎、小林 陵

● A5判　● 上製　● 380頁　● 本体 6,000円＋税

精神分析の解釈の妥当性について、
関係精神分析の論客である著者が、
構成主義的な立場から
「儀式」と「自発性」の弁証法という視点を提供する。